U0640124

品史抒怀

陈世金——著

PIN SHI

SHUHUAI

光明日报出版社

图书在版编目（CIP）数据

品史抒怀/陈世金著. —北京：光明日报出版社，
2024.4
ISBN 978 – 7 – 5194 – 7899 – 5

Ⅰ. ①品… Ⅱ. ①陈… Ⅲ. ①中国历史 – 史评 – 文集
Ⅳ. ①K207 – 53

中国国家版本馆 CIP 数据核字（2024）第 071742 号

品史抒怀

PIN SHI SHUHUAI

著　　者：陈世金

责任编辑：谢　香　　　　　　　　　　　责任校对：徐　蔚
封面设计：樊征宇　　　　　　　　　　　责任印制：曹　净

出版发行：光明日报出版社
地　　址：北京市西城区永安路 106 号，100050
电　　话：010 – 63169890（咨询），010 – 63131930（邮购）
传　　真：010 – 63131930
网　　址：http：//book. gmw. cn
E – mail：gmrbcbs@ gmw. cn
法律顾问：北京市兰台律师事务所龚柳方律师

印　　刷：天津奥丰特印刷有限公司
装　　订：天津奥丰特印刷有限公司
本书如有破损、缺页、装订错误，请与本社联系调换，电话：010 – 63131930

开　　本：170mm×240mm　　　　　　　　印　张：14. 25
字　　数：250 千字
版　　次：2024 年 4 月第 1 版
印　　次：2024 年 4 月第 1 次印刷
书　　号：ISBN 978 – 7 – 5194 – 7899 – 5

定　　价：88. 00 元

版权所有　翻印必究

《品史抒怀》简介

这是一部读史的感悟。

本书从《周易》《左传》《战国策》《国语》《史记》《资治通鉴》《论语》《孟子》《老子》《荀子》《庄子》《列子》《墨子》《晏子春秋》《管子》《孙子》《韩非子》《吕氏春秋》《淮南子》《汉书》《后汉书》《礼记》等传统文化宝典中，围绕相关专题摘录出一些经典语句、历史典故，结合当今现实生活进行解读，对于传播优秀中华传统文化具有一定的启示意义。

书中的四个篇章，以利益问题为开篇，其余三个专题，都是与利益问题相互关联，逐层递进。之所以要抓住利益问题展开全书，是因为利益问题纵向贯穿于人类社会的始终，横向涉及社会活动的方方面面；宏观上联系到人类社会的各个领域，微观上关乎着每个家庭、每个人、每件事。人们只有确立了正确的利益观，清醒地理智地面对和解决相关利益的诸多矛盾和问题，才能超脱利益方面的许多烦恼，才能甩掉现实生活中利益方面的精神羁绊，坦然面对社会生活中的人和事，幸福乐观地面向生活。

历史上的诸子百家，虽然对社会、自然和历史问题的认知各有特点和侧重，但修身却是其中一个共同的亮点。传统文化与现代文明，虽然各具不同的历史条件和时代特色，但注重道德修养也是一个共有的特点。纵横交错，都把焦点聚集于修身立德，足见道德修养的重大意义。加强道德修养，不仅是我们立身处世的内在根本要求，而且也是现代社会追求利益合理合法化的必要条件。

利益源自奋斗，幸福来自拼搏。天上不会掉馅饼。天道酬勤。美好生活只有劳动才能创造，人生价值只有在劳动中才能闪现光亮。"天行健，君子以自强不息""道虽迩不行不至，事虽小不为不成""富与贵，必以其道得之""不失其时，其道光明""刚柔相济，贵处中庸""居安思危，有备无患"，这些传诵了数千年的重要理念，至今对于我们当代人为什么要奋斗、怎样奋斗，仍然不乏指导意义。

"积力之所举，则无不胜；众智之所为，则无不成。"集中力量办大事，这是社会主义制度优越性的一个显著特征。聚力的前提条件是和谐。"礼之用，和为贵"，"二人同心，其利断金"，"天时不如地利，地利不如人和"，"合羹之美，在于合异；上下之益，在能相济"。个人和谐地融入社会发展的节拍，才能自立自强；家庭和谐，必然幸福；企业和谐，必然发展；国家和谐，必然强盛。

"饥而欲食，寒而欲暖"，这是人和动物所共有的"情性"；但是人能在物质利益面前懂得"知足""知止"，懂得必须把握"幅度"，懂得"临财毋苟得"，懂得"欲而不知止，失其所以欲；有而不知足，失其所以有"，懂得"非所据而据焉，身必危"，懂得"利过则为败"，这就是人类区别于动物而特有的"理性"认知。人们在物质利益面前，既要尊重"情性"，更要把握"理性"。

今天我们已经建成小康社会，之所以还要讲节俭，还要倡导继承光大节俭这个传统美德，是因为节俭的要义在于不浪费、不奢侈。腐败腐败，腐而必败。奢侈之祸，甚于天灾。民腐败家，官腐败国。为民者要崇俭戒奢，为官者更要崇俭戒奢。

慎独不仅表现在一个人脱离人群的时候，能够坚守道德原则，不做坏事；而且还表现在身处人群之中的时候，敢于坚守正义，不跟着别人做坏事。

人能认识自己是智慧，能约束自己是理智。我们生活在这个世界上，什么时候都不能靠着侥幸求生存，而必须靠着理智来生活。

中庸不仅是一种思想方法、工作方法，而且还是一种道德原则。社会生活的各个领域都有各自的中正之道，不能错位，不能走偏。

这些都是具有开创性的思想观点。

目　录

积力篇

利益篇

好利而欲得者，此人之情性也

先圣先贤关于利益的诸多论述告诉我们，利益问题贯穿于人类社会的始终，关乎个人生存、家庭和谐、社会安定的各个方面，涉及社会生产、生活的各个领域，是个重大的社会问题。利益是社会生活中普遍起作用的因素，是历史发展的基础、动力和矛盾的根源。某种程度而言人们追求利益是一切社会活动的动因，一切错综复杂的社会现象都可以从利益的角度得到解释。

在市场经济条件下，金钱仍然有其存在的社会价值。在人们日常生活中，柴米油盐酱醋茶，吃饭、穿衣、住房、坐车、上学、看病，金钱的作用随处可见，人人离不开，处处少不得，时时都有用。但是，当今的世界并不是什么"金钱万能"的时代。在当今社会，除了物质利益之外，精神文明的旗帜还在高高飘扬，道德正义、法律法规还有强大力量，理想、公益、友情、奉献还有价值，生命还有担当。

上古之时，漫游在森林和草原的人类，生活是极端贫困的。狩猎和采集野菜野果，是他们维持生存的主要方式。像许多动物一样，当时的人类居无定所，没有衣食保障，过着迁徙的生活。正如韩非所说："古者丈夫不耕，草木之实足食也；妇人不织，禽兽之皮足衣也。"男人并不耕种，依靠采集野菜野果、捕猎野禽野兽为食；妇人也不纺织，依靠禽兽之皮为衣。人类在漫长的迁徙生活过程中，创造发明了工具。劳动工具的出现，促进了狩猎和采集野菜、野果效率的提高，使定居基本满足简单生活的需要。从此出现了种植和养殖。一部分人过着"日出而作，日入而息，凿井而饮，耕田而食"的农耕生活；一部分狩猎者开始驯养动物，过着游牧民的生活。

"故人生不能无群，群而无分则争。争则乱，乱则离，离则弱，弱则不能胜物"。正如荀子所言，人不群聚群居就不能解决生存所面临的诸多矛盾和问题。最初人类聚群的形式，"只靠血缘，其时重要的组织就是氏族，对内的治理，对外的防御，都靠着它。世运渐进，血缘相异的人，接触渐多，人类的组织，遂不复以血统相同为限，聚居一地方的，亦不限于血统相同的人。于是氏族进而为部落。统治者的资格，非复族长而为酋长。"

唐代文学家柳宗元所撰《封建论》，虽然重点是针对分封制进行历史的分析，论证郡县制代替分封制是历史发展的必然这一主题，但它从侧面也为我们揭示了中华文明早期发展的历史轨迹。

"彼其初与万物皆生，草木榛榛，鹿豕狉狉，人不能搏噬，而且无毛羽，莫克自奉自卫。荀卿有言：'必将假物以为用者也。'夫假物者必争，争而不已，必就其能断曲直者而听命焉。其智而明者，所伏必众，告之以直而不改，必痛之而后畏，由是君长刑政生焉。故近者聚而为群，群之分，其争必大，大而后有兵有德。又有大者，众群之长又就而听命焉，以安其属。于是有诸侯之列，则其争又有大者焉。德又大者，诸侯之列又就而听命焉，以安其封。于是有方伯、连帅之类，则其争又有大者焉。德又大者，方伯、连帅之类又就而听命焉，以安其人，然后天下会于一。"

柳宗元这段话的意思是说，人类在他的原始阶段与万物一起生存。那时野草树木杂乱丛生，野兽成群四处奔走。人不能像禽兽那样抓扑啃咬，而且身上也没有毛羽来抵御严寒，不能够光靠自身来供养自己、保卫自己。荀卿说过：人类事实上要借用外物作为自己求生的工具。借用外物求生的必然就会相争。争个不停，一定会去找那些能够判断是非的人，听从他的命令。那又有智慧又明白事理的人，服从他的人一定很多，他把正确的道理告诉那些相争的人，不肯改悔的，必然要惩罚他，使他受痛苦后感到惧怕，于是君长、刑法、政令就产生了。这样附近的人就聚结成群。分成许多群以后，相互间争斗的规模一定会变大，相争的规模大了就会产生军队和德望高的人。这样出现了更有威德的人，各个群的首领又去听从他的命令，来安定自己的部属，于是产生了一大批诸侯，他们相争的规模就更大了，就又出现比诸侯威德更大的人，许多诸侯又去听他的命令，来安定自己的封国。于是产生了方伯、连帅一类诸侯领袖，他们相争的规模还要大，这就又出现了比方伯、连帅威德更大的人，方伯、连帅又去听从他的命令，来安定自己的老百姓，这以后天下便统一于天子一人了。

传说公元前27世纪时，在我国的黄河流域、汾水下游一带，已经出现了数以万计大大小小的氏族部落，其中神农部落、九黎部落、有熊部落较为强大。后来，在部落间的争战中，姬轩辕名威广布，各个部落酋长拥他当了"天子"，尊称他为"黄帝"。

黄帝之后，又相继出现了夏、商、周王朝，中国进入了青铜器时代。商朝已经出现了中国文字。当时，人们把占卜的结果刻在乌龟甲壳或兽类骨骼上，作为记录保存，这就是中国的"甲骨文"，其内容称之为"卜辞"。到了春秋时代，甲骨文发展演变成了汉字，广泛应用于著书立说、记史和制定法令，成为文书行政和教学的工具。

我国现存的史书，对夏朝以后的史料记叙逐渐增多。"夏代的西迁，确是古史上的一个转折，而夏朝亦确是古史上的一个界划了。"一代学人吕思勉说："我国历史上可知而不甚确实的年代，大约在四千年以上了。"今天我们所说的中华文明已有五千年的历史，正是由此而来。

从夏、商、周到春秋、战国，中国逐渐完成由氏族部落向国家形态转变。齐、楚、燕、韩、赵、魏、秦七国争雄，战争掠夺不断。经济竞争、人才竞争也日益激烈。游士阶层崛起，重商主义盛行。朝秦暮楚，商业贸易出现了跨国界。范蠡、吕不韦就是当时经营跨国贸易的代表。这些跨国财团，官商勾结，富可敌国，甚至可以左右一个国家的政治、军事走向，可以挑起一国对一国的战争，也可以平抑一国对一国的战乱，决定一个国家的起落兴衰。但就多数民众而言，还是过着"鸡犬之声相闻，民至老死不相往来"的自给自足、自食其力的小农经济生活。

战国时期，顾名思义，战争连绵不断。那时，战争的目的就是为了攻城略地，称王称霸，赤裸裸地抢占他国财富。正如孟子断言："《春秋》无义战"。

春秋时代早期的战争，相对来说还是比较节制和文明，作战的形式一般是击溃战，把对方赶跑，决出胜负就结束战斗。就像《尉缭子》记叙的那样："凡兵，不攻无过之城，不杀无罪之人。"但到后来，战争就从一开始的文明掠夺走向野蛮征服，从有限的伤害走向无限的杀戮，只要能消灭敌人，保存自己，手段可以无所不用其极。被称为战国时期"兵圣"的孙子，就曾明确指出："故兵以诈立，以利动，以分合为变者也。"旗帜鲜明地提出了功利主义的战争观，把经济目的和战争手段紧紧地联系在一起。

伴随着社会生产力的提高和社会财富的增加，人们就开始有了利益的话题。一些政治家、思想家关于利益方面的论述，应运而生。

战国时期的思想家、教育家荀况，早期游学于齐、楚，后由春申君任用为兰陵令，著书直到终老。韩非、李斯都是他的学生。他在批判和总结了先秦诸子学术思想的基础上，为古代唯物主义的发展做出了重要的贡献。他提出"天行有常，不为尧存，不为桀亡"，自然运行法则是不以人的意志为转移的客观存在。他认定人性生来是恶的，其善者伪也，要有"师法之化，礼义之道"才可以为善。在其著作《荀子》中，荀况把"好利而欲得"提到了"人之情性"的高度，以唤醒人们对物质利益在人类社会生活中极端重要性的认知。他指出："夫好利而欲得者，此人之情性也。"好利而想得到，这是人的情性所决定的。

"饥而欲食，寒而欲暖，劳而欲息，好利而恶害，是人之所生而有也，是无待而然者也，是禹、桀之所同也。"饿了想吃饭，冷了想穿衣，疲劳就想休息，喜欢利益而厌恶祸患，这是人生出来就固有的本性，是不需要培养就会的，是禹、桀共同具有的。

春秋初期的政治家管仲，被齐桓公任命为"卿"，并尊称为"仲父"。他在齐进行改革，主张按土地好坏分等征税，用官府力量发展盐铁业，铸造和管理货币，调剂物价，使齐国成为春秋时期第一个霸主。在关于利益问题上，管仲也曾有过这样的论述："凡人者，莫不欲利而恶害。""民，利之则来，害之则去。民之从利也，如水之走下，于四方无择也。""夫凡人之情，见利莫能勿就，见害莫能勿避。其贾人通贾，倍道兼行，夜以续日，千里而不远者，利在前也。渔人之入海，海深万仞，就波逆流乘危百里宿夜不出者，利在水也。故利之所在，虽千仞之山无所不上，深渊之下，无所不入焉。"管仲说：大凡人之情性，见利不能不要，见害不能不避。商人经商，长途跋涉，夜以继日，千里而不嫌远，是因利益就在眼前；渔民下海，海深万丈，顺波逆流冒险行船千里，就宿船舱，是因利在海中。故此利之所在，虽千丈高山没人不上，深渊之下无人不入。

"人主之所以令则行禁则止者，必令于民之所好而禁于民之所恶也。民之情莫不欲生而恶死，莫不欲利而恶害。故上令于生、利人，则令行；禁于杀、害人，则禁止。"

"一日不食，比岁歉；三日不食，比岁饥；五日不食，比岁荒；七日不食，无国土；十日不食，无畴类，尽死矣。"一天断食，等于过歉年；三天断食，等于过饥年；五天断食，等于过荒年；七天断食，国土就保不住；十天断食，同类皆无，全部都将死亡。

"民以食为天"是出自《资治通鉴·汉纪二》记载的汉朝郦食其的一句

话，当今已成为妇孺皆知的历史名言。这是因为衣食是人民最基本的生存条件、最必需的利益所在，是黎民百姓生活中犹如天大的事情。

"利所禁，禁所利，虽神不行；誉所罪，毁所赏，虽尧不治。"让所禁止的得利，让有利的被禁止，即使是神也办不到；赞誉应受惩罚的，诋毁应受奖赏的，就是尧也不能治理好。

追求利益是人所固有的情性。凡人都会向往丰衣足食，衣食无忧；厌恶贫困潦倒，民不聊生。"凡人者，莫不欲利而恶害"，这个"凡人者"，就不是指个别人、少数人，而是泛指所有人。"好利而欲得者，此人之情性也"，所谓"人之情性"，也是指人一出生自然而然就具有的，是不需要他人指教培养的，是不同的人群所共有的。不论是"禹"也好，"桀"也罢，都没有例外，凡人百姓那就更是如此了。

"子曰：'富而可求也，虽执鞭之士，吾亦为之。如不可求，从吾所好。'"孔子说，财富如果可以求得，纵使是执鞭放牧、赶马车，我也去干。如果不可以求得，还是干我所喜欢的。

韩非说："医善吮人之伤，含人之血，非骨肉之亲也，利所加也。故舆人成舆，则欲人之富贵；匠人成棺，则欲人之夭死也。非舆人仁而匠人贼也，人不贵，则舆不售；人不死，则棺不买。情非憎人也，利在人之死也。"医生给人治病，能够吮吸病人的伤口，嘴含伤口血液，并不是因为骨肉之亲，而是看重金钱。所以，制作车的人都盼他人富贵，打造棺材的人，希望别人早死。并非制车的人仁善，制作棺材的人邪恶，而是因为他人不富贵就不会买车，他人不死亡就不会买棺材。不是情感上憎恨他人死，而是只有因他人之死卖了棺材才能得利。

《史记》说："富者，人之情性，所不学而俱欲者也。故壮士在军，攻城先登，陷阵却敌，斩将搴旗，前蒙矢石，不避汤火之难者，为重赏使也。其在闾巷少年，攻剽椎埋，劫人作奸，掘冢铸币，任侠并兼，借交报仇，篡逐幽隐，不避法禁，走死地如骛〔者〕，其实皆为财用耳。今夫赵女郑姬，设形容，揳鸣琴，揄长袂，蹑利屣，目挑心招，出不远千里，不择老少者，奔富厚也。游闲公子，饰冠剑，连车骑，亦为富贵容也。弋射渔猎，犯晨夜，冒霜雪，驰坑谷，不避猛兽之害，为得味也。博戏驰逐，斗鸡走狗，作色相矜，必争胜者，重失负也。医方诸食技术之人，焦神极能，为重糈也。吏士舞文弄法，刻章伪书，不避刀锯之诛者，没于赂遗也。农工商贾畜长，固求富益货也。此有知尽能索耳，终不余力而让财矣。"求富，是人们的本性，用不着学习，就都会去追求。所以，壮士在军队中，打仗时攻城先登，遇敌时冲锋陷阵，斩将夺旗，冒着箭射石击，不避凶险，赴汤蹈火，是因为重赏的驱使。那些住在乡里的青少年，杀人埋尸，拦路抢劫，盗掘坟墓，私铸钱币，伪托侠义，侵吞霸占，借助同伙，图报私仇，暗中追逐掠夺，不避法律禁令，往死路上跑如同快马奔驰，其实都是为了钱财罢了。如今赵国、郑国的女子，打扮得漂漂亮亮，弹着琴瑟，舞动长袖，踩着轻便舞鞋，用眼挑逗，用心勾引，出外不远千里，不择年老年少，招徕男人，也是为财利而奔忙。游手好闲的贵族公子，帽子宝剑装饰讲究，外出时车辆马匹成排结队，也是为大摆富贵的架子。猎人渔夫，起早贪黑，冒着霜雪，奔跑在深山大谷，不避猛兽伤害，为的是获得各种野味。人们进出赌场，斗鸡走狗，个个争得面红耳赤，自我夸耀，必定要争取胜利，是因为重视输赢。医生方士及各种靠技艺谋生的人，劳神过度，极尽其能，是为了得到更多的报酬。官府吏士，舞文弄墨，私刻公章，伪造文书，不避斫脚杀头，这是由于陷没在他人的贿赂之中。至于农、工、商、贾储蓄增殖，原本就是为了谋求增添个人的财富。如此绞尽脑汁，用尽力量地索取，终究是为了不遗余力地争夺财物。

"赵女不择丑好，郑姬不择远近，商人不愧耻辱，戎士不爱死力，士不在亲，事君不避其难，皆为利禄也。"

"凡人所以临阵忘身，触白刃而不惮者，一求荣名，二贪重赏，三畏刑罚，四避祸难。""使亲疏贵贱勇怯贤愚，闻钟鼓之声，见旌旗之列，莫不奋激，竞赴敌场，岂厌久生而乐速死哉？利害悬于前，欲罢不能耳。"大凡人之所以临阵忘身，接触大刀长矛而不怕，都是唯利所图啊。不论亲疏贵贱勇敢胆怯聪明愚昧，听到钟鼓之声，见到战旗摇摆，无不亢奋激昂，竞相奔赴敌阵，难道是厌恶长生而乐于速死吗？原因只是在于利益摆在面前，欲罢不能而已。

熙熙攘攘的世间，忙碌奔走的人群，无不是为利而谋、因利而动。

"天下熙熙，皆为利来；天下攘攘，皆为利往。"这是西汉时期伟大的史学家、文学家、思想家司马迁，在经历千辛万苦、饱受宫刑之耻后所著的《史记》中描绘的，被后世人传为历史佳话的箴言，就像是一幅描绘人间社会生活的形象画卷，深刻揭示了利益犹如一只无形的手，牵动着人们一切社会活动，引领着人们东西南北的行为方向。

"民之从利"，"四方无择"。天南海北，哪里有利就往哪里奔走，就像流水一样，水往低处流淌，这是自然规律；人往有利的方向奔波，这也是人类生活的社会规律。

人们在追求利益的时候，可以不畏艰险，不怕劳苦，只要有利可得，"虽千仞之山无所不上，深渊之下无所不入焉"。

利益不仅关系个人的生存与贫富，而且也是决定家庭关系、社会关系温暖和谐的基本条件。

战国时期著名的法学家慎到，又被称为慎子，是历史上法家的重要代表人物之一。他在《慎子·慎子逸文》中指出："家富则疏族聚，家贫则兄弟离。非不相爱，利不足相容也。"

同样是生活在战国时期的冯骥也指出："富贵多士，贫贱寡友，事之固然也。"

战国时期，苏秦始将连横说秦惠王，奏章先后上了十次，意见始终未被采纳。身穿的衣服破旧了，所带的金钱花光了，只好神情憔悴地回到家里。"归至家，妻不下纴，嫂不为炊，父母不与言。苏秦喟然叹曰：'妻不以我为夫，嫂不以我为叔，父母不以我为子，是皆秦之罪也。'"于是发奋读书，刻苦钻研，终于学有所成。一年后，任为赵相。一次，赴楚路过家乡洛阳，他的父母听到消息，急忙清扫屋子，整修道路，备好酒席，全家人赶到三十里外恭迎。妻子见了他不敢抬头，只是斜眼偷看他的脸色，倾听他讲话；嫂子伏在地上，像蛇一样爬到苏秦面前，连续拜了四拜，跪在那里向苏秦道歉。苏秦说："嫂子，你为什么从前那样傲慢，现在又这样谦恭呢？"嫂子说："因为你眼下的地位高而钱财多啊！"苏秦由此不由长叹道："嗟乎！贫穷则父母不子，富贵则亲戚畏惧。人生世上，势位富贵，盖可忽乎哉？"唉！一个人在穷困落魄时，连父母都不肯认他；一旦富贵了，亲属谁都敬畏他。可见人生在世，权势和财富怎么可以忽视呢？

"贫居闹市无人问，富在深山有远亲。"

由此可见，利益也是维护家庭亲情、朋友感情的重要条件。

"鄙谚曰：'长袖善舞，多钱善贾。'此言多资之易为工也。故治强易为谋，弱乱难为计。故用于秦者，十变而谋希失，用于燕者，一变而计希得。非用于秦者必智，用于燕者必愚也，盖治乱之资异也。"民间的谚语说："衣袖长有利跳舞，本钱多好做买卖。"这是说资本雄厚办事容易成功。所以家国富强办事就容易谋划，家国贫弱难以想出妙策。为秦国出计谋，尽管变化十次也很少失败；为燕国出计谋，哪怕变化一次也难以成功。不是因为替秦国出计谋的人就很聪明，替燕国出计谋的人就很愚蠢，而是因为秦燕之间的强弱穷富差异。

家贫万事难，族贫易遭欺；人穷无朋友，国穷无外交。家庭贫困，夫妻之间、父母子女之间、兄弟姐妹之间，虽然血浓于水，亲情无价，但是缺衣少食，饥寒交迫，也会招致夫妻离异、兄弟离别、父子离散。"贫穷则父母不子"，贫穷的父母对亲生儿女都不相认，都会抛弃不要了，何况他人乎？

北宋史学家司马光，历仕仁宗、英宗、神宗、哲宗四朝，晚年官至门下侍郎，进尚书左仆射。他历时19年编撰的《资治通鉴》，是一部编年体通史，上起战国时期三家分晋，下至五代之末，记述了其间1362年的史事，是我国古代浩大的史学工程之一，是古代编年体史书的最高成就和总结性作品，是我国古代史学的代表性著作。宋神宗为《资治通鉴》一书命名并作序，足见此书社会价值之重大与深远。《资治通鉴》包含着君道、臣谊、国是、民情、为官之本、治学之途、个人修养等多方面的内容，在文字表述上简练精彩。记人，如亲见其人；写事，如身临其境；勾勒场面，如读历史画卷，都能给人一种史学审美的感受。

《资治通鉴》转载了晋朝时期的一篇短文，题名为《钱神论》，作者鲁褒虽然名不见经传，但是作品却有其不同寻常的意义，否则也不会被大文学家司马光看中，转载编入历史巨著《资治通鉴》了。《钱神论》对金钱的功能、影响是这样描述的：

"钱之为体，有乾坤之象，亲之如兄，字曰孔方。无德而尊，无势而热，排金门，入紫闼。危可使安，死可使活，贵可使贱，生可使杀。是故忿争非钱不胜，幽滞非钱不拔，怨仇非钱不解，令闻非钱不发。洛中朱衣，当涂之士，爱我家兄，皆无已已，执我之手，抱我终始。凡今之人，惟钱而已！"

一篇《钱神论》，把金钱在当时一些人们心目中的作用描绘得淋漓尽致了。金钱像亲兄弟一样，可亲可爱，虽然无德无势，但它可以"排金门，入紫闼，危可使安，死可使活，贵可使贱，生可使杀"，一身的功夫就如鬼使神差，叫人眼花缭乱、惊心动魄。所以，一些纠纷刑事案件有理无钱也不要想取得胜诉；官场上的达官贵人，不贿赂重金也不可能得到提拔；人与人之间的仇恨，不花些真金白银就没有人肯为你去化解；甚至严肃的军令政令，没有金钱去疏通，也不会自然颁发出台。当官的也好，百姓也罢，都把金钱看得比命还贵，比亲人还亲，用手紧紧抓住不肯放松。在世上之人的眼睛里、心目中，唯一贵重的就只有金钱了。

"人为财死，鸟为食亡"这句古语，也被一些老百姓所接受，同《钱神论》一样，对社会影响甚广甚深。两者相较，可以说是如出一辙、异曲同工。

虽然人们毕生都在为财奔忙，但财多了也未必是好事。汉朝时期的疏广，宣帝时任太子太傅，告老还乡时皇帝赐赏了不少金银财宝。皇帝"加赐黄金二十斤，皇太子赠以五十斤"。当时有人劝他把这些金钱留给子孙后代，他却告知世人说："吾岂老悖不念子孙哉？顾自有旧田庐，令子孙勤力其中，足以共衣食。今复增益之以为赢余，但教子孙怠堕耳。贤而多财，则损其志；愚而多财，则益其过。"我怎么会因为年老而不顾子孙呢？考虑到自家已有些旧的房产田地，于今子孙们只要勤恳守业，足以供给衣食、吃穿没有问题，与普通百姓的生活不会有什么差别。如果再给他们增加钱财，就是正常生活多余的了。这样反而会使子孙懈怠懒惰。贤明多财，则会使人损伤意志；愚昧多财，则会使人加重自有过错。

清代王永彬也说："饱暖人所共羡，然使享一生饱暖，而气昏志惰，岂足有为？饥寒人所不甘，然必带几分饥寒，则神紧骨坚，乃能任事。"吃饱穿暖是凡人共同羡慕的生活，然而享受一生的饱暖，反而会使人气昏志惰，这种人怎么可以会有大的作为？饥饿受冻是人所不甘情愿的生活；然而人受几分饥寒，反而可以使人心气振作，意志坚强，可以担当大事。

"贤而多财，则损其志；愚而多财，则益其过"。"一生饱暖，而气昏志惰"，"几分饥寒，则神紧骨坚"。疏广、王永彬都是提醒人们既要看到金钱的功能作用，同时不可忽略金钱对人生活的负面伤害。

疏广、王永彬这些贤达之士对社会生活的深刻总结，把对金钱的认识提升到一个崭新的思想理论高度，无疑是历史的进步。

先圣先贤关于利益的诸多论述告诉我们，利益问题贯穿于人类社会的始终，关乎个人生存、家庭和谐、社会安定的各个方面，涉及社会生产、生活的各个领域，是个重大的社会问题。利益是社会生活中普遍起作用的因素，是历史发展的基础、动力和矛盾的根源。人们追求利益是一切社会活动的动因，一切错综复杂的社会现象都可以从利益的角度得到解释。

马克思认为，人们为之奋斗的一切，都同他们的利益有关。列宁认为，利益是人民生活中最敏感的神经。马克思主义利益理论告诉我们，任何一个社会首先必须满足人们的物质生活需要。利益是社会发展的基础、前提和动力因素。生产力是社会发展的根本动力。追求物质利益是人类一切社会活动的动因，是人们进行社会历史活动的内在推动力量。人们对物质文化利益的追求，是不断变化、不断提升的，人们对物质文化利益的不断追求，正是人类历史不断演变、社会发展不断进步的伟大杠杆。任何社会的不断变革，归根结底都是重新调整人们的利益关系，以促进和推动社会生产力的发展，以满足人们日益增长的物质文化利益的需求。

在市场经济条件下，金钱仍然有其存在的社会价值。在人们日常生活中，柴米油盐酱醋茶，吃饭、穿衣、住房、坐车、上学、看病，金钱的作用随处可见，人人离不开，处处少不得，时时都有用，一分钱难倒英雄汉这种现象甚至偶尔也会出现。但是，当今的世界并不是什么"金钱万能"的时代，"有钱能使鬼推磨"还是害怕阳光照射，有时也并不那么灵验。贪污受贿、买官卖官、权力寻租、官商交易，虽然时有耳闻，但也只能是躲在阴暗角落里的一些勾当，拿不上台面，见不得阳光，为社会主流舆论所不齿，为社会法治所不容，为正直百姓所憎恶。

利益虽然是谁都想要的，但不一定谁都能够随心所欲要得到手。实现自己的利益追求，就必须看得透、想得通、抓得到、守得住、用得好。

星云大师曾经对金钱的功能作用总结了八个"买到""买不到"，他说："金钱可以买得到奴隶，但买不到人缘；金钱可以买得到群众，但买不到人心；金钱可以买得到鱼肉，但买不到食欲；金钱可以买得到高楼，但买不到自在；金钱可以买得到美服，但买不到气质；金钱可以买得到股票，但买不到满足；金钱可以买得到书籍，但买不到智慧；金钱可以买得到床铺，但买不到睡眠。"

在我们刚刚走出"耻于言利"的年代后，主张正当利益，保护合法利益已经重回社会正义的同时，又出现了一些人价值观念困惑的现象，唯利是图，不讲道德和奉献，不讲担当和责任，为了图利厚颜无耻，对人冷漠、残酷，不择手段诈骗、行骗。把物质利益视为唯一的价值取向，迎合了"从来没有那么多国家里的人民，感到精神上如此空虚与沉沦"这个颇具世界性的现代病。为了防治一些人精神上"空虚与沉沦"的病态，我们必须认识到，在当今社会，除了物质利益之外，精神文明的旗帜还在高高飘扬，道德正义、法律法规还有强大力量，理想、公益、友情、奉献还有价值，生命还有担当。

金钱诚可贵，生命价更高。生命是宝贵而短暂的，每个人都应该学会珍惜。人生中的喜怒哀乐、富贵名利，都不过是生命过程中的过眼云烟。人活着，不只是为了吃饭睡觉，而是要展现出生命的意义。一个人能在人生旅途做好一两件对社会、对他人有意义的事情，就能显示出生命的价值，闪现出生命的光亮。珍爱生命，就是要使生命强大，能够勇敢面对生活中的各种苦难与不幸。健康才能长寿，这是一个最简单的生活常识。人的健康包括身体健康和心灵健康两个方面，而且心灵健康比身体健康更关键、更重要。癌症现在成为危害人生命的主要敌人。有人统计分析，百分之六十以上的癌症病人是死于患者自身的惊吓、恐惧和过度治疗。因为精神因素的影响，不仅导致癌症病人死亡率的上升，也会导致其他疾病的恶化。所以，身体上有点毛病并不可怕，可怕的是心灵上受到刺激伤害。

在极具诱惑力的物质利益面前，保持一种淡然健康的心态，就要学会坦然面对生活。有些事情，不管你愿意不愿意，它都要发生，你只有面对，没有选择；有些问题，不管你躲避不躲避，它都要来临，你只能接受，想躲也躲避不掉。世上的事情太多太复杂，我们只有怀着一颗平常的心，不论钱多钱少，不论贫穷富有，都要坦然面对，才能心无羁绊、身无藩篱。凡事只要无愧我心，尽力而为，尽心了，努力了，什么结果也就无所谓，也能使自己行也泰然，坐也泰然。心中坦然，所以自在。自在是一种舒适的感觉，坦然才能潇洒，才能淡然。

面对功名和财富，能够坦然面对，保持一种无私和洒脱，然后顺其自然，随遇而安，就能彰显你的胸襟；

面对穷困和挫折，能够坦然面对，保持一种自信和坚韧，然后总结经验，开拓前行，就能彰显你的勇气；

面对非议和怨恨，能够坦然面对，保持一种大度和宽容，然后坚持正确，修正错误，就能彰显你的豁达；

面对成就和荣誉，能够坦然面对，保持一种清醒和理智，然后戒骄戒躁，不断进取，就能彰显你的强大。

现在社会上流传这样一句口头语："高官不如高薪，高薪不如高寿，高寿不如高兴。"如今吃的穿的都不愁，没有什么牵挂、奢望，整天想着就是生活怎么健康快乐。人们只要学会解脱一切该解脱、可能解脱的事，钱少点只要过得去，就好好享受平淡的生活滋味，钱多些就好好享受生活的乐趣，少些牵肠挂肚，就会活得自在，没有那么多烦恼。心态左右着我们每个人的生活质量，影响着我们每个人的身心健康。一个人只要健康地活着，平淡地过着，放松自己，不让自己活得太累，就能快快乐乐地过好自己每一天。平平安安就是幸福，健健康康就是财富。

知足不辱，知止不殆

饥而欲食，寒而欲暖，这是人和动物所共有的"情性"；但是人能在物质利益面前懂得"知足""知止"，懂得必须把握"幅度"，懂得"临财毋苟得"，懂得"欲而不知止，失其所以欲；有而不知足，失其所以有"，懂得"非所据而据焉，身必危"，懂得"利过则为败"，这就是人类区别于动物而特有的"理性"认知。

尊重"情性"，把握"理性"，这就形成了我们中华民族全面而深刻的利益观。只讲其一，不讲其二；只懂其一，不懂其二；只要其一，不要其二，就是片面性。

一个人的生活方式是由自己的经济条件、传统习俗、个人素质修养、性格爱好等综合因素所决定。人在世上要活得快乐、健康、幸福，就要学会走自己的路，按照自己的生活条件和追求，活出自己的品位。

毋庸置疑，我们承认物质利益原则是人类生存的基本原则，承认一切社会活动都是和经济利益紧密联系在一起的。革命就是解放生产力，改革也是解放生产力。尽管革命会有少数人的流血牺牲，改革也会使部分人的经济利益受到暂时的损害，但是，革命和改革的最终目的，都是为了让更多人获取更大更长远的经济利益。"如果只讲牺牲精神，不讲物质利益，那就是唯心论。"

但是，我们也必须同时承认，人们在物质利益面前，既有"情性"的一面，还有"理性"的一面。关于"情性"一面，管仲在《管子》、左丘明在《左传》、荀况在《荀子》、司马迁在《史记》里，都曾有过不少这方面的论述。同样，在物质利益面前还要有"理性"这一面，古人的论述也不少见。

老子，即老聃、李耳，是我国春秋时期伟大的思想家，道家的创始人。做过周朝"守藏室之史"。他所著的《老子》一书，使人们看到了朴素辩证法耀眼的光芒。他在书中提出，一切事物都有正反两方面的对立，并且可以相互转化。例如："正复为奇，善复为妖"，"祸兮福所倚，福兮祸所伏"。认为一切事物的生成变化都是有和无的统一，有无相生。因为祸福可以逆转，所以他强调人要"知足""寡欲"、家国社稷要"无为而治"。老子提出的这些重要理念，对后来中国哲学的发展产生过重大影响。

"知足不辱，知止不殆，可以长久。"这是《老子·四十四章》提出的一句流传了几千年的至理名言。"故知足之足，常足矣。"老子认为，懂得心灵知足，就是人的幸福境界。

《左传》是《春秋左氏传》的简称，亦称《左氏春秋》。《左传》是一部伟大的历史名著，唐朝刘知几在《史通》中评论说："著述罕闻，古今卓绝。"至于《左传》的作者，几千年来众说纷纭。《史记》作者司马迁在《史记·十二诸侯年表序》中，《汉书》作者班固在《汉书·艺文志》中都认为《左传》是左丘明所著。由于司马迁、班固都考证了《左传》的作者是左丘明，所以唐代以后的学者多无异议，很少有人怀疑。

《左传·襄公二十八年》记叙了这样一段话：庆氏亡，分其邑，"与晏子邶殿，其鄙六十，晏子弗受。子尾曰：'富者，人之所欲也，何独弗欲？'晏子对曰：'庆氏之邑足欲，故亡。吾邑不足欲也。益之以邶殿，乃足欲。足欲，亡无日矣。在外，不得宰吾一邑。不受邶殿，非恶富也，恐失富也。且夫富，如布帛之有幅焉，为之制度，使无迁也。夫民生厚而用利，于是乎正德以幅之，使无黜慢，谓之幅利。利过则为败。吾不敢贪多，所谓幅也。'"庆氏出逃了，人们将他的邑地分了，分给晏婴邶殿及周边六十个城邑，晏婴不接受。子尾说："富是人所都想要的，为什么您独不想呢？"晏婴回答说："庆氏的城邑满足了欲望，所以终将逃亡。我的城邑不能满足欲望，如果再加上邶殿，虽然满足了欲望，但却离逃亡也就没有几天了。逃亡在外连一个城邑都不能主宰，不接受邶殿，不是厌恶富有，而是害怕失去富有。而且富有就像布帛，是有一定幅度的，为其制定幅度，就是限制不可超越。民众也都总想生活丰厚，器用方便，因此就要端正道德加以限制，让他们不要骄奢和惰慢，这叫限制私利。私利过了头就会腐败。我不敢贪多，就是想到所谓幅度的限制。"

《礼记·曲礼上》曾经明确地警示世人说："临财毋苟得"。

战国时代的范雎，秦昭王时任秦相。他也强调："欲而不知止，失其所以欲；有而不知足，失其所以有。"

老子提出的"知足不辱，知止不殆，可以长久"和春秋时期连任齐国灵公、庄公、景公三世齐卿的晏子提出的"富如布帛之有幅焉，为之制度，使无迁也"，"利过则为败"，《礼记》提出的"临财毋苟得"，以及范雎提出的"欲而不知止，失其所以欲；有而不知足，失其所以有"，都是强调人们在物质利益面前必须要有"理性"制约的著名论断。不受任何束缚的物质欲望一旦膨胀起来，超过了幅度的限制，必然就要走向反面，已经到手的利益也会丧失。求多者，其得寡；欲望越盛，失利越大，现实生活的辩证法就是如此。

饥而欲食，寒而欲暖，这是人和动物所共有的"情性"；但是人能在物质利益面前懂得"知足""知止"，懂得必须把握"幅度"，懂得"临财毋苟得"，懂得"欲而不知止，失其所以欲；有而不知足，失其所以有"，懂得"非所据而据焉，身必危"，懂得"利过则为败"，就是人类区别于动物而特有的"理性"认知。

尊重"情性"，把握"理性"，这就形成了我们中华民族全面而深刻的利益观。只讲其一，不讲其二；只懂其一，不懂其二；只要其一，不要其二，就是片面性。

知足常乐、知止常安是一种睿智的生活理念。

追求利益，是人的一种本能、一种自然属性。为了生活，为了发展，每个人都有自己的欲望和追求，都想自己的日子过得好一些，这是无可非议的人之常情。毫无疑问，人在社会中生存，必须有追求，没有追求，就会无所作为，庸庸碌碌；但是，对于物质利益的任何追求都必须严格把握好度的界限，要知足知止。

"桓公问管仲：'富有涯乎？'答曰：'水之以涯，其无水者也；富之以涯，其富已足者也。人不能自止于足，而亡其富之涯乎！'"桓公问管仲："富有边际吗？"管仲回答说："水有边际，就是不再需要水的地方了；富有边际，就是富到已经满足的时候了。人们不知道在足够富裕的时候加以收敛，那就失去了富裕的边际了吧！"

欲望适度则为利，欲望过度则为害。适度、过度都是以国家法律、制度的规定和自身的能力、条件为标准，而不是以主观愿望想不想、要不要为标准。在国家法律、制度的规定和自己力所能及的范围内，适度的追求就会劳有所得；超越了国家法律、制度的规定和自身的能力、条件，过度的追求就会前功尽弃。

《左传》记叙："宋人或得玉，献诸子罕。子罕弗受。献玉者曰：'以示玉人，玉人以为宝也，故敢献之。'子罕曰：'我以不贪为宝，尔以玉为宝。若以与我，皆丧宝也，不若人有其宝。'稽首而告曰：'小人怀璧，不可以越乡，纳此以请死也。'子罕寘诸其里，使玉人为之攻之，富而后使复其所。"宋国有人得到美玉，献给子罕。子罕不受。献玉的人说："拿给玉工看过了，玉工认为是宝物，所以敢于进献。"子罕说："我把不贪婪作为宝物，你把美玉作为宝物。如果把美玉给了我，我们两人都丧失了宝物，不如各人保有自己的宝物。"献玉的人叩头告诉子罕说："小人怀藏玉璧，不能够穿越乡里，把它送给您是用来请求免于一死的。"于是子罕把美玉放在自己的乡里，让玉工为他雕琢，卖出后使献玉的人富有，让他回家去了。

《资治通鉴》记叙："孟尝君聘于楚，楚王遗之象床。郢之登徒直送之，不欲行，谓孟尝君门人公孙戍曰：'象床之直千金，苟伤之毫发，则卖妻子不足偿也。足下能使仆无行者，有先人之宝剑，愿献之。'公孙戍许诺，入见孟尝君曰：'小国所以皆致相印于君者，以君能振达贫穷，存亡继绝，故莫不悦君之义，慕君之廉也。今始至楚而受象床，则未至之国将何以待君哉！'孟尝君曰：'善。'遂不受。"孟尝君应聘于楚，楚王向其赠送象床。登徒把象床送到孟尝君住处后，不想离开，对孟尝君随从公孙戍说："这象床价值千金，如损坏毫发，就是卖了妻子也赔偿不起。如果你能使我不虚此行，我愿将祖传宝剑献于孟尝君。"公孙戍同意这个意见，就进到室内对孟尝君说："小国之所以把相印交到你手上，是相信你能拯救百姓穷困，保护社稷免于危亡，因此无不欣喜君之大义，仰慕君之廉洁。今天一到楚就收受象床，那些未至之国将何以款待你呢？"孟尝君说："好。"于是没有收下象床。

子罕、孟尝君以不贪为宝，廉洁自律，送到手的宝玉、象床也不收受，因为他们懂得："非所据而据焉，身必危。"不是自己应该得到的东西而把它据为己有，其后果是身必危。

"知足常足，终身不辱；知止常止，终身不耻。"

"钱能福人，亦能祸人，有钱者不可不知；药能生人，亦能杀人，用药者不可不慎。"

"自信者，不可以诽誉迁也；知足者，不可以势利诱也。"

知足是福，贪婪是祸。

人要富到什么程度才算富有，占有多少金钱才算足够，在现实社会生活中并没有统一的标准答案，关键是要实现个人对社会的奉献厚薄与自身向社会索取的回报多寡必须相称。奉献少而索取多，结果必然是"利过则为败"，

"非所据而据焉，身必危"。同时也在于个人实现欲望的能力与所欲所求的目标是否匹配、是否平衡。超越自身能力和条件极限的追求，欲望就是空想、幻想；自身能力条件可以实现的欲望，就是发展的规划和理想。追求自身能力不可能实现的目标，叫贪婪；通过自身努力能够实现的目标，叫志向。

一个人知道满足，就会常有豁达、坦然、快乐的心态。相反，不知满足，贪得无厌，就会常常使人焦虑不安、嫉恨痛苦。

孔子称赞颜回："一箪食，一瓢饮，在陋巷。人不堪其忧，回也不改其乐。贤哉，回也！"孔子说颜回，吃的是竹筐盛的饭，喝的是一瓢凉水，住在简陋的巷子里，别人都受不了那种穷苦，他却不改变自己的乐趣，颜回是多么贤明啊！可见，快乐不快乐，并不是决定于物质的丰歉和多少，而是在于自己内心的感受，在于一个人的心境修养。

北宋时期的文学家、书画家、"唐宋八大家"之一的苏东坡，即苏轼，在《前赤壁赋》中写了这样一段话："盖将自其变者而观之，则天地曾不能以一瞬。自其不变者而观之，则物与我皆无尽也，而又何羡乎？且夫天地之间，物各有主。苟非吾之所有，虽一毫而莫取。惟江上之清风，与山间之明月，耳得之而为声，目遇之而成色，取之无禁，用之不竭，是造物者之无尽藏也。而吾与子之所共适。"意思是说，在这个世界上，如果从动态的情形分析，天地之间没有一瞬间不是在变化的；从静态的情形分析，那么世间之物对于我来讲是没有穷尽的，怎么能找出有什么东西是值得羡慕的呢？并且天地之间，无论什么物品，都是物各有主，倘若不是我所有的，虽是一丝一毫，那也不可以拿来为我所用。只有江上的清风和山间的明月，耳朵听到了就成声音，眼睛看到了就成颜色，取之不禁，用之不竭，这才是上天给我们造化的无穷无尽的宝藏呢，是我和你可以共同享用的。

苏东坡这段论述的思想含意是很深刻的。首先，人世间的万事万物都是有生有灭，相对天地而言，都不过是历史的瞬间。生得快，灭得也快；来得快，去得也快。因为事物的发展变化都是快捷的，任何物品包括人体自身的生命期都是短暂的，人们完全没有必要对某一物品特别钟爱和刻意追求。其次，相对个人而言，这世间的万物是无穷尽的，而个人所接触的和认知的是非常有限的。你今天认为是好的东西，可能明天还会碰到更好的；你今天认为是优的东西，可能还有许多更优的东西是你没有遇见、没有认知的。又有什么东西值得羡慕呢？何况想羡慕也羡慕不完。再者，世上的所有财物都有归属，物各有主。不属于自己所有的，哪怕只是一丝一毫，也不能索取。所以人在社会生活中，只有清风、明月，耳听为声，目遇成色，取之不尽，用之不竭，与天地同长久，人人都可共同享受。人要学着清风明月的风范，两袖清风处世，明月般纯净地做人，这也是人生一种美的境界和快乐。

明初大臣刘基，字伯温，官至御史中丞兼太史令。他在《司马季主论卜》一文中讲到："昔日之所无，今日有之不为过；昔日之所有，今日无之不为不足。是故一昼一夜，华开者谢；一春一秋，物故者新；激湍之下，必有深潭；高丘之下，必有浚谷。"从前所没有的，现在有了不算过分；从前所存在的，现在没有了消失了，不能算不足。正如一昼一夜的循环，花开就会凋谢；一春一秋的演变，旧的东西失去了，新的东西又会出现。激流下面必有深潭，高山下面必有峻峭的山谷。

刘伯温在这段话里讲到了三个现象：其一是社会现象，讲了应该怎么看待在物质利益问题上"今日""昔日"的"有"和"无"的问题。其二是历史现象，讲了"一昼一夜""一春一秋"的新旧交替的问题。其三是自然现象，讲了有"激湍"就有"深潭"、有"高丘"就有"峻谷"的问题。刘伯温这段话的寓意是，我们要学会用自然现象、历史现象来观察领悟现实生活中的社会现象："昔日之所无，今日有之不为过；昔日之所有，今日无之不为不足。"面对眼前的各种物质利益，有也好，无也好，都要学会泰然处之，冷静相对，该有的有了不为过，不该有的没有得到，丝毫也不足惜。"激湍之下，必有深潭；高丘之下，必有峻谷"，这两句看上去好像与物质利益无关，但是刘伯温把它和"昔日之所无，今日有之不为过；昔日之所有，今日无之不为不足"连在一起论述，就会让人联想其深刻的思想内涵。他是提醒人们必须清醒地意识到，不要奢求在经济上一夜暴富，不该自己拥有的非法所得，贪占得越多，损失得必然就越惨，就会从"激湍"掉入"深潭"，从"高丘"摔到"浚谷"。

孔子说："饭疏食，饮水，曲肱而枕之，乐亦在其中矣。不义而富且贵，于我如浮云。"吃糙米，喝冷水，弯着胳膊枕脑袋，其中也自有不少乐趣。要是因为不义而做官发财，对我来讲，就像是浮云一样。

孟子说："养心莫善于寡欲。"修养心性的最好办法是减少欲望。

"孔子问颜回曰：'回，来！家贫居卑，胡不仕乎？'颜回对曰：'不愿仕。回有郭外之田五十亩，足以给飦粥；郭内之田十亩，足以为丝麻；鼓琴，足以自娱；所学夫子之道者，足以自乐也。回不愿仕。'孔子愀然变容，曰：'善哉回之意！丘闻之：'知足者，不以利自累也；审自得者，失之而不惧；

行修于内者，无位而不怍。丘诵之久矣，今于回而后见之，是丘之得也。'"

孔子对颜回说："颜回，你过来！你家境贫寒居处卑陋，为什么不外出做官呢？"颜回回答说："我无心做官。城郭之外我有五十亩地，足以供给我食粮；城郭之内我有十亩地，足够用来种麻养蚕；拨动琴弦足以使我欢娱；学习先生教给的道理足以使我快乐。因此我不愿做官。"孔子听了深受感动，动容地说："实在好啊，颜回的心愿！我听说：'知道满足的人不会因为利禄而使自己受到拘累，真正安闲自得的人明知失去了什么也不会后悔焦虑，注意内心修养的人没有什么官职也不会因此惭愧。我吟咏这样的话已经很久很久了，如今在你身上才算真正看到了它，这也是我的一点收获哩。'"

清末政治家林则徐，进士出身。曾先后任东河河道总督、江苏巡抚。后受命为钦差大臣，与总督邓廷桢协力查办鸦片，缴获英美烟贩鸦片二百三十七万斤，在虎门当众销毁，成为清末禁烟派代表人物。他的"自勉联"写道："海纳百川，有容乃大；壁立千仞，无欲则刚。"

"今世俗之君子，危身弃生以徇物，彼且奚以此之也？彼且奚以此为也？"如今世俗所谓的君子损害身体舍弃生命来追求外物，他们这样做将达到什么目的呢？他们又将采用什么手段达到目的呢？

《淮南子》说："心有忧者，筐床衽席，弗能安也；菰饭犓牛，弗能甘也；琴瑟鸣竽，弗能乐也。患解忧除，然后食甘寝宁，居安游乐。由是观之，生有以乐也，死有以哀也。今务益性之所不能乐，而以害性之所以乐，故虽富有天下，贵为天子，而不免为哀之人。凡人之性，乐恬而憎悯，乐佚而憎劳。心常无欲，可谓恬矣。形常无事，可谓佚矣。游心于恬，舍形于佚，以俟天命；自乐于内，无急于外，虽天下之大，不足以易其一概。日月廋而无溉于志，故虽贱如贵，虽贫如富。"

心里有忧愁的人，即使有安适的床榻松软的垫席也不能让他安睡；即使有菰米饭牛羊肉吃也不能使他感到甘甜；即使有琴瑟竽的吹奏也不能使他快乐。一旦内心的忧愁消除，就吃得香甜、睡得安稳、住得舒适、玩得快乐了。由此看来，活着有它的乐趣，死去有它的哀伤。现在有些人致力于增加人本性所不乐意的东西，而损害了本性快乐的东西，即使富有天下，尊贵到做了天子，但还是免不了成为悲哀的人。大凡人的天性，喜欢恬愉而讨厌忧虑，喜欢安逸而讨厌辛劳。内心始终保持无欲，可称为恬愉；身体保持无事，可称为安逸。心境处于恬愉舒适之中，身体处于安逸闲适之中，等待天命的安排，内心自寻快乐，不着急身外的琐事，虽天下之大也不足以变易他的生活模式，日月隐藏也不能干扰他的生活态度。虽然低贱但他觉得尊贵，虽然贫寒他也觉得富足。

"夫心有欲者，物过而目不见，声至而耳不闻也。"

"儒者学在经世，而以无欲为本。惟无欲，然后出而经世，识精而力巨。"

人之所以快乐不是因为拥有很多，而是因为奢望较少。一个人如果过于沉迷于物欲的追求，就会在追求欲望的过程中将自身变为欲望的奴隶。内心为物所役，必然就会为物所困、为物所累。

所谓"知足"和"不知足"，都是讲人的内心满足感。一个人有没有满足感，其实就是一个心态问题，和"兴奋点"有关，与物质财富的多少倒是没有必然的联系。

不同环境条件下生活的人，对物质利益的要求是截然不同的。深藏在人的心灵深处的欲望值，即心中想要实现的利益目标，就是这个人此时此刻的"兴奋点"。

不同的人，由于各自生活成长的环境不同，接受文化教育的程度不同，经历的社会历练不同，所以各人的"兴奋点"不可能是一样的。同一个人，在不同的人生阶段，心中想要实现的目标也是在经常变化的。几个同龄的小孩，同样过一个春节，有的小孩可能就只有三五元的"压岁钱"，有的小孩可能就有几千几万元的"压岁钱"。因为家境条件的不同，得到三五元钱过年的小孩，可能很开心很满足，因为平时根本就没有自己可以支配的零花钱。收到几千几万元的小孩，还真不一定能够刺激他的"兴奋点"，因为平常大手大脚惯了，不懂得钱的价值和来之不易，多一点少一点都无所谓。有了无所谓的心态，当然就难以点燃他内心的"兴奋点"了。因事故被深陷在井下的矿工，心里想着只要有条命活着出去，就感到万幸了；几餐没吃饭的饿汉，心里默念着能够吃一顿饱饭就足够了；街边小贩，一天能有个七八十元的收入就会欣喜不已；大企业家、银行家，就是日进斗金，内心还是不满足。年轻人找工作，有的首先考虑是经济收入，能够进一个收入可以达到自己预期目标的单位就兴奋；有的首先考虑的是个人体面，只要单位符合自己口味就满意；有的首先考虑的是专业对口，能够把过去所学的与将来的工作联系上、用得着就开心了。各人期望的目标不一样，"兴奋"当然也就不可能在同一"点"，谁的预期目标实现了，谁就能达到自己的"兴奋点"。

影响满足感的"兴奋点"，还有一条是来自和他人比较的落差。有的人现在和过去比，自身一代和父辈比，觉得还满足。但是和身边的人、熟悉的人一比较，觉得房子、车子、妻子、儿子、票子不如别人，总感觉有一种落差，产生一种压力，觉得很不满足，"兴奋点"总提不起来。这种人往往嫉妒心理很强，不但不会从自己所拥有的东西中找到乐趣，而且还喜欢从他人的欢乐中找来痛苦，用别人的成功来折磨自己。在和别人的比较中寻找幸福，只能在比较中迷失自己。

互联网流传着这样一个故事：野生的乌鸦遇到笼中的鹦鹉，乌鸦羡慕鹦鹉的安逸，鹦鹉羡慕乌鸦的自由。于是二鸟商议互换。结果是乌鸦得到了安逸但未得到主人的喜爱，不久抑郁而死。鹦鹉虽然得到了自由，但是长期依赖人工喂养，缺乏野外生存能力，不久就饿死在山林。

这个故事是在告诉人们，不要盲目攀比他人的生活方式，别人的幸福方式并不完全适合于你，一味攀比就容易把自己逼上绝路。

东汉末期政论家、史学家荀悦，汉献帝时任黄门侍郎、秘书监等职。奉献帝之命，依《左传》体裁，将《汉书》用编年体改写成《汉纪》三十篇。另著有《申鉴》。他指出："德比于上，故知耻；欲比于下，故知足。"道德要向上比，找出自身的差距，就会懂得什么叫耻辱；欲望要向下比，看清自身的所得，再想想那些不如自己的人，才能懂得什么叫知足。人要是会比，必然不难找到自己生活中的"兴奋点"。"比上不足，比下有余"，大多数人都生活在这种状态中。懂得知足，就能获得生活的快乐。欲望越多，总有些欲望实现不了，快乐就越少。

在现实生活中，多数人并不十分富有，但是只要我们抱着知足常乐的心态，日子一样可以过得很平实，很快乐。常言道，"人比人，气死人。"不去和别人攀比，就不会招惹那么多不必要的烦恼。面对现实，承认差别，不去强求自己追求一些想得而得不到手的东西，就会你有你的活法、我有我的自在，少一些嫉妒心理，就会多一些泰然自得，无论什么时候，只要做好自己就行。

一个人的生活方式是由自己的经济条件、传统习俗、生活环境、个人素质修养、性格爱好等综合因素所决定。人在世上要活得快乐、健康、幸福，就要学会走自己的路，按照自己的生活条件和追求，活出自己的品位。不要别人有什么你就跟什么，别人干什么你就学什么。别人生活的那套方式，是按照他自己的经济条件和个人情趣安排的。一味羡慕、模仿别人的生活方式，就完全没有了自己的情趣和品位。

生活必须面对现实，生活的追求必须量入为出、量体裁衣。有人习惯于在生活中和别人攀比，结果就像东施效颦，越比就越加显出自己的拙劣和无知，反而丢失了自己的风格和追求。

人类发展到现代社会，生活方式由原来的单调乏味变得丰富多彩，生活目标由原来的单一求生变得物欲繁杂。有的人为了不断膨胀的个人追求，甚至不惜透支身体，丢开亲情，辛苦受累了一辈子，临到终了方才醒悟：人死方知万事空。

清代文学家纪晓岚的先师陈伯崖说："事能知足心常泰，人到无求品自高。"这是一种顺其自然、遵从自然之道的人生哲学，是一种从容、自在的人生态度，是一种超脱、淡然的生活勇气。遇事懂得知足，就是告诫人们不要一味追求功名利禄，必须适可而止。不为浮云遮望眼，不为外物所羁绊。不是自己该得的财富权势，千万莫伸手，伸手必被捉。这样就能获得一种超然物外的坦然与自在。人要做到无求，既不盲目追求身外之物，又要不为自己私利乞求于身边之人。堂堂正正，不卑不亢，不要为了个人私利，为了官位职称，丧失原则，采取非法手段，向上卖身投靠，向下贿赂人心。

在社会生活的实践中，有的人只会仰头看，总是眼红别人比自己富有；其实，只要你俯首一望，不知道有多少人此时正在羡慕你的富有。

钱够用和钱不够用，应当承认在现实生活中是有区别的。手头上的一点钱买了柴米就不能买油盐，这种生活无疑会很烦恼。但是钱够用和钱用不完，区别就不很大。在当今这个社会，真正缺吃少穿的，不能说没有，但确实只是少数。真正大富大贵，有钱用不完的，也只是少数。就像橄榄形状，大头在中间。有些人尽管所拥有的财富足以让他们过得潇潇洒洒，但还是不开心，就是因为整天总是惦念着自己所没有的。

"其未得也，则忧不得；既已得之，又恐失之。是以有终身之忧，无一日之乐也。"未得则忧不得，少得则忧多得，多得则忧失得，有了这种心态，那就只有终身之忧而无一日之乐，什么时候也不可能心满意足了。

"事随心，心随欲。欲无度者，其心无度；心无度者，则其所为不可知矣。"事由心决定，心由欲望决定。欲望无度的人，其心也无度。一个心意没有节制的人，他的行为是常人无法想象的。

"邪与正相伤，欲与性相害，不可两立，一置一废，故圣人损欲而从事于性。"邪气与正气互相伤害，物欲与本性互相损伤，二者不可并立，一方树立，另一方必废弃，所以圣人是抛弃物欲而依顺本性。

"以欲从人则可，以人从欲鲜济。"让自己的欲望服从人的本性是可以的，让人的本性服从自己的欲望就很少会成功。

"嗜欲无穷，则必有贪鄙悖乱之心，淫佚奸诈之事矣。"一个人的嗜好欲望没有穷尽，就必然产生贪鄙忤逆的心意，做出淫佚奸诈的事。

"廉者足而不忧，贪者忧而不足。"廉者知足不忧愁，贪者忧愁而不知足。

"祸之所来，皆生于利；苟不求利，祸从何生！"灾祸的到来，大多来自对利益的过度追求。如果没有利益的过度欲望，灾祸怎能发生。

"祸莫大于不知足。"最大的灾祸就是起因于不知足。

《韩非子》中有一个晋献公假道伐虢的记叙："昔者晋献公欲假道于虞以伐虢。荀息曰：'君其以垂棘之璧与屈产之乘，赂虞公，术假道焉，必假我道。'君曰：'垂棘之璧，吾先君之宝也；屈产之乘，寡人之骏马也。若受吾币不假之道，将奈何？'荀息曰：'彼不假我道，必不敢受我币。若受我币而假我道，则是宝犹取之内府而藏之外府也，马犹取之内厩而着之外厩也。君勿忧。'君曰：'诺。'乃使荀息以垂棘之璧与屈产之乘赂虞公而术假道焉。虞公贪利其璧与马而欲许之。宫之奇谏曰：'不可许。夫虞之有虢也，如车之有辅。辅依车，车亦依辅，虞、虢之势正是也。若假之道，则虢朝亡而虞夕从之矣。不可，愿勿许。'虞公弗听，遂假之道。荀息伐虢之，还反处三年，兴兵伐虞，又克之。荀息牵马操璧而报献公，献公说曰：'璧则犹是也。虽然，马齿亦益长矣。'故虞公之兵殆而地削者，何也？爱小利而不虑其害。故曰：顾小利，则大利之残也。"

"假道伐虢"，事件的过程其实很简单：晋献公以赠送宝马、宝璧为条件，向虞借道伐虢，克之。三年后举兵再伐虞，非但夺回宝马、宝璧，且使虞国兵败割地。事件揭示的哲理却较深刻，给后人的启示颇多，故此不少史书都有记载。

启示一：天上掉下的馅饼，不能随便捡着吃。借道伐虢，虞公以为仅是暂借而已，自己不受损失，且能得到两件宝物，这不是天上掉馅饼，何乐而不为？谁知眼前占点小便宜，不久就使自己吃了大亏，顾了小利失了大利。

启示二：可以依靠的朋友不可轻易背弃。虞、虢相邻，本可相互支持、相互依存。可虞公为了私利忘大义，同意借道，结果是使自己丢失了可以依靠的援军，彻底孤立了自己，以失败的记录向世人告示"辅车相依、唇亡齿寒"这一真理。

启示三：舍得舍得，要会舍会得。晋献公巧妙运用"将欲败之，必姑辅之；将欲取之，必姑与之"这一谋略，先舍两宝赠虞公，满足其贪利之欲，三年后连本带息全收回。没有前之小舍，就没有后之大得。

贪婪是指人在对身外的钱物无止境拥有欲念的支配下，贪得无厌，不择手段获取的极端行为表现。人世间的一切财物，都是为人所造，为人所用。为财而死这种舍本求末的行为，从认识论上讲，就是颠倒了本末关系。人与财物相对而言，人是根本，财物仅仅是末。为末而舍本，人都死了，有了财物又为谁用？又有何用？难道这不正是对信奉拜金主义者的一个警醒吗？思想认识上的盲知，必然导致实践行为上的盲动。结果要么就是掉进资本主义"唯利是图"的泥坑，要么就是滑入那套不讲物质利益的"宁要社会主义的草，不要资本主义的苗"的唯心论的陷阱。

富有富的烦恼，穷有穷的乐趣。生活的辩证法往往就是如此。

"富，人之所欲，富有天下，而不足以解忧；贵，人之所欲，贵为天子，而不足以解忧。"金钱财富谁都希望得到，但是如果不能知足，即便是富有天下，也不足以消除他的忧愁；权贵势位谁都渴望获取，但是不懂知止，即便是贵为天子，也不足以消除他的忧愁。

"乃今知周公之富贵，有不如夫子之贫贱。夫以召公之贤，以管蔡之亲，而不知其心，则周公谁与乐其富贵？而夫子之所与共贫贱者，皆天下之贤才，则亦足以乐乎此矣！"

苏轼说："现在我才知道，周公的富贵实在还比不上孔子的贫贱。像召公这样的贤人，管叔、蔡叔这样的亲属，却不能够了解周公的心思，那么周公跟谁一同享受这富贵的快乐？然而跟孔子一同过着贫贱生活的人，却都是天下的贤才，光这一点也就值得快乐了！"

"子贡曰：'贫而无谄，富而无骄，何如？'子曰：'可也。未若贫而乐，富而好礼者也。'"子贡问孔子："贫穷而不巴结讨好别人，富裕却不骄傲轻视别人，这种人怎么样？"孔子说："可以。但还不如贫穷也能快乐，富贵而能好礼。"

"贫贱是苦境，能善处者自乐；富贵是乐境，不善处者更苦。"贫贱虽苦，但能善处的人苦中有乐；富贵虽乐，但不能善处的人就会乐中生悲。

明代陈继儒说："清闲无事，坐卧随心，虽粗衣淡饭，但觉一尘不淡。忧患缠身，繁扰奔忙，虽锦衣厚味，只觉万状苦愁。"清贫无忧，生活随意，虽是粗衣淡饭，但也觉得温暖香甜。那些整天为了富贵而忧虑、奔忙劳顿的人，虽然享受华贵锦衣、美味佳肴，但也总是觉得愁苦万状。

由此看来，富也好，穷也罢，只要心无旁骛地走自己的路，按照自己的条件和爱好安排好自己的生活，就不难找到适合自己的幸福生活方式。

有一首小诗写道："人人避暑走如狂，独有禅师不出房。不是禅师无热恼，只缘心静自然凉。"如果人们在现实社会生活中能够不为外物所累，不为环境所染，一切顺其自然，保持一种乐观、淡然、超脱的精神状态，没有浮躁，没有焦虑，心情就会清静、舒畅。

淡然可以沉淀出生活中的浮躁，过滤掉心境中的浅薄，避免许多盲目、非理性的行为发生。因为所有的眼红、奢望、羡慕，都是一厢情愿，只能加重身心的负荷，带来不满、抱怨等内心的痛苦，损害心灵和身体的健康，破坏自己的生活质量。

人在社会生活中不仅要有物质的追求，而且还要有点精神支撑。常怀"战战兢兢、如临深渊、如履薄冰"的谨慎，学点"先天下之忧而忧，后天下之乐而乐"的胸襟，懂点"革命尚未成功，同志仍需努力"的情怀，使自己永远保持谦虚、谨慎、向上、向善、乐观、知足的精神状态，使自己的生活泰然自在。

《老子》说："功成名遂，身退，天之道。"

"夫月满则亏，物盛则衰，天地之常也。知进而不知退，久乘富贵，祸积为祟。"

"勇略震主者身危，而功盖天下者不赏。"

"大名不可久荷，大功不可久任，大权不可久执，大威不可久居。"

范蠡事越王勾践，苦身勠力，与勾践深谋二十余年，灭吴，报会稽之耻，北渡兵于淮以临齐晋，号令中国，以尊周室，勾践以霸，而范蠡称上将军。还反国，范蠡以为大名之下，难以久居，为书辞勾践，浮海出齐，变姓名，自谓鸱夷子皮，耕于海畔，苦身勠力，父子治产。居无几何，致产数十万。齐人闻其贤，以为相。不就职，散其财，以分与知友乡党，而怀其重宝，间行以去，止于陶，自谓陶朱公，复约要父子耕畜，废居，候时转物，逐什一之利。居无何，则致赀累巨万。

张良，"从上入关，即道引，不食谷，杜门不出，曰：'家世相韩，及韩灭，不爱万金之资，为韩报雠强秦，天下振动。今以三寸舌为帝者师，封万户侯，此布衣之极，于良足矣。愿弃人间事，欲从赤松子游耳。'"张良到了关中，身体经常有病，不食五谷来炼气养生，闭门一年多没有外出。张良说：家族里世世代代做韩相，等到韩亡，不吝惜万金财产，替韩向强秦报仇，震惊天下。现在凭三寸舌头做皇上的军师，封邑万户，位居列侯，这是平民最大的荣誉，对我已经足够了。想放弃人间的事情，跟赤松子出游。

《史记》记叙："夫商君为秦孝公明法令，禁奸本，尊爵必赏，有罪必罚，平权衡，正度量，调轻重，决裂阡陌，以静生民之业而一其俗，劝民耕农利土，一室无二事，力田稽积，习战陈之事，是以兵动而地广，兵休而国富，故秦无敌于天下，立威诸侯，成秦国之业。功已成矣，而遂以车裂。楚地方数千里，持戟百万，白起率数万之师以与楚战，一战举鄢郢以烧夷陵，再战南并蜀汉；又越韩魏而攻强赵，北阬马服，诛屠四十余万之众，尽之于长平之下，流血成川，沸声若雷，遂入围邯郸，使秦有帝业。楚、赵天下之强国而秦之仇敌也，自是之后，楚、赵皆慑伏不敢攻秦者，白起之势也。身所服者七十余城，功已成矣，而遂赐剑死于杜邮。吴起为楚悼王立法，卑减大臣之威重，罢无能，废无用，损不急之官，塞私门之请，一楚国之俗，禁游客之民，精耕战之士，南收杨越，北并陈、蔡，破横散从，使驰说之士无所开其口，禁朋党以励百姓，定楚国之政，兵震天下，威服诸侯。功已成矣，而卒枝解。大夫种为越王深谋远计，免会稽之危，以亡为存，因辱为荣，垦草入邑，辟地殖谷，率四方之士，专上下之力，辅勾践之贤，报夫差之雠，卒擒劲吴，令越成霸。功已彰而信矣，勾践终负而杀之。此四子者，功成不去，祸至于此。"

知足知止是一个极富哲理、极其睿智的自律行为。践行知足知止，不仅要求人们在经济上对于物质利益的追求，懂得廉洁自好、不贪不占；而且要求人们在政治上对于职位名利的追求，懂得知进知退、见好就让。范蠡跟随越王勾践二十余年，打败吴国报了会稽之耻，任职大将军。以为"大名之下，难以久居"，断然书辞勾践，浮海至齐，重新走上经商之路。张良是汉朝刘邦夺取天下的三杰之才，汉朝建国，张良走上"布衣之极"之时，果断辞官，云游天下。范蠡、张良功成名遂知身退，可谓是人生道路上的大智抉择。商鞅、白起、吴起、大夫文种，都是身处高位不能自离，功成不退位，结果都落得个被杀的下场。

《资治通鉴》的开篇就讲了一段"三家分晋"的历史："智伯请地于韩康子，康子欲弗与。段规曰：'智伯好利而愎，不与，将伐我；不如与之。彼狃于得地，必请于他人；他人不与，必向之以兵。然则我得免于患而待事之变矣。'康子曰：'善。'使使者致万家之邑于智伯，智伯悦。又求地于魏桓子，桓子欲弗与。任章曰：'何故弗与？'桓子曰：'无故索地，故弗与。'任章曰：'无故索地，诸大夫必惧；吾与之地，智伯必骄。彼骄而轻敌，此惧而相亲；以相亲之兵待轻敌之人，智氏之命必不长矣。《周书》曰："将欲败之，必姑辅之；将欲取之，必姑与之。"主不如与之以骄智伯，然后可以择交而图智氏矣。奈何独以吾为智氏质乎？'桓子曰：'善。'复与之万家之邑一。智伯又求蔡、皋狼之地于赵襄子，襄子弗与。智伯怒，帅韩、魏之甲以攻赵氏。……赵襄子使张孟谈潜出见二子，曰：'臣闻唇亡则齿寒。今智伯率韩、魏而攻赵，赵亡则韩、魏为之次矣。'二子曰：'我心知其然也，恐事未遂而谋泄，则祸立至矣。'张孟谈曰：'谋出二主之口，入臣之耳，何伤也？'二子乃潜与张孟谈约，为之期日而遣之。襄子夜使人杀守堤之吏，而决水灌智伯军。智伯军救水而乱，韩、魏翼而击之，襄子将卒犯其前，大败智伯之众。遂杀智伯，尽灭智氏之族。"

春秋晚期的晋国由赵、韩、魏、智、范及中行氏六卿专权。之后，赵氏击败了范氏和中行氏，出现了赵、魏、韩、智氏四家分掌晋国政权的局面。此时，智伯自恃其势力强大，要求韩康子割让一块土地给他，康子不想给。康子的谋士段规说："智伯贪心重而且刚愎自用，如果不给他，必将举兵征伐于我，不如把地给他，他由于得到我们的土地，必然还会向别的诸侯提出土地的要求；别人如果不给，必然向他出兵，这样我们就可以避开战祸静观事态演变。"康子说："好。"于是派遣使者回复割让一块万家之邑给智伯。智伯得地后满心欢喜，又要求魏桓子给他一块土地，桓子不想给，桓子的谋士任章说："为什么不给呢？"桓子说："没有理由就向我要地，所以不能给他。"任章说："无缘无故要地，各位大夫必然都会害怕；我们给了他土地，智伯就会更加骄横，他骄横而轻敌，这些惧怕他的氏族就会团结得更加紧密，以联合的兵力对付轻敌的对手，智氏的命运就不长久了。《周书》上说：'要想打败对手，必须暂且辅助他；想要取得一样东西，必须暂且放弃它。'君主不如把土地给他，使智伯更加骄横，然后我们可以联合其他氏族图谋灭掉智氏。为何要单独以我们的力量与智氏为敌？"桓子说："好。"又给智伯一块万家之邑的土地。接着，智伯向赵襄子要求割让蔡、皋狼之地。襄子不给，激怒了智伯，智伯就率领韩、魏的军队攻打赵。赵襄子派遣张孟谈秘密拜见韩康子和魏桓子说："我听说唇亡则齿寒。当今智伯率韩、魏之兵而攻赵，赵氏一旦灭亡，韩、魏也就在其后了。"康子、桓子说："我们心里自然懂得这个道理，只是怕事还未成功秘密就被泄露，这样灾祸立马就来了。"张孟谈说："计谋是出自二位之口，只有为臣一人听见，哪来什么危害呢？"于是韩康子、魏桓子与张孟谈秘密商定了联合攻打智伯之计。张孟谈一回国，按照约定的作战计划部署，赵襄子乘夜派人杀死智伯的守堤之吏，决开大堤水灌智伯军，智伯军大乱，韩、魏乘势从两翼向智伯夹击，赵襄子亲率赵军冲杀在智伯阵前，智伯军大败，智伯被杀，智氏之族自此灭亡，三家分割了智氏之地，这就是历史上"三家分晋"。

"三家分晋"正是对"知足不辱，知止不殆"最好的说明。智伯其实一点也不智，因为总想贪占别国的土地，结果是自取其辱，落得个国破身亡的可悲下场。

奢侈之费，甚于天灾

崇尚节俭是我们中华民族一个优良的传统和光荣美德。俭朴并不是要求人们省吃少穿，去做苦行僧。人们辛勤地奋斗拼搏，目的就是为了让自己的日子过得更好。今天我们已经基本步入小康社会，之所以还要讲节俭，还要倡导继承光大节俭这个美德，是因为节俭的要义在于不浪费、不奢侈。

腐败腐败，腐而必败。奢侈之祸，甚于天灾。民腐败家，官腐败国。为民者要崇俭戒奢，为官者更要崇俭戒奢。

春秋战国之际的思想家、政治家，墨家的创始人墨翟曾学习儒术，因不满其烦琐的"礼"，另立新说，成为儒家的主要反对派。墨子学说对当时思想界影响很大，与儒家并称"显学"。

墨翟说："俭节则昌，淫佚则亡"。俭朴节约就昌盛，淫逸放荡就危亡。墨翟的这句话是在告诫人们，必须要从政治的高度认识节俭对于个人和家国的兴衰存亡具有的重大意义。因为：

"俭，德之共也；侈，恶之大也。"《左传》认为：节俭，是善行中的大德；奢侈，是邪恶中的大恶。

"俭则约，约则百善俱兴；侈则肆，肆则百恶俱纵。"

"一粥一饭，当思来之不易；半丝半缕，恒念物力维艰。"

"门户之衰，总由于子孙之骄惰；风俗之坏，多起于富贵之奢淫。"

《大学》告诫世人："生财有大道，生之者众，食之者寡，为之者疾，用之者舒，则财恒足矣！"财富的增长有其必然规律。种粮的人多，食用的人少；生产得快，使用得慢，这样才能保持财富长期充足。

《史记》也强调："强本节用，则人给家足之道也。"强化生财的根本并节约日常用度，就是人有衣食家庭富足的致富之路。

"治国之道，富民为始；富民之要，在于节俭。"治理国家的路子，必须从富民开始；富民的关键，在于节俭。

管仲说："地之生财有时，民之用力有倦，而人君之欲无穷。以有时与有倦，养无穷之君，而度量不生于其间，则上下相疾也。是以臣有杀其君、子有杀其父者矣。故取于民有度，用之有止，国虽小必安；取于民无度，用之不止，国虽大必危。"土地生长的庄稼都有很强的季节性，农民耕种也很疲劳辛苦，而君王追求物质的欲望却是无穷无尽。以作物生长有时间限定和农民耕种有体力限度来养育穷夺得极欲的君主，其间的差额又不可能凭空出现，这样就会产生上下相互仇恨，因此就有臣民杀其君王、儿子杀其父亲的惨剧发生。所以，征收民众税赋有个合理的限度，用度有所节制，这样国家虽小必然安定；征收民众的税赋没有限度，挥霍起来没有止境，国虽大也必然会发生危机。

西汉时期，文、景二帝接受秦末农民战争的教训，采取"与民休息""轻徭薄赋"的政策，使社会生产得到恢复和发展，土地开辟，人口增加。出现"至武帝之初七十年间，国家亡事，非遇水旱，则民人给家足，都鄙廪庾尽满，而府库余财。京师之钱累百钜万，贯（穿钱的绳）朽而不可校。太仓之粟陈陈相因，充溢露积于外，腐败不可食。"的局面。史学家把这一时期称之为"文景之治"。取得"文景之治"成果的重要原因就是文、景二帝崇俭戒奢。

据史书记载，汉文帝"即位二十三年，宫室苑囿车骑服御无所增益。有不便，辄弛以利民。尝欲作露台，召匠计之，直百金。上曰：'百金，中人十家之产也，吾奉先帝宫室，常恐羞之，何以台为！'身衣弋绨，所幸慎夫人衣不曳地，帏帐无文绣，以示敦朴，为天下先。治霸陵，皆瓦器，不得以金银铜锡为饰，因其山，不起坟。"汉文帝刘恒在位二十三年，宫室、花园、车马、服饰，没有多少新建添置，出现灾祸，就会采取利民举措。他曾想建造一个楼台，召唤工匠一算，需要耗费黄金百两，文帝就说，百两黄金相当于十户中等富裕家庭的家产，我现在居住这些先帝留下的宫室，常感觉受之有愧，为什么还要建造新的楼台？他自己平常穿着素服，他所宠爱的慎夫人，衣裙不得拖地，帐帘不得文绣，以示敦促简朴，为天下做出表率。修建陵墓，只准使用陶瓷器皿，不能用金银铜锡制作陪葬物品，不建豪华陵园，一心想着节俭，不要增加民众负担。

汉景帝刘启在位期间，也曾下诏布告天下："雕文刻镂，伤农事者也；锦绣篡组，害女红者也。农事伤则饥之本也，女红害则寒之原也。夫饥寒并至，而能无为非者寡矣。朕亲耕，后亲桑，以奉宗庙粢盛祭服，为天下先；不受献，减太官，省繇赋，欲天下务农蚕，素有蓄积，以备灾害。"诏书告示说："在竹木、玉石、金属上雕刻文字、花鸟禽兽图案，耗费大量人力，田地就没有人耕种了；在服装、饰品上绣花、编织五彩绦带，占用大量女工，就没有人去纺织制衣了。没有人耕种田地，这是使人饥饿的根本；没有人纺织制衣，这是使人寒冷的根源。凡饥寒交迫而能不做坏事的人少啊。我亲自耕种，皇后亲力纺织制衣，用以供奉祭祀祖先的谷物、祭服，为天下做出表率。不接受朝贡献礼，缩减皇宫的官员，节省繇役税赋，想全国各地抓好农耕、纺织这类关乎民生的大事，做到平常年景有所积蓄，用以防备各种灾害给民众带来的痛苦。"

"凡古圣王，饮食有节，车器有数，宫室有度，出令造事，加费而无益于民利者禁，故能长久治安。"凡是古代圣王，衣食有节度，车马器物有定数，宫室设置有限度，兴建土木工程，增加费用支出而无益于利民的就禁止，所以才能长治久安。

《荀子》说："强本而节用，则天不能贫；养备而动时，则天不能病；循道而不贰，则天不能祸。故水旱不能使之饥（渴），寒暑不能使之疾，祆怪不能使之凶。本荒而用侈，则天不能使之富；养略而动罕，则天不能使之全；倍道而妄行，则天不能使之吉。"强本节用，天道就不会使之贫穷；适时加强武备，天道就不会使之患难；专心积德，天道就不会使之遭祸。因此水旱不能使之饥，冷热不能使之病，鬼神不能使之凶。根本废弛而费用奢，天道就不能使之富；修养浅薄而践行少，天道就不能使之全；背离道德而妄行，天道就不能使之吉。

陆贽，唐德宗时任翰林学士、中书侍郎，同平章事，勇于指陈弊政，主张废除两税以外的一切苛敛。后因谗罢相贬为忠州别驾。他指出："夫地力之生物有大限，取之有度，用之有节，则常足。取之无度，用之无节，则常不足。生物之丰败由天，用物之多少由人，是以圣王立程，量入为出，虽遇灾难，下无困穷。"凡土地生长的作物都有一个限度，取之有个幅度，用之有个节制，就会经常感到满足。取之没有限度，用之没有节制，就会常常感到不满足。作物生长的丰歉在天，使用的多少在人，所以圣明的君王会订立规矩，依照收入多少决定支出幅度，即便是遇上灾害，天下的民众也不会遭受太大贫困。

三国时代的王朗说："昔大禹欲拯天下之大患，故先卑其宫室，俭其衣食；勾践欲广其御儿之疆，亦约其身以及家，俭其家以施国；汉之文景欲恢弘祖业，故割意于百金之台，昭俭于弋绨之服；霍去病中才之将，犹以匈奴未灭，不治第宅。明恤远者略近，事外者简内也。"过去大禹为了拯救天下水患，所以率先简陋布置宫室，节约自身衣食。越王勾践为儿孙守住疆土，也是节约自身以及家庭费用，施之于国。汉朝的文帝、景帝为了弘扬祖业，所以舍弃建造楼台的念想，下诏全国崇尚节俭，自己只穿素色服饰。霍去病身为朝廷重臣，尚且能够以匈奴未灭，不建府第。表明思虑长远的人就会节约眼前的支出，担当大事的人对自家内部设施就会崇尚简朴。

唐代书法家褚遂良，太宗时任起居郎、谏议大夫、中书令。高宗即位，封河南郡公、任尚书右仆射。他说："奢侈者，危亡之本。"奢侈是一个国家以及自身危亡的根本原因。

孔子也说："奢则不孙，俭则固。与其不孙也，宁固。"奢侈就显得倨傲，节俭就显得寒伧。与其倨傲，宁可寒伧。

"骄纵生于奢侈，危亡起于细微"。骄横都是产生于奢侈的生活，危亡起因于细微的不慎。

"奢者富不足，俭者贫有余。"

管仲在《管子》一书中不仅强调了戒奢的意义，而且深刻分析了奢侈的根源及其危害。他说："故奸邪之所生，生于匮不足；匮不足之所生，生于侈；侈之所生，生于毋度。"奸邪之事的发生，在于财产贫乏；财产贫乏的原因，在于浪费奢侈；浪费奢侈的出现，在于生活花费无度。

管仲说："故适身行义，俭约恭敬，其唯无福，祸亦不来矣；骄傲侈泰，离度绝理，其唯无祸，福亦不至矣。"

"人惰而侈则贫，力而俭则富。夫物莫虚至，必有以也。故曰：'寿夭贫富无徒归也'。"人们懒惰而奢侈则贫困，勤劳而节俭则富有。任何事物的发生发展，都是有其原因的。长寿夭折，贫穷富有，都不是无故而至。

《晋书》记载了一个陶侃母湛氏教子清廉的故事。

"陶侃母湛氏，豫章新淦人也。……侃少为寻阳县吏，尝监鱼梁，以一坩鲊遗母。湛氏封鲊及书，责侃曰：'尔为吏，以官物遗我，非惟不能益吾，乃以增吾忧矣。'"

陶侃年轻时当了负责河道和渔业的官吏。他曾经把一陶罐腌鱼送给母亲。陶母收到后即刻就问："这是哪来的？"送鱼的使者说："是官府拥有的。"陶母二话没说就把腌鱼封好交还送鱼的差役，并附带了一封家书，责备陶侃说："你在外为官，用官家的东西送给我，不仅对我没有一点益处，反而是给我增添了烦恼和忧愁啊！"

崇尚节俭是我们中华民族一个优良的传统和光荣美德。俭朴并不是要求人们省吃少穿，去做苦行僧。人们辛勤地奋斗拼搏，目的就是为了让自己的日子过得更好。今天我们建成小康社会，之所以还要讲节俭，还要倡导继承光大节俭这个美德，是因为节俭的要义在于不浪费、不奢侈。奢侈和浪费是糟蹋劳动者的成果，无视劳动者的血汗，缺失劳动者的情感，是一种罪恶的行为。

《礼记·王制》讲"量入以为出"，就是要求人们在生活中要根据收入来安排支出。量入为出，这是节俭的一个基本原则。手中有多少钱，就办多少事；没有钱，就不要打肿脸充胖子，超前消费；有了钱，也不要荒淫无度，奢侈浪费。

"务本节用财无极。"抓住生产这个根本辛勤劳作，生活中节约一点费用支出，其家庭财富就会用不完。所以，平民之家的日常生活，必须牢记"由俭入奢易，由奢入俭难"这一经过无数事实验证的深刻总结。

《荀子》记叙："孔子观于鲁桓公之庙，有敧器焉。孔子问于守庙者曰：'此为何器？'守庙者曰：'此盖为宥坐之器。'孔子曰：'吾闻宥坐之器者，虚则敧，中则正，满则覆。'孔子顾谓弟子曰：'注入焉！'弟子挹水而注之。中而正，满而覆，虚而敧。孔子喟然而叹曰：'吁！恶有满而不覆者哉！'子路曰：'敢问持满有道乎？'孔子曰：'聪明圣知，守之以愚；功被天下，守之以让；勇力抚世，守之以怯；富有四海，守之以谦。此所谓挹而损之之道也。'"

孔子在鲁桓公的庙里参观，看到那里有一只倾斜的器皿。孔子问守庙人："这是什么器皿？"守庙人说："这大概是君主放在座位右边来警戒自己的器皿。"孔子说："我听说这种器皿，空着时就倾斜，倒入一半水时就会端正，注满水后就会翻倒。"孔子回头对弟子说："注水吧！"弟子舀了水往里面倒，注入一半时就端正了，注满后就翻倒了，空了就又恢复倾斜了。孔子喟然长叹说："唉！哪有满了不翻倒的呢？"子路说："请问保持盈满有什么方法吗？"孔子说："聪明睿智，就要用笨拙来保持它；功劳遍布天下，就要用谦让来保持它；勇敢盖世，就要用怯懦来保持它；富有天下，就要用谦虚来保持它。这就是所谓的保持盈满的方法啊。"

"夫物盛而衰，乐极则悲，日中而移，月盈而亏。是故聪明睿智，守之以愚；多闻博辩，守之以陋；武力毅勇，守之以畏；富贵广大，守之以俭；德施天下，守之以让。此五者，先王所以守天下而弗失也。反此五者，未尝不危也。"故老子曰："服此道者不欲盈。夫唯不盈，故能弊而不新成。"

《淮南子》说："事物兴盛了就会转向衰败，这就好像乐极生悲一样；自然界也是这样，太阳到正午后便西斜，月亮圆后便慢慢残缺。所以，聪明有智慧，要靠愚笨来持守；见多识广口才好，要靠孤陋寡闻来持守；勇武刚强有力气，要靠怯懦胆小来持守；富贵宽裕，要靠朴素节俭来持守；德泽施及天下，要靠退让谦逊来持守。这五方面是先王用以保住天下而不丧失的法宝。违背这五方面，没有不危险的。"所以《老子》说："遵循此道的人不求盈满，正因为不过分盈满，所以才能做到虽敝旧却能更新成功。"

汉朝樊宏曾经劝诫其子曰："富贵盈溢，未有能终者。"富贵盈溢，必然走向反面，没有什么好结果。"若业必求满，功必求盈者，不生内变，必招外忧。"

南北朝时的颜之推也在其所撰家训中告诫子孙说："天地鬼神之道，皆恶满盈。谦虚冲损，可以免害。人生衣趣以覆寒露，食趣以塞饥乏尔。形骸之内，尚不得奢靡，己身之外，而欲穷骄泰耶？周穆王、秦始皇、汉武帝，富有四海，贵为天子，不知纪极，犹自败累，况士庶乎？常以二十口家，奴婢盛多，不可出二十人，良田十顷，堂室才蔽风雨，车马仅代杖策，蓄财数万，以拟吉凶急速。不訾此者，皆以义散之；不至此者，勿非道求之。"

颜之推说："天地鬼神之道，都厌恶满盈；谦虚淡泊，可以避免潜在的灾祸。人穿衣服的目的是在于覆盖身体以免寒冷，吃食物的目的在于填饱肚子以免饥饿乏力。形体之内，尚且不能奢侈浪费；自身之外，难道还要极尽骄奢放肆吗？周穆王、秦始皇、汉武帝都富有四海，贵为天子，不懂得适可而止，尚且会遭到败损，何况是一般人呢？我常认为二十口之家，奴婢最多不可超出二十人，只需良田十顷，堂室只求能够遮挡风雨，车马只要能代步就行。积蓄上几万钱财，用来准备婚丧急用。超过这个数量，就要合乎道理地散掉；还不到这些，也切勿用不正当的办法来求取。"

"可俭而不可吝也。俭者，省约为礼之谓也；吝者，穷急不恤之谓也。今有施则奢，俭则吝；如能施而不奢，俭而不吝，可矣。"

隋文帝杨坚，北周时袭父爵为隋国公。静帝年幼即位，任其为丞相，封隋王。后杨坚废静帝自立，建立隋朝。先后灭后梁、陈，结束南北朝分立局面，统一了全国。史书评论杨坚说："每旦听朝，日昃忘倦。虽啬于财，至于赏赐有功，即无所爱；将士战没，必加优赏，仍遣使者劳问其家。爱养百姓，劝课农桑，轻徭薄赋。其自奉养，务为俭素，乘舆御物，故弊者随令补用；自非享宴，所食不过一肉；……装带不过铜铁骨角，无金玉之饰。故衣食滋殖，仓库盈溢。"杨坚坐上皇位后，每天听朝，不知疲倦直到太阳偏西。虽啬啬金银，但对于赏赐军功却能舍得付出，将士作战阵亡，必加优赏，并派遣使者慰问家属。爱惜民力，鼓励农桑，轻徭薄赋。自身奉养，要求俭朴。乘车御物因故损坏，即令修补再用。平常无故不自摆宴席，餐饮不过一肉。服装配带，仅用铜铁野兽骨角，没有金玉之饰。所以，民众衣食宽裕，朝廷仓库丰盈。他曾敏感地意识到："自古帝王未有好奢侈而能久长者。"并以此严格要求自己。杨坚作为一代开国皇帝，能够总结历代君王因奢侈而灭亡的历史经验，勤谨治国、节俭律己地奋斗一生，但却未能防止身后其子杨广因奢侈而断送隋朝命运的可悲结局。

"隋氏纵欲而亡，太宗抑欲而昌。"

《资治通鉴》记叙："昔者周盖千八百国，以九州之民养千八百国之君，君有余财，民有余力，而颂声作。秦皇帝以千八百国之民自养，力罢不能胜其役，财尽不能胜其求。一君之身耳，所自养者驰骋弋猎之娱，天下弗能供也。秦皇帝计其功德，度其后嗣世世无穷；然身死才数月耳，天下四面而攻之，宗庙灭绝矣。"

"尧尚茅茨而万国安其居，禹卑宫室而天下乐其业。及至殷、周，或堂崇三尺，度以九筵耳。桀作璇室象廊，纣为倾宫鹿台，以丧其社稷；楚灵以筑章华而身受祸；秦始皇作阿房，二世而灭。夫不度万民之力以从耳目之欲，未有不亡者也。"

"恶莫大于纵己之欲，祸莫大于言人之非。"

"珍玩伎巧，乃丧国之斧斤；珠玉锦绣，实迷心之鸩毒。"

"作法于俭，犹恐其奢；作法于奢，何以制后！"

奢侈就是腐败。腐败腐败，腐而必败。"抑欲而昌"，"纵欲而亡"。"尧尚茅茨而万国安其居，禹卑宫室而天下乐其业。""桀作璇室象廊，纣为倾宫鹿台，以丧其社稷；楚灵以筑章华而身受祸；秦始皇作阿房，二世而灭。"历史的经验告诉我们：清廉节俭还是奢侈腐败，事关生死荣辱、家庭幸福、事业兴衰、政权存亡。

《史记》说："幽王为烽燧大鼓，有寇至则举烽火。诸侯悉至，至而无寇，褒姒乃大笑。幽王说之，为数举烽火。其后不信，诸侯益亦不至……申侯怒，与缯、西夷犬戎攻幽王。幽王举烽火征兵，兵莫至。遂杀幽王骊山下，虏褒姒，尽取周赂而去。"

《韩非子》说：战国时期，秦穆公为了解除邻国戎王之患，"乃使内史廖以女乐二八遗戎王"，戎王"见其女乐而说之，设酒张饮，日以听乐，终岁不迁，牛马半死"。正当戎王沉醉于女色之际，秦穆公"举兵而伐之，兼国十二，开地千里。故曰：耽于女乐，不顾国政，则亡国之祸也"。

周朝幽王为了取悦美女，玩弄烽火导致身死国亡；戎王沉醉女色丧国十二、失地千里，都是腐败之祸。

奢侈之祸，甚于天灾。民腐败家，官腐败国。为民者要崇俭戒奢，为官者更要崇俭戒奢。

安高在乎同利

纵览历史数千年，国人从来都不仇富，而是恨不公。中国人民之所以选择社会主义道路，就是因为社会主义倡导的是共同发展、共同富裕。今天，在我们举国践行中华民族伟大复兴中国梦的伟大事业进程中，坚持毛泽东同志提出的"全心全意为人民服务"和邓小平同志提出的"共同富裕"的思想，就必须切实解决腐败和分配不公造成贫富悬殊这类人民群众十分关切的社会问题。

习近平总书记领导的全面建成小康社会、全面建成社会主义现代化强国的历史进程，就是实现全国各民族人民几千年来追逐"同利"这个目标的延伸。

孔子说："有国有家者，不患寡而患不均，不患贫而患不安。盖均无贫，和无寡，安无倾。"有国有家的人，不担心贫穷，而担心财富分配不平均；不担心人口少，而担心家国不安宁。因为财富分配平均，就无所谓贫富；家国和睦团结，就不会觉得人口少；社会安宁稳定，就不会觉得有倾覆的危险。

管子说："安高在乎同利。"稳固国家的政权，在于上下共同分享利益。

从春秋战国以来，数以千年的时间里，一些思想家、政治家都把"同利"作为一个伟大理想的目标，加以推崇、加以宣扬、加以追求。因为"同利"是生活在社会底层人群深埋在内心深处的一种期盼、渴望，是先贤们为民请命的一个呼唤、呐喊，体现了社会的公平、正义，蕴含着民族的希望与梦想。

"夫霸王之所始也，以人为本。本治则国固，本乱则国危。"

"《老子》曰：'虽贵，必以贱为本；虽高，必以下为基。'是以侯王称孤、寡、不穀，是其贱之本与？夫孤寡者，人之困贱下位也，而侯王以自谓，岂非下人而尊贵士与？"《老子》说："纵然尊贵，必以卑贱为根本；纵然高大，必以底层做基础。"所以诸侯、国君自称孤、寡、不穀，大概就是表示以卑贱为本吧？所谓孤、寡是最为卑贱的，而君王们用以自称，难道不是表示谦居人下而尊重士人吗？

《国语》说："民之所欲，天必从之。"《尚书太誓》说："民众所想得到的，上天一定会依从。"

"民所曹好，鲜其不济也。其所曹恶，鲜其不废也。"民众所共同喜好的事情，很少有不成功的；民众共同厌恶的，很少有不被废弃的。

"狐丘丈人谓孙叔敖曰：'人有三怨，子知之乎？'孙叔敖曰：'何谓也？'对曰：'爵高者士妒之，官大者主恶之，禄厚者怨处之。'孙叔敖曰：'吾爵益高，吾志益下；吾官益大，吾心益小；吾禄益厚，吾施益博。（是以）免三怨，可乎？'故老子曰：'贵必以贱为本，高必以下为基。'"狐丘丈人对孙叔敖说："人有三种怨恨，你知道吗？"孙叔敖说："这是什么意思？"回答说："爵位高的人嫉妒，官职大的主厌恶，俸禄丰厚的生怨恨。"孙叔敖说："我的爵位越高，我意愿越低；我的官职越大，我的心越小；我的俸禄越厚，我的布施更加广泛。由此免除三怨，可以吗？"所以老子说："贵必以贱为本，高必以下为基。"

《荀子》说："汤、武非取天下也，修其道，行其义，兴天下之同利，除天下之同害，而天下归之也。"汤、武并未想要夺取天下，而是他们实行天下道义，大兴为天下民众谋利之事，根除天下民众共同祸患，天下百姓从而归附了他们。

《管子》说："凡人者，莫不欲利而恶害。是故与天下同利者，天下持之；擅天下之利者，天下谋之。天下所谋，虽立必隳；天下所持，虽高不危。"与天下百姓同利的人，天下民众就会支持他；独揽天下利益的人，天下百姓就会图谋对付他。天下百姓图谋对付的人，虽然在位握权也会倒下；天下支持的人，职位虽高却没有危险。

孟子说："夫君欲利则大夫欲利，大夫欲利则庶人欲利，上下争利，国则危矣。"一个国家如果上下争夺利益，这个国家的政治统治就有危险。

"夫利，百物之所生也，天地之所载也，而或专之，其害多矣。"周朝王室大夫姬良夫说：利，是由各种物质所产生，由天地哺育而形成。如果有人擅自独占，那么其恶劣的危害是很大的。

"上有积财，则民臣必匮乏于下；宫中有怨女，则有老而无妻者。"

"绝民用以实王府，犹塞川原而为潢污也，其竭也无日矣。"断绝民众财用来充实王府，如同堵塞河流源头而使它成为一潭死水，其枯竭也就为期不远了。

"甚富不可使，甚贫不知耻。"

"天下无憨人，岂可妄行欺诈；世上皆苦人，何能独享安闲。"

"故受禄之家，食禄而已，不与民争业，然后利可均布，而民可家足。"

李世民说："昔禹凿山治水而民无谤者，与人同利故也。秦始皇营宫室而人怨叛者，病人以利己故也。夫靡丽珍奇，固人之所欲，若纵之不已，则危亡立至。"过去大禹组织民众凿山治水而民众没有怨言，是因为与民众有共同利益的缘故。秦始皇动用民力民财营造宫室引起民众怨恨，是因为损人利己的缘故。华丽的建筑、珍贵奇异的珠宝，固然是人人都想得到的，但如果没有节制，就会使自己的危亡立刻到来。

"人生有欲，欲而不得则不能无忿，忿而无度量则争，争则乱。"

"夫乐其业者不易事，安其居者无迁志。"

"凡人之情，穷则思变"。

"凡人所以肯赴死亡而不辞者，非为趋利，则因以避害也。"

"富者奢侈羡溢，贫者穷急愁苦；穷急愁苦而上不救，则民不乐生；民不乐生，尚不避死，安能避罪！"

"百姓安则乐其生，不安则轻其死，轻其死则无所不至，祆逆乘衅，天下乱矣！"

"谷足食多，礼义之心生；礼丰义重，平安之基立矣。"

"渊深而鱼生之，山深而兽往之，人富而仁义附焉。"

"礼义生于富足，盗窃起于贫穷。"

晁错说："夫寒之于衣，不待轻暖；饥之于食，不待甘旨；饥寒至身，不顾廉耻。人情，一日不再食则饥，终岁不制衣则寒。夫腹饥不得食，肤寒不得衣，虽慈母不能保其子，君安能以有其民哉！"人受冻的时候，对于衣服的要求，不等候又轻又暖的；饥饿的时候，对于食物的要求，不等候又甜又香的；饥寒来到身上，就顾不得什么廉耻了。人们的一般情况，一天不吃上两餐饭就感到饥饿，整年不制衣服就会受冻。肚子饥饿得不到食物，身上寒冷得不到衣服，即使是慈母也保佑不了她的儿女，人君又怎能庇护他的百姓呢？

孔子、管子、孟子、晁错、李世民都讲到"同利"与巩固政权的关系。众多的圣贤之士在不同历史时期共同谈论同一话题，足见其事关重大，非同小可。

毛泽东同志在新中国成立前夕就曾谆谆告诫全党，不要学李自成，要牢牢记住全心全意为人民服务这个宗旨，强调指出："夺取全国胜利，这只是万里长征走完了第一步。""中国的革命是伟大的，但革命以后的路程更长，工作更伟大，更艰苦。""务必使同志们继续地保持谦虚、谨慎、不骄、不躁的作风，务必使同志们继续地保持艰苦奋斗的作风。"

邓小平同志在我们进入改革开放的历史新时期，针对改革开放初期出现的一些混乱思潮，反复告诫全党要把共同致富提到社会主义本质、社会主义优越性的高度加以认识，既要理直气壮地反对平均主义大锅饭，也要防止出现两极分化的错误。他强调指出："共同致富，我们从改革一开始就讲，将来总有一天要成为中心课题。社会主义不是少数人富起来、大多数人穷，不是那个样子。社会主义最大的优越性就是共同富裕，这是体现社会主义本质的一个东西。如果搞两极分化，情况就不同了，民族矛盾、区域间矛盾、阶级矛盾都会发展，相应地中央和地方的矛盾也会发展，就可能出乱子。""社会主义的本质，是解放生产力，发展生产力，消灭剥削，消除两极分化，最终达到共同富裕。""走社会主义道路，就是要逐步实现共同富裕。共同富裕的构想是这样提出的：一部分地区有条件先发展起来，一部分地区发展慢点，先发展起来的地区带动后发展的地区，最终达到共同富裕。如果富的愈来愈富，穷的愈来愈穷，两极分化就会产生，而社会主义制度就应该而且能够避免两极分化。""社会主义的目的就是要全国人民共同富裕，不是两极分化。如果我们的政策导致两极分化，我们就失败了；如果产生了什么新的资产阶级，那我们就真是走了邪路了。我们提倡一部分地区先富裕起来，是为了激励和带动其他地区也富裕起来，并且使先富裕起来的地区帮助落后的地区更好地发展。提倡人民中有一部分人先富裕起来，也是同样的道理。""我们坚持走社会主义道路，根本目标是实现共同富裕，然而平均发展是不可能的。过去搞平均主义，吃'大锅饭'，实际上是共同落后，共同贫穷，我们就是吃了这个亏，改革首先要打破平均主义，打破'大锅饭'，现在看来这个路子是对的。"

马克思、恩格斯在《共产党宣言》中明确提出："过去的一切运动都是少数人的或者为少数人谋利益的运动。无产阶级的运动是绝大多数人的，为绝大多数人谋利益的独立的运动。"邓小平同志把马克思主义这一基本思想运用于中国实际，把"为绝大多数人谋利益"和"共同富裕"紧密联系、结合在一起，从理论和实践相结合的高度，为我们实现"共同富裕"的伟大理想拨开了思想迷雾，激发了奋斗的热情，增添了前进的意志和力量。

邓小平同志在一次接见外宾时指出："贫穷不是社会主义。我们坚持社会主义，要建设对资本主义具有优越性的社会主义，首先必须摆脱贫穷。"

"小康"是中国古人在几千年前就已开始谈论的一个话题。《诗经》就曾记载过这样一句话："民亦劳止，汔可小康。"邓小平同志在改革开放的进程中，用"小康社会"喻指中国式现代化的发展目标，把历史与现实紧密连接，使国人无比振奋和鼓舞。

习近平总书记领导的全面建成小康社会全面建成社会主义现代化强国的历史进程，就是实现全国各民族人民几千年来追逐"同利"这个历史梦想的延伸。

在资本主义社会，资本只是掌控在极少数人的手中，资本产生的利润只能为极少数人所得。两极分化是资本主义根本制度所决定，是不以人的意志为转移，是谁也改变不了的。我们现在的社会主义市场经济，是公有经济和私有经济并存，公有制控制着国家经济的核心命脉，公有制经济资产属于全民，所得利润必须由国家分配。现今存在的私有制经济，也是在国家宏观政策调控指导下的私有经济。社会主义生产的目的，是为了满足人民群众日益增长的物质文化生活需要，正如邓小平所讲："社会主义与资本主义不同的特点就是共同富裕，不搞两极分化。"

国家"同利",则政权安稳；企业"同利",则事业兴盛。1987年，43岁的任正非沐浴着改革开放之风，和五个同伴集资2.1万元，在深圳成立了华为公司。几十年的拼搏，几十年的奋斗，华为一步步走向了成功，走向了辉煌，成为全球通信领域的领跑者。截至2022年，华为职工人数已达20.57万人，实现净利润355.62亿。任正非是华为第一大股东，仅占公司股份0.7%，其余股份为公司员工持有。华为为什么能够实现跳跃式的发展呢？经验无疑是有很多条：乘开放之风而上，借改革之风发力，善于抓住发展的机遇，这是其一。大胆创新，坚持创新，瞄准当代科技的最前沿、最高端争第一，永不满足，永远进击，永不停止前进的脚步，这是其二。关键还有一条，就是华为的舵手任正非，不论企业人多人少，都能把企业凝聚成一个命运共同体、利益共同体，做到"工者有其股"，大家做老板，共同打天下，使华为这条拥有数十万人的航船所有乘员都能万众一心，能够做到"同舟共济海让路，号子一喊浪靠边"。这才是真经，是华为可持续发展的真正经验。

实现"同利"的理想，让各族人民享受"共同富裕"的幸福，只有靠全国人民在坚持社会主义道路的前提下辛勤劳动共同创造。不要幻想天上会掉馅饼，梦想离开了奋斗只能停留在梦境中；只有梦想不行动，什么梦想都是一场空。劳动是财富的源泉，实干才能兴邦。劳动创造了各族人民共有的家园，也创造了植根于中华民族大地的传统文化。劳动创造了历史的辉煌，创造了当今的幸福，也必将创造更加美好的未来。崇尚劳动，崇尚劳动人民，就是崇尚光荣、崇尚伟大。

改革开放以后，为了打破长期以来低效率的平均主义"大锅饭"，我国开始实行了让一部分人和地区先富起来的政策，极大地激发了人民群众建设社会主义的热情，社会生产效率得到大幅度提升。实现"共同富裕"，不发展不行，平均发展也不可能。搞平均主义，吃"大锅饭"，实际上是共同落后，共同贫穷。

在"人口多，底子薄"的基础上搞建设，必须承认历史形成的地区之间有较大差异，工业基础不一样，科技人才集散程度不一样，交通条件不一样，自然资源分布不一样。在这种情况下，只能让一部分地区先发展起来，允许一部分地区、一部分人先富起来，让先富带后富，先富促后富，最后逐步实现"共同富裕"。邓小平同志讲的"逐步实现共同富裕"，就是强调要实事求是，脚踏实地，一步一步奋斗，聚小胜为大胜，聚局部地区的胜利为全国各地区的全胜。

让一部分地区和人民先富起来，这并不是我们的终极目标，而是实现"共同富裕"这个终极目标的必要阶段、必要过程。

现在我们的党和政府正在不断加大扶贫力度，经过四十余年坚持不懈的扶贫开发，使我国在 2020 年全面建成小康社会。在社会保障方面，居民退休保障制度日趋完善，保障层次逐步提高；医疗保障本着"病有所医"的原则，因病致贫、因病返贫的现象有所缓解；教育投入的力度逐年加强，贫困地区的农村校舍、学生就餐、住宿条件也在逐年改善。在收入分配方面，注重实现公平和效率的有机统一，收入差距扩大化的趋势总体上已经得到控制。在共享发展成果方面，中央提出发展为了人民、发展依靠人民、发展成果由人民共享的理念，不仅要求国有企业上缴利润逐年增加，而且倡导国有企业、发达地区挂点帮扶贫困地区。党和国家目前采取的这些政策举措，就是在部分地区和人民先富起来的条件下，防止两极分化，实现共同富裕的重要保证。

修养篇

凡事之本，必先修身

　　修身就是通过自我修炼的方式，改造自我灵魂，提升道德觉悟，升华人格品位，促进人性善美。修身不是消极的自我束缚，不是对个性的全盘否定和强行压制，而是一种自觉的修养锤炼，自觉的提升和扬弃。

　　成功必有成功的理由，失败必有失败的原因，成败之间，操之在我；幸福必有幸福的源泉，灾祸必有灾祸的病根，祸福之变，决之在身。

　　在当今物欲横流、诱惑甚多的社会，只有先正自己之心，才能守得住清贫，耐得住寂寞，抵得住诱惑，抗得住腐蚀，经得住考验，扛得住担当。

　　正心重在养气修性。养的是向上向善、赤诚爱国的元气，奉公守法、大义凛然的正气，爱岗敬业、忠于职守的朝气，不断拼搏、勇于创新的锐气，严以律己、宽以待人的大气，有错就改、完善自我的勇气，不怕艰难、坚韧不拔的志气，尊重同事、关爱他人的和气。要经常提醒自己消除怨气，平息怒气，抵制邪气，丢掉俗气。依靠骨气挺起脊梁，依靠志气开拓未来，依靠勇气战胜艰难，依靠义气聚集力量，依靠正气抵御邪恶，依靠才气创造辉煌。

　　慎独不仅表现在一个人脱离人群独处的时候能够坚守道德原则，不做坏事；而且还表现在身处人群之中的时候敢于坚守正义，不跟着别人做坏事。

　　人能认识自己是智慧，能约束自己是理智。我们生活在这个世界上，什么时候都不能靠着侥幸求生存，而必须靠着理智来生活。一个人好习惯的养成，不仅内心要有向善的价值追求，而且要能在实际行动中自觉抵制人世间一切罪恶腐败风气的诱惑。

《大学》讲："古之欲明明德于天下者，先治其国；欲治其国者，先齐其家；欲齐其家者，先修其身；欲修其身者，先正其心；欲正其心者，先诚其意；欲诚其意者，先致其知；致知在格物。"古时候想要使天下都发扬光明正大德行的人，必须先治理好自己的国家；想要治理好自己的国家，必须先管好自己的家庭；想要管好自己的家庭，必须先修养自己的品性；想要修养自己的品性，必须先端正自己的思想；想要端正自己的思想，必须先证实自己的诚意；想要证实自己的诚意，必须先丰富自己的知识；丰富自己的知识，在于深入研究事物的原理。

"自天子以至于庶人，壹是皆以修身为本。其本乱，而末治者，否矣。其所厚者薄，而其所薄者厚，未之有也。"《大学》还强调："从君王以下直到平民百姓，一切都是以修养自己的身心为根本。这个根本搞乱了，而细枝末节要想得到治理，那是不可能的。本该重视的反而轻视，本该轻视的却反而重视，又想取得好的效果，这是从来没有的事情。"

《吕氏春秋》也说："凡事之本，必先治身。……成其身而天下成，治其身而天下治。"做好任何事物的根本，都是首先必须治理自身。成功修炼自身，才能成就天下大事；治理好自身，才可以使天下得到治理。

"祸兮福所倚，福兮祸所伏！"这是老子的一句经典的千古名言，是说灾祸是依附幸福生长起来，幸福潜藏着灾祸的隐患。因为：

"人有祸，则心畏恐；心畏恐，则行端直；行端直，则思虑熟；思虑熟，则得事理。行端直，则无祸害；无祸害，则尽天年。得事理，则必成功。尽天年，则全而寿。必成功，则富与贵。全寿富贵之谓福。而福本于有祸。故曰：'祸兮福之所倚。'以成其功也。"

"人有福，则富贵至；富贵至，则衣食美；衣食美，则骄心生；骄心生，则行邪僻而动弃理。行邪僻，则身死夭；动弃理，则无成功。夫内有死夭之难而外无成功之名者，大祸也。而祸本生于有福。故曰：'福兮祸之所伏。'"

人一旦有了灾祸，就会心生畏惧恐怖；心有畏惧恐怖，就会行为端庄正直；端庄正直，必须思虑成熟；思虑成熟，就会遵循事理。行为端庄正直，就没有祸害；没有祸害，就能颐养天年。遵循事理，就必然成功。颐养天年，就平安高寿。必然成功，就有富贵。平安高寿加之富贵就是福。而福原本来源于祸。所以说灾祸孕育了幸福的成长。

人在幸福的时刻，就会有富贵来临；富贵来临，就会心生骄傲；心生骄傲，就会行为不走正道，办事不讲道理。行为不走正道，就有夭折身亡的危机；办事不讲道理，就什么事情也干不成功。因为内有夭折身亡的危机，外有什么事情也干不成功的名声，所以大祸就要降临。而灾祸原本产生于幸福，所以说幸福潜藏着灾祸的隐患。

韩非是战国末期的哲学家，法家的主要代表人物。早年与李斯同师于荀况。著《孤愤》《五蠹》《说难》等十万余言，受到秦王嬴政的重视，被邀出使秦国，因李斯陷害，自杀于狱中。他吸收了道、儒、墨各家的思想，集法家学说之大成。主张法的制定，应该"编著之图籍，设之于官府，而布之于百姓"。他认为，法的实行应该"刑过不避大臣，赏善不遗匹夫"，对后世影响很大。他在哲学上发展了荀子的唯物主义。韩非以上祸福转化的论述，完全是对老子名言"祸兮福所倚，福兮祸所伏"的解析，深刻、至理，具有很强的说服力。

关于祸福方面的论述，战国时期的哲学家庄周也曾为世人写下了箴言："安危相易，祸福相生，缓急相摩，聚散以成。"安危相互转变，祸福相互生成；或快或慢相互碰撞变化，分分合合而成。

人生莫不欲福而避祸。祸福从何而起？由何而来？历史先贤是这样讲述的：

《左传》说："祸福无门，唯人所召。"祸福原本并没有门，是人们自己把它们召引而来的。

孟子讲："祸福无不自己求之者。"祸害和幸福没有不是自己找来的。

司马迁在《史记》中说："福之至也，人自生之；祸之至也，人自成之。"幸福的到来，是由自身的努力获得的；灾祸的到来，是由自身的行为所造成的。

孟子还讲："《太甲》曰：'天作孽，犹可违，自作孽，不可活。'此之谓也。"天降的灾祸，有些还可以躲避；自己作的罪孽，逃也无法逃脱。正是这个意思。

正因为祸福都是由于自身造成的，所以要真正求福免祸，就必须从自身着力，加强修养，提升素质，增强抵御灾祸的免疫力。

"肉腐出虫，鱼枯生蠹。怠慢忘身，祸灾乃作。"

成功必有成功的理由，失败必有失败的原因，成败之间，操之在我；幸福必有幸福的源泉，灾祸必有灾祸的病根，祸福之变，决之在身。只要我们牢牢守住思想防线，时时保持一个清醒头脑，老老实实做人，勤勤恳恳做事，苍蝇不会叮无缝的鸡蛋。

《大学》是从治理家国的大视野强调修身的重要性；老子则是从人人关注的祸福这个专题论述修身的必要性。《大学》强调修身的重要性是明示，老子则是运用隐喻的方式引导人们从祸福引申领悟修身的必要性。虽然叙述的角度不同，方式各异，但最终还是可以让人懂得二者殊途同归，归结到一点，都是阐明修身的必要和重要。

修身就是通过自我修炼的方式，改造自我灵魂，提升道德觉悟，升华人格品位，促进人性善美。修身不是消极的自我束缚，不是对个性的全盘否定和强行压制，而是一种自觉的修养锤炼、自觉的提升和扬弃。提升的是个人素质，扬弃的是身上沾染的坏毛病、坏习惯。通过吐故纳新，增添对身心健康有益的成分，清除对身心有腐蚀作用的病毒，使自己永远保持一个健康向上向善的精神状态。

"子曰：'见贤思齐焉。见不贤而内自省也。'"孔子说："看见身边贤良的人，就应该考虑怎样向他学习看齐；看见身边行为不检点的人，就应该反省自己有没有类似的缺点错误。"

"子曰：'君子义以为质，礼以行之，孙以出之，信以成之。君子哉！'"孔子说："君子为人处事，以道义为原则，以礼貌的态度实践之，以谦逊的语言表述之，以诚信的行为完成之，这就是真正的君子。"

"曾子曰：'吾日三省吾身：为人谋而不忠乎？与朋友交而不信乎？传不习乎？'"曾子说："我每天多次反省自己：替别人办事，是不是尽心竭力了呢？和朋友交往，是不是做到诚实守信了呢？老师传授的学问，是不是复习理解了呢？"

"君子能为可贵，不能使人必贵己；能为可信，不能使人必信己；能为可用，不能使人必用己。故君子耻不修，不耻见污；耻不信，不耻不见信；耻不能，不耻不见用。是以不诱于誉，不恐于诽，率道而行，端然正己，不为物倾侧，夫是之谓诚君子。"荀子说："君子能够做到品德高尚而可以被人尊重，但不能使别人一定来尊重自己；能够做到忠诚老实而可以被人相信，但不能使别人一定相信自己；能够做到多才多艺而可以被人任用，但不能使别人一定任用自己。所以君子把自己的品德不好看作耻辱，而不把被人污蔑看作耻辱；把自己不诚实看作耻辱，而不把不被信任看作耻辱；把自己无能看作耻辱，而不把不被任用看作耻辱。因此，君子不被荣誉所诱惑，也不被诽谤所吓退，遵循道义来做事，严肃地端正自己，不被外界物质利益而倾倒，这叫做真正的君子。"

孙卿子曰："知莫大乎弃疑，行莫大乎无过，事莫大乎无悔。"

"天不为人之恶寒也辍冬；地不为人之恶辽远也辍广；君子不为小人〔之〕匈匈也辍行。天有常道矣，地有常数矣，君子有常体矣。"

清代学者金缨也说："吉凶祸福，是天主张。毁誉予夺，是人主张。立身行己，是我主张。"意思是说："吉凶祸福操之于天，毁誉予夺操之于人，而立身处世则操之于己。"

"未有不能自足而能足人者也。未有不能自治而能治人者也。故善为人者能自为者也。善治人者能自治者也。"

孟子说："天将降大任于是人也，必先苦其心志，劳其筋骨，饿其体肤，空乏其身，行拂乱其所为，所以动心忍性，曾益其所不能。"凡将担当大任的人，必先在极其艰难困苦的锻炼中强健其体魄，端正其行为，纯洁其心性，提升其才华。孟子是在强调，修身养性也是一种痛苦的历练。不如此，就难以担当天降之大任。

修身首当立德。

道德是中华传统文化的核心价值观，是被我们祖祖辈辈几千年来始终不渝地视之为立身之本、生财之本、执政之本的传家宝。

《周易》强调："地势坤，君子以厚德载物。"天地广大无边，只有厚德，才能有所担当，负重前行；不可载物，不可负重，不可担当，就不可能有任何作为。我国著名的最高学府清华大学把"厚德载物"作为校训，目的就是要把清华学子作为祖国的精英，筑牢道德根基，培养成为能够继承中华民族的文化传统，有抱负、有担当、有作为、有奉献精神的国之栋梁。

孔子对高尚完美人格提出的要求是："志于道，据于德，依于仁，游于艺。"志向在道，依据在德，依靠在仁，游习在六艺。孔子所说六艺，即易、礼、乐、诗、书、春秋。强调道德既是做人的底线，也是至高无上的思想境界。他还强调说明："德之不修，学之不讲，闻义不能徙，不善不能改，是吾忧也。"品德不注意修养，学问不注意讲习，听到应该做的事情不能去干，缺点错误不注意改正，这是我对做人的忧虑。

从《周易》《论语》开始，历代先贤几乎都是每论大事必不离道德。

立德，做人才能践行仁义，不以物惑。

"道在天地之间也，其大无外，其小无内"。

"道者，所以变化身而之正理者也。故道在身则言自顺，行自正，事君自忠，事父自孝，遇人自理。故曰：'道之所设，身之化也。'"

"天道无亲，唯德是与。"

"积德而后神静，神静而后和多，和多而后计得，计得而后能御万物，能御万物则战易胜敌……重积德，则无不克。"

"道德当身，故不以物惑。"

"君子以顺德，积小以高大。"君子依循道德规范，以积小善成就道德高尚伟大。

"志道者不以否滞而改图，守正者不以莫赏而苟合。"有志于道的人不会因为遇到困难就改变志向，坚守正义的人不会因为未受赏赐就放弃原则。

"夫德，福之基也，无德而福隆，犹无基而厚墉也，其坏也无日矣。"德，是福的基础，无德而福大，就如同没有基础而筑高墙一样，崩塌的日子已经不远了。

"怀德者应以福，挟恶者报以凶，德薄者位危，去道者身亡"。

"失道而后失德，失德而后失仁，失仁而后失义，失义而后失礼。"

"道之用也，贵其重也。毋与不可，毋强不能，毋告不知。与不可，强不能，告不知，谓之劳而无功。"道在实际运用的时候，贵在慎重。不要交与不可靠的人，不要强予做不到的人，不要告知不明事理的人。交与不可靠的、强予做不到的、告知不明事理的人，就叫作劳而无功。

"人处疾则贵医，有祸则畏鬼。……以道莅天下，其鬼不神。"

"子曰：志士仁人，无求生以害仁，有杀身以成仁。"孔子说："仁人志士，不会贪生怕死去损害仁，只会牺牲自己来成全仁。"

孟子曰："天下有道，以道殉身。天下无道，以身殉道。"

"夫生不可不惜，不可苟惜。涉险畏之途，干祸难之事，贪欲以伤生，谗慝而致死，此君子之所惜哉；行诚孝而见贼，履仁义而得罪，丧身以全家，泯躯而济国，君子不咎也。"

颜之推说："人的生命不能不爱惜，但也不能苟且偷生。铤而走险的道路，祸患于人的勾当，谋私伤身的劣迹，谗诬他人的行为，这些都是君子要戒慎当惜生命。行为忠孝而被贼害，施行仁义而获罪罚，临危不惧保全家人，捐躯赴难报效国恩，这些舍身取义的行为，都是君子无怨无悔的。"

"生，亦我所欲也。义，亦我所欲也。二者不可得兼，舍生而取义者也。"生命诚可贵，道义价更高，二者若取舍，取义命可抛，这是孟子关于生命和大义取舍的思想内涵。

战国时期的范雎说："夫公孙鞅之事孝公也，极身无贰虑，尽公而不顾私；设刀锯以禁奸邪，信赏罚以致治。披腹心，示情素，蒙怨咎，欺旧友，夺魏公子卬，安秦社稷，利百姓，卒为秦禽将破敌，攘地千里。吴起之事悼王也，使私不得害公，谗不得蔽忠，言不取苟合，行不取苟容，不为危易行，行义不辟难，然为霸主强国，不辞祸凶。大夫种之事越王也，主虽困辱，悉忠而不解，主虽绝亡，尽能而弗离，成功而弗矜，贵富而不骄怠。若此三子者，固义之至也，忠之节也。是故君子以义死难，视死如归，生而辱不如死而荣。士固有杀身以成名，唯义之所在，虽死无所恨。何为不可哉？"公孙鞅奉事秦孝公，终身没有二心，一心为公而毫不顾念自身；设置刀锯酷刑来禁绝奸诈邪恶，切实论赏行罚以达到国家太平；剖露忠心，昭示真情，蒙受着怨恨指责，不顾旧友情谊，捉住魏公子卬，使秦国的国家安定，百姓获利，终于为秦国擒敌将，破敌军，开拓了千里之广的疆域。吴起奉事楚悼王，使私不能损害公，奸佞谗言不能蔽塞忠臣，议论不随声附和，办事不苟且保身，不因危险而改变自己的行动，坚持大义不躲避灾难。就是这样为了使君主成就霸业，使国家强盛，决不躲避殃祸凶险。大夫种奉事越王，君主即使遭困受辱，仍然竭尽忠心、毫不懈怠；君主即使面临断嗣亡国，也仍然竭尽全力挽救而不离开；越王复国大功告成而不骄傲自夸，自己富贵也不放纵轻慢。像这三位先生，本来就是道德大义的标准、忠诚气节的榜样。因此君子为了大义遭难而死，视死如归；活着受辱不如死了光荣。士人本就该具有牺牲性命来成就名声的志向，只要是为了大义的存在，即使死了也没有什么遗憾，难道还有什么不可吗？

舍生取义的确是非常崇高的道德情操，虽然有许多人难以理解，但是确有不少人是真正做到了、实践了。

"宋人有好行仁义者，三世不懈。家无故黑牛生白犊，以问孔子。孔子曰：'此吉祥也，以荐上帝。'居一年，其父无故而盲。其牛又复生白犊，其父又复令其子问孔子。其子曰：'前问之而失明，又何问乎？'父曰：'圣人之言先迕后合，其事未究，姑复问之。'其子又复问孔子。孔子曰：'吉祥也。'复教以祭。其子归致命，其父曰：'行孔子之言也。'居一年，其子又无故而盲。其后楚攻宋，围其城，民易子而食之，析骸而炊之，丁壮者皆乘城而战，死者太半。此人以父子有疾皆免。及围解，而疾俱复。"

天道对于任何人历来都是没有亲疏之别，一视同仁，唯有厚德者天道才会赐之以福，佑护你的成长。积德才会使人"神静"，"不为物惑"，没有过分的精神压力、过重的思想包袱；才会聚精会神干好你想干的事业，攻无不克，心想事成，"积小以高大"，鬼神都无法阻挡。所以，君子的快乐在于得道，以道德控制个人的欲望，做到"乐而不乱"，喜而无忧。相反，道德缺失，就会失仁、失义、失礼，断绝自己的所欲之路。"凡失其所欲之路而妄行者之谓迷，迷则不能至于其所欲至矣。"结果是迷盲失落，浮躁蛮干，万事不遂心意，失去生活欢乐。

立德，处事才能秉承正义，天下为公。

《国语》说："君子之行，欲其道也，故进退周旋，唯道是从。"君子的言行必然是以道为原则，因此进退周旋，只是以道为遵循。

"恪于德以临事，其何不济！"用谨慎的德行处理事务，还有什么事情做不成呢？

"大道之行也，天下为公"。

"天地无私，故能覆载，王者无私，故能容养。"

"天无私覆也，地无私载也，日月无私烛也，四时无私行也，行其德，而万物得遂长焉。"

"行天道，出公理，则远者自亲；废天道，行私为，则子母相怨。"

《后汉书》作者范晔在记述马援光明磊落的事迹时评论说："夫利不在身，以之谋事，则智；虑不私己，以之断义，必厉。"处理与自己私利没有牵连的公事，操办起来就会明智；思考问题没有夹杂个人私心，判断事情真相就一定会严正清楚。

"夫水至平而邪者取法，鉴至明而丑者忘怒；水鉴之所以能穷物而无怨者，以其无私也。"能够效仿水的公平，邪恶的人也会依法办事；能够借鉴水的透明，丑陋的人也会忘记发怒。鉴水之性之所以能使万物没有抱怨，是因为它的无私。

"昭私，难必作"。彰显私心，祸难必然就会发作。

"尧舜放逐骨肉，周公杀管、蔡，天下称圣。何者？不以私害公。"

"晋会诸候。悼公问群臣可用者，祁傒举解狐。解狐，傒之仇。复问，举其子祁午。君子曰：'祁傒可谓不党矣！外举不隐仇，内举不隐子。'"

天下为公，是大道之行的客观要求、必然趋势。为公，天地能覆载，王者能容养，远者能自亲，万物能遂长。为公，是一个人道德修养的题中应有之义，是循乎天道，为天下人谋福谋利；是出乎公理、公德，践行公平、正义。为公，就能践行像范仲淹所说："先天下之忧而忧，后天下之乐而乐"；就如孟子所言："穷则独善其身，达则兼善天下。"

立德，执政才能亲民安邦，富国强兵。

苏秦对赵王说："臣闻尧无三夫之分，舜无咫尺之地，以有天下；禹无百人之聚，以王诸侯；汤武之卒不过三千人，车不过三百乘，立为天子，诚得其道也。"尧没有几个部属，舜没有一点土地，但都拥有了天下；大禹不到一百个部众，却统治了诸侯；商汤、周武王的士兵不过三千人，战车不过三百乘，却都能够立为天子，都是由于他们能够践行治理天下之道。

"畜之以道，则民和；养之以德，则民合。"

"《书》曰：'恃德者昌，恃力者亡'。"

"欲富国者务广其地，欲强兵者务富其民，欲王者务博其德。"

"子曰：'德薄而位尊，知小而谋大，力小而任重，鲜不及矣。'"

孟子曰："不仁而在高位，是播其恶于众也。""三代之得天下也以仁，其失天下也以不仁。国之所以废兴存亡者亦然。天子不仁，不保四海。诸侯不仁，不保社稷。卿大夫不仁，不保宗庙。士庶人不仁，不保四体。""苟不志于仁，终身忧辱，以陷于死亡。"

"夫德不称位，能不称官，赏不当功，罚不当罪，不祥莫大焉。"

"是故德不称其任，其祸必酷；能不称其位，其殃必大。"

"官达者才未必当其位，誉美者实未必副其名。"

"为政者不赏私劳，不罚私怨。"

"故赏不用而民劝，罚不用而威行，夫是之谓道德之威。"

《资治通鉴》记载："夫聪察强毅之谓才，正直中和之谓德。才者，德之资也；德者，才之帅也。云梦之竹，天下之劲也，然而不矫揉，不羽括，则不能以入坚；棠溪之金，天下之利也，然而不熔范，不砥砺，则不能以击强。是故才德全尽谓之圣人，才德兼亡谓之愚人，德胜才谓之君子，才胜德谓之小人。凡取人之术，苟不得圣人、君子而与之，与其得小人，不若得愚人。何则？君子挟才以为善，小人挟才以为恶。挟才以为善者，善无不至矣；挟才以为恶者，恶亦无不至矣。愚者虽欲为不善，智不能周，力不能胜，譬之乳狗搏人，人得而制之。小人智足以遂其奸，勇足以决其暴，是虎而翼者也，其为害岂不多哉！夫德者人之所严，而才者人之所爱。爱者易亲，严者易疏，是以察者多蔽于才而遗于德。自古昔以来，国之乱臣，家之败子，才有余而德不足，以至于颠覆者多矣"。

"故尊于位而无德者绌，富于财而无义者刑，贱而好德者尊，贫而有义者荣。"

"五帝之教不相复而治，禹、汤之法不同道而王，所由殊路，而建德一也。"

这些论述是在明确地告诉世人，为什么执政必须坚持德治和如何践行德治。主要包括以下要点：

一是得道则得国，失道则失国。道德是立国之本。

二是积德者可以得民心。得民心则国安宁；失民心则丧权辱国。水可载舟，亦可覆舟。

三是虽然各朝各代治国方略各一，但是以德治国却是永恒不变，永远不可偏废。

四是不用赏罚而能达到天下大治，这就是道德的力量。执政者切不可以背离道德的原则利用权势徇私情、谋私利、泄私怨、报私仇。

五是坚持以德治国必须选用德才兼备的人才。德才考量，以德为重。与其使用智商很高、能力很强，但是道德很差、人品低下的人，不如使用道德高尚、愚而用公的人。因为"挟才以为恶者，恶亦无不至矣""自古昔以来，国之乱臣，家之败子，才有余而德不足，以至于颠覆者多矣。"

"武侯浮西河而下，中流顾谓吴起曰：'美哉山河之固，此魏国之宝也！'对曰：'在德不在险。昔三苗氏，左洞庭，右彭蠡，德义不修，禹灭之。夏桀之居，左河济，右泰华，伊阙在其南，羊肠在其北，修政不仁，汤放之。商纣之国，左孟门，右太行，常山在其北，大河经其南，修政不德，武王杀之。由此观之，在德不在险。若君不修德，舟中之人皆敌国也！'"

"坚革利兵不足以为胜，高城深池不足以为固，严令繁刑不足以为威。由其道则行，不由其道则废。"

"内政不修，外举事不济。"

余秋雨在新版《文化苦旅》中记叙：清朝康熙年间，时任古北口总兵的蔡元向朝廷谏言，他所管辖的那一带长城"倾塌甚多，请行修筑"。对此，康熙回复说："秦筑长城以来，汉、唐、宋亦常修理，其时岂无边患？明末我太祖统大兵长驱直入，诸路瓦解，皆莫能当。可见守国之道，唯在修德安民。民心悦则邦本得，而边境自固，所谓'众志成城'者是也。如古北、喜峰口一带，朕皆巡阅，概多损坏，今欲修之，兴工劳役，岂能无害百姓？且长城延袤数千里，养兵几何方能分守？"

修身重当正心。

《大学》说："欲修其身者，先正其心。"

"所谓修身，在正其心者。身有所忿懥，则不得其正；有所恐惧，则不得其正；有所好乐，则不得其正；有所忧患，则不得其正。心不在焉，视而不见，听而不闻，食而不知其味。此谓修身，在正其心。"古人的训诫是在告诉我们，人在愤怒的时候，恐惧的时候，高兴激动的时候，忧愁烦闷的时候，心情都不会端正平静。如果心不专注，受到情绪的支配，就会变成眼睛看到的东西就像没有看到一样，耳朵听到的声音就像没有听到一样，口里吃的东西也品尝不出是什么滋味，这就是修身必须正其心的道理。

正心就是要以真诚、正直、纯洁、善良的心态面向社会，面向生活，没有邪恶杂念，清纯平和，心无旁骛。在当今物欲横流、诱惑甚多的社会，只有先正自己之心，才能守得住清贫、耐得住寂寞、抵得住诱惑、抗得住腐蚀、经得住考验、扛得住担当。心中没有名利计较，没有私欲邪念干扰，自然就会淡泊宁静，不为虚名所累，不为非分金钱所迷，不为美色所诱，不为陋俗所染，安分守己，打拼事业。

古人说："夫民无常勇，亦无常怯。有气则实，实则勇；无气则虚，虚则怯。"

"子曰：《诗》三百，一言以蔽之，曰'思无邪'。"孔子说："《诗》三百篇，一句话可以概括，就是思想没有邪念。"

"今人之性，生而有好利焉，顺是，故争夺生而辞让亡焉；生而有疾恶焉，顺是，故残贼生而忠信亡焉；生而有耳目之欲，有好声色焉，顺是，故淫乱生而礼义文理亡焉。然则从人之性，顺人之情，必出于争夺，合于犯分乱理而归于暴。故必将有师法之化，礼义之道，然后出于辞让，合于文理，而归于治。"

荀子上述这段话是在告诉人们："人的本性从一生下来就有好利之心，顺着这种本性，人与人之间可能就会发生争夺，也就不再讲求谦让了。人一生下来就有憎恨疾恶的心，顺着这种本性，就会发生善恶相残的事情，这样忠诚信实就丧失了。人生来就有爱好声色的本能，喜好听好听的，喜欢看好看的，因循着这种本性，就会发生淫乱的事情，礼仪制度和道德规范就丧失了。如果是这样，放纵人的本性，顺着人的情欲，就一定会发生争夺、违反等级名分、扰乱礼仪制度的事，从而引起暴乱。所以必须坚持法治教化，遵循礼义，然后才可出现人与人的辞让，崇尚礼仪道德，使社会归结于治。"

"古者圣王以人之性恶，以为偏险而不正，悖乱而不治，是以为之起礼义、制法度，以矫饰人之情性而正之，以扰化人之情性而导之也。""使天下皆出于治，合于善也。"古代圣明的君王认为人的本性有其善良和邪恶的两面性。那些有邪恶之性的人，偏邪阴险而不端正、叛逆作乱而不守秩序，因此给他们建立了礼义、制定了法度，用来强制矫正人们的性情而端正他们，用来教化人们的情性而加以引导。使天下全都达到安定而有秩序，合乎善良的标准。

"故欲养其欲而纵其情，欲养其性而危其形，欲养其乐而攻其心，欲养其名而乱其行。如此者，虽封侯称君，其与夫盗无以异；虽乘轩戴絻，其与无足无以异。夫是之谓以己为物役矣。"想要满足自己的欲望而放纵自己的情欲，想要保养自己的性命而危害自己的身体，想要培养自己的乐趣却侵害自己的心灵，想要护养自己的名声而胡作非为。像这样的人，即使被封为诸侯、称为国君，和盗贼也没有什么区别；即使坐着高级的马车、戴着大官的礼帽，与没有脚的人也没有什么区别。这就叫作使自己被物质利益所奴役了。

正心重在养气修性。养的是向上向善、赤诚爱国的元气；奉公守法、大义凛然的正气；爱岗敬业、忠于职守的朝气；不断拼搏、勇于创新的锐气；严以律己、宽以待人的大气；有错就改、完善自我的勇气；不怕艰难、坚韧不拔的意气；尊重同事、关爱他人的和气。要经常提醒自己消除怨气，平息怒气，抵制邪气，丢掉俗气。依靠骨气挺起脊梁，依靠志气开拓未来，依靠勇气战胜艰难，依靠义气聚集力量，依靠正气抵御邪恶，依靠才气创造辉煌。

"石可破也，而不可夺坚；丹可磨也，而不可夺赤。坚与赤，性之有也。"

"刚柔有不易之质，贞挠有天然之性。是以百炼而南金不亏其真，危困而烈士不失其正。"刚健和柔韧有其不能改变的本质，正直和弯曲有其与生俱来的特性。因此，百炼不会使南方出产的黄金的真性衰退，危险困难不能让壮烈之士改变正直。

性者，性情，脾气也。

修身也是调理个人的性情和脾气。人之性有些是先天就有，有些是后天养成。后天之性，既可养成，也可改之。我们讲修性，就是要改掉不求上进、安于现状、大事干不来、小事不愿干的惰性，个人意见第一、处处唯我独尊、目中无人、不听劝告的傲性，崇洋媚外、攀附权贵的奴性，饱食终日、无所用心的惰性，斤斤计较、虚伪不诚的陋性，欲壑难填、不知满足的贪性，易暴易怒、动不动发火的躁性，好逸恶劳、享受至上的恶性。

我们现在正处在一个市场竞争异常激烈的时代，许多发展变化都是人们始料不及的。许多人感到现在生活"压力太大"，社会压力的传导，无疑会影响人的心情。来自外部的压力，这是社会存在，不以个人的意志为转移，不是个人的力量所改变得了的。既然减轻外部压力办不到，那就只有增强自己内心抗压的心力、心气，实现外在压力和内在抗压力的平衡，才能使自己的心态保持平静。明朝洪应明说："性躁心粗者，一事无成；心和气平者，百福自集。"

影响一个人的心情，除了外部压力外，也有一部分是来自于个人自身。一个人想得太多、太复杂，也会增添许多烦恼。人在幼年时代，思想纯真简单，没有什么烦心事缠身，所以无忧无虑、天真快乐。长大了，思考问题多了，头脑开始复杂起来，烦恼就出现了。穷的时候，思想也简单。经历过困难时期的人们都曾记得，当时人们生活没有多少想法，没有什么奢望，只想有口饭吃，不饿肚子就好。现在生活富裕了，吃穿有了，钱也多了，想的问题也多了，也复杂了，烦恼也多了起来。可见烦恼与考虑问题多寡程度是紧密联系的。想的问题越多越复杂，心中的烦恼就越多越难解。清代书画家、文学家郑板桥把"难得糊涂"作为自己生活的座右铭，确实显示出了超人的智慧与哲思。

减轻思想压力，别让自己活得太累，需要在自己面临切身利益的时候，学会糊涂一点，顺其自然，随遇而安。

其实，社会上有些人和事用不着过于纠结、过于计较、过于认真。看不透就不看，看透了反而伤情；想不通就不想，想通了反而伤心。

要学着想开、看淡，学着随缘不强求。因为人再精明，只能算得了得失，算不了祸福；算得了现在，算不了未来。得失得失，有得必有失，有失必有得。因得而失，因失而得，都是常有的事。

《淮南子》中记载了一个塞翁失马的故事："近塞上之人有善术者，马无故亡而入胡，人皆吊之。其父曰：'此何遽不能为福乎？'居数月，其马将胡骏马而归，人皆贺之。其父曰：'此何遽不能为祸乎？'家富良马，其子好骑，堕而折其髀。人皆吊之，其父曰：'此何遽不〔能〕为福乎？'居一年，胡人大入塞，丁壮者控弦而战。塞〔上〕之人死者十九，此独以跛之故，父子相保。故福为之祸，祸为之福，化不可极，深不可测也。"靠近边塞居住的人群中，有位擅长推测吉凶掌握术数的人。一次，他的马无缘无故跑到了胡人的住地。人们都为此来宽慰他。那老人却说："这怎么就不会是一种福气呢？"过了几个月，那匹丢失的马带着胡人的良马回来了。人们都前来祝贺他。那老人又说："这怎么就不能是一种灾祸呢？"算卦人的家中有了好马，他的儿子爱好骑马，结果从马上掉下来摔断了大腿。人们都前来慰问他。那老人说："这怎么就不能变为一种福气呢？"过了一年，胡人大举入侵边塞，健壮男子都拿起武器去作战。边塞附近的人，死亡的占了十分之九。这家人唯独因为其子腿瘸的缘故免于征战，父子俩一同保全了性命。所以福转化为祸，祸转化为福，其中变化奥妙无穷，是非常深奥无法测度的。

"人有悲欢离合，月有阴晴圆缺，此事古难全。"这是宋朝苏轼留给后人的一句名言。追求完美是人们生活的理想，不完美则是人们的生活常态。有些事是不可避免的，发生了就要冷静面对。有苦有乐的生活才是真实，有成有败的人事才是常理，有得有失的人生才是自然、公平。祸福往往是成比例地相伴相生，爬得越高摔得越惨，大富大贵往往导致大灾大祸。取舍得失，这是人生经常面临的一道考题。

"圣人守其所以有，不求其所未得。求其所无，则所有者亡矣；修其所有，则所欲者至。故用兵者先为不可胜，以待敌之可胜也；治国者先为不可夺，以待敌之可夺也。"

圣人是守着自己所拥有的东西，而不去追求他尚未得到的东西。如果去追求尚未得到的那一份，就可能连原有的那一份也失去；保持着已有的一份，那么所希望的东西可能也会来到。所以用兵打仗就是这样，先是加强训练，常备不懈，做好战胜敌人的一切准备，以等待可战胜敌人的条件成熟；治国也是这样，首先要做出不想夺取他国的姿态，然后等待敌国出现可被夺取的机会。

人们常说："舍得舍得，有舍有得；当舍则舍，当得则得，会舍会得是智慧。"舍是对名利的放弃，是对事业的付出，是对他人的赠与，是对社会的奉献。得是付出的收获，是劳动的成果，是舍出心血和汗水帮助他人因果轮回的报偿。什么都不愿舍，就会什么也得不到。各人不同的得失取舍，不仅可以看出一个人的品行、境界、格局、志向，而且可以决定一个人的发展道路，决定一个人的前途命运。人们只有在理智对待得失成败的同时，学会在自己的心灵深处添加一点沉淀和积累，在所得之时想想为何所以得，在所失之时想想为何所以失；成功不气傲，失误不气馁；不为过去的得所喜，不为曾经的失所扰，抓住当下机遇继续前行，才能争取新的更大的成功。

"肩吾问于孙叔敖曰：'子三为令尹而不荣华，三去之而无忧色。吾始也疑子，今视子之鼻间栩栩然，子之用心独奈何？'孙叔敖曰：'吾何以过人哉！吾以其来不可却也，其去不可止也。吾以为得失之非我也，而无忧色而已矣，我何以过人哉！且不知其在彼乎？其在我乎？其在彼邪亡乎我，在我邪亡乎彼。方将踌躇，方将四顾，何暇至乎人贵人贱哉？'"

肩吾向孙叔敖问道："你三次出任令尹却不显出荣耀，你三次被罢官也没有露出忧愁的神色，起初我对你确实不敢相信，如今看见你容颜是那么欢畅自适，你的心里竟是怎样想的呢？"孙叔敖说："我哪里有什么过人之处啊！官职爵禄的到来不必去推却，它们的离去也不可以去阻止。我认为得与失都不是出自我自身，因而没有忧愁的神色罢了。我哪里有什么过人之处啊！况且我不知道这官爵是落在他人身上呢，还是落在我身上呢？落在他人身上，那就与我无关；落在我的身上，那就与他人无关。我只能是心安理得悠闲自在，踌躇满志四处张望，哪里有闲暇去顾及个人的尊贵与卑贱啊！"

孙叔敖懂得，荣华富贵对于个人而言，其来不可却，其去不可止，得失皆非由我，所以无须忧虑困扰。这也显示出古之贤者不为名利所惑的淡然心态和坦荡乐观的宽广胸怀。

人之心胸，空间有限，多欲则窄，寡欲则宽。一个被欲望塞满了的心胸，哪里还有空间收藏欢乐呢？丢下一点欲望，心胸宽广了，才有欢乐生存的余地。平平淡淡生活，顺其自然干事，精神压力不大，心理负担不重，自然而然就会有一个好心态、好心情。

你为一点小事就生气，说明你还不够大度；你为一物的得失就郁闷，反映你还不够豁达；你为一事不顺心就焦虑，证明你还不够从容；你为一人不顺眼就妒忌，显示你还不够优秀。不论影响你心情的外部因素有多少，最终的根源还是在自己，在于自己的不成熟，还有缺陷需要再克服、再自修。

养正了气，修好了性，以一个好心态面向生活，就能做到得到了也不受宠若惊，得之淡然；失去了也不怨天尤人，失之坦然。一个人的心态变，为人处事的态度也会变；态度变，言谈举止的行为也会变；行为变，文明礼貌的人格也会变；人格变，生存发展的平台也会变；平台变，决定生活的命运也会变。所以，心态是基础，是前提，心态往往可以决定一个人的幸福程度和事业成败。

《资治通鉴》记叙了唐太宗李世民对太子少师萧瑀说的一段话，今天我们读来仍觉启发颇深。

李世民说："朕少好弓矢，得良弓十数，自谓无以加，近以示弓工，乃曰：'皆非良材'。朕问其故，工曰：'木心不直，则脉理皆邪，弓虽劲而发矢不直。'朕始寤向者辨之未精也。朕以弓矢定四方，识之犹未能尽，况天下之务，其能遍知乎！"意思是说，我从小就喜欢玩弓射箭，收藏了良弓十来把，自己以为世上再也没有比这些更好的弓了。最近拿出来给做弓的工匠看，工匠却说都不是好的材质。我就询问其中原委，工匠说，木材的心不正直，纹路都是歪的，这样的弓虽然射出去也有力量，但是箭的飞行方向不直，容易歪偏。我这才醒悟过去的认识并不精深。我是靠骑马射箭打下天下的，却对弓箭的认识尚未穷尽，何况天下治理的事务那么繁杂，怎么能够统统都知道得那么清楚呢！

《资治通鉴》还记叙了柳公权关于写字必须心正的一段论述："上问公权：'卿书何能如是之善？'对曰：'用笔在心，心正则笔正。'"这是唐代书法家柳公权与当朝皇帝的对话。皇上问柳公权："你的书法怎么能书写得这么好呢？"柳公权回答说："写字运笔是由人心掌控的，心正才能使笔正，笔正才能使字正。"

做弓木心要正，写字人心要正。如果人心不正，不仅会葬送自己的发展前途，同时还会破坏家庭幸福、伤害同事、祸害集体。一个单位、一个企业，如果有了个把心术不正的人，就像一锅汤里有了一粒老鼠屎。这种人办事能力越强，歪门邪道的手段就越高明、越隐蔽、越有欺骗性，对事业的危害就越大。一个人要真想干好一番事业，首先是自己的心要正，同时也要提防身边有没有心术不正的人。

修身须当慎言。

语言是社会上人际交往的工具，是一个人的人品、素质、教养、个性的外在表现。人际交往，就是通过语言沟通的形式与人交流思想、交流见闻、交流经历、交流感悟。工作中的指示、请示、信息、要求，需要靠语言传达；教学中的传道、授业、释疑、解惑，需要靠语言传授；亲人朋友之间的关心、问候、征询，需要靠语言传递。"故赠人以言，重于金石、珠玉；观人以言，美于黼黻文章；听人以言，乐于钟鼓琴瑟。"荀子这句话是说，有些善言可以重如金玉，美如黼黻，乐如鼓琴。人们在运用语言交流的过程中，善言可以给人以温暖、启示、警醒、知识和力量，恶语则可以给人造成无情的伤害。正因如此，所以《周易》告诫人们："君子以慎言语"。做人说话要谨慎，要注意修养自己的德性。祸从口出，就是充分说明慎言的极端重要。

所谓慎言，就是要做到言必达意、言不随口、言之有物、言有新意、言之有理、言要观色、言行一致、言而守信。不说大话，不说假话，不说气话，不说脏话，不说恶话，不说不该说的话，不说以讹传讹的话，不说论人长短的话。

言必达意。"言者，以谕意也。言意相离，凶也。"语言要表达自己真实的思想意愿，心里想的与口头说的相背离，口是心非，后果就很恶劣。

言不随口。就是说话前要动点脑筋，经过思考，不是信口开河。什么对象、什么场合，需要表达一个什么意思，都要胸中有数。好话也要注意分寸，留有余地。不要把话说满、说绝、说过头。"多言而不当，不如其寡也"。话说多了，说过头了，必然就有不当之处，与其言多必失，不如少说一点为好。饭吃太饱会伤身，话说太满会伤人。所以，古人告诫我们："对失意人，莫谈得意事；处得意日，莫忘失意时。"

言之有物。"君子以言有物而行有恒。"意思是说，说话必须有事实根据，行为必须有固定的法则。"言无实不祥。"说话背离了客观事实可能就会招来灾祸。所以说话的内容要明确具体，且有事实根据，不是泛泛闲扯、凭空阔论。

言有新意。不嚼别人嚼过的馍，不重复他人说过的话。特别是公共场合的发言，对同一问题的表态，需要注意有独立见解的新角度、新视野、新的语言表达方式，不要人云亦云。

言之有理。说话表达的意见、观点，条理清晰，符合道理，理讲到位才能服人，但是不可强词夺理、以理压人。

"遇人痴迷处，出一言提醒之；遇人急难处，出一言解救之，亦是无量功德。"济人之难，救人之急，是一种良好美德。但助人不一定非得用金钱，能用智慧的语言引导、宽慰一时痴迷、急难之人，有时比物质财富更可贵。提醒痴迷，救人急难，都是要做到言之有理。

言要观色。说话要看对方的脸色。荀子说："不观气色而言谓之瞽。"不看别人的脸色说话就叫说瞎话。避免瞎话，就是说话时注意观察对方的表情态度：高兴了，就多说几句；不高兴，就少说一点。

言行一致。语言表达的意见、措施、方案，都要具有可行性、可操作性，说到也能办到。实践中不可为之的话不可说，自身的能力水平不可及的话也不可讲。"卑而言高，能言而不能行者，君子耻之矣。"

言而守信。"圣人之诺已也，先论其理义，计其可否。义则诺，不义则已；可则诺，不可则已。故其诺未尝不信也。小人不义亦诺，不可亦诺，言而必诺。故其诺未必信也。故曰：'必诺之言，不足信也。'"对他人承诺的语言要能兑现，说话算数，说到就要做到，不放空炮。

不说大话。大话是指华而不实、言行不一、言之无物、哗众取宠的语言，口头说得好听，实际不能兑现，近似于空话、废话，不着边际的话。实干兴邦，必须不尚空谈。

不说假话。口头说的与心里想的、与真实存在的相矛盾、相背离的语言叫假话。心里想的和口头说的不一致，是假话。隐瞒问题，夸大自身成果、剽窃他人成果的汇报、宣传是假话。以虚伪的奉承讨别人欢心的巧言令色，是假话。"巧言令色，鲜矣仁。"孔子说："花言巧语，一副讨好人的脸色，这种人很少有仁德。"巧言乱德。"花言巧语败坏道德。散布似是而非的道听途说，有意蛊惑人心的传闻，是假话。孔子说："道听而涂说，德之弃也。"在路上听到传言就不加分析地四处传播，这是道德应该背弃的。

不说气话。气话是指怒火中烧、情绪失控时所说的话。往往偏激，欠理智、失身份、没分寸，伤人也伤己。

不说脏话。低俗污秽的语言，出于庸人之口，与文明礼貌格格不入。

不说恶话。是指有意诽谤、讽刺、挖苦、咒骂、中伤他人的语言。汉朝孔僖曾上书肃宗说："凡言诽谤者，谓实无此事而虚加诬之也。"

荀子讲："故与人善言，暖于布帛；伤人以言，深于矛戟。"口吐恶语，既能伤人，最终必然还要伤到自己。

不说不该说的话。"子曰：'可与言而不与之言，失人；不可与言而与之言，失言。知者不失人，亦不失言。'"孔子说："应该和他说的话而不说，这是错失了人；不可以和他说的话却说出来了，这是错失了语言。聪明的人既不因错失人，又不因多话失言。"

语言与自己的身份不相符，不该说；谈话的内容与谈话的对象、场合、时机不适宜，不该说；涉及相关机密、隐私的话，不该说；强行要求于人，给人为难的话，不该说；揭人短处、捅人痛处的话，不该说。

不说以讹传讹的话。"故偏听生奸，独任成乱。昔鲁听季孙之说逐孔子，宋任子冉之计囚墨翟。夫以孔墨之辩，不能自免于谗谀，而二国以危。何则？众口铄金，积毁销骨也。"过去鲁国听信了季孙的话而赶走了孔子，宋国相信了子冉的计谋囚禁了墨翟。凭孔子和墨子的思辨能力都不能避免谗言陷害，而使两个国家都陷入危机，这是为什么呢？众多的诬陷就像烈火一样使金子都能熔化，累积的诽谤就像毒药一样使骨头都能消融。

不说论人长短的话。在他人面前随意议论第三者，说三道四，言长论短，显示自己精明，实则是很愚昧。今天背后说张三，明天背后谈李四，结果失信于所有熟悉的人，必然也会被所有熟悉的人所失信。汉朝伏波将军马援就曾十分痛恨论人长短的行为，他在一封家书中告诫兄子说："吾欲汝曹闻人过失，如闻父母之名，耳可得闻，口不可得言也。好议论人长短，妄是非正法，此吾所大恶也，宁死不愿闻子孙有此行也。"我希望你们听到人家的过失，就像听到父母的名字一样，耳朵可以听，嘴里却不可以说。喜欢议论人家的长短，胡乱评论正常的法制，这是我最痛恨的事，宁愿死也不愿听到子孙有这种行为。

慎言于己，是指做人必须学会说话；察言于人，是指与人交往必须学会听话。

"夫得言不可以不察，数传而白为黑，黑为白。"听到社会上的各种传言，不能不加辨别分析，有的话传了几个人后，本来是白色的就说成黑色的了，黑色的说为白色的了。

《战国策·魏策二》记叙："庞葱与太子质于邯郸，谓魏王曰：'今一人言市有虎，王信之乎？'王曰：'否。''二人言市有虎，王信之乎？'王曰：'寡人疑之矣。''三人言市有虎，王信之乎？'王曰：'寡人信之矣。'庞葱曰：'夫市之无虎明矣，然而三人言而成虎。'"战国时期，庞葱和魏太子一起到赵国的邯郸做人质。庞葱对魏王说："现在有人说集市上有老虎，大王会相信吗？"魏王说："不会相信。""现在有两个人说集市上有老虎，大王会相信吗？""我会半信半疑。""现在有三个人说集市上有老虎，大王相信吗？""我相信了。"庞葱说："集市上没有老虎是很明显的事，但三个人说有就让人相信真有老虎了。"

"一犬吠形，百犬吠声。"一只狗叫是因为看见了一个有形的东西，其他的狗跟着叫是因为听到有狗叫的声音，这就是不分青红皂白、人云亦云的影响。

《战国策》记述了一个曾母误信曾参杀人的故事："昔者曾子处费，费人有与曾子同名族者而杀人，人告曾子母曰：'曾参杀人。'曾子之母曰：'吾子不杀人。'织自若。有顷焉，人又曰：'曾参杀人。'其母尚织自若也。顷之，一人又告之曰：'曾参杀人。'其母惧，投杼逾墙而走。夫以曾参之贤，与母之信也，而三人疑之，则慈母不能信也。"从前，曾子在费地，有个与曾参同姓同名的人杀了人。有人告诉曾参的母亲，说："曾参杀了人。"曾参的母亲说："我的儿子是不会杀人的。"边说边照样织布。过了一会儿，又有人来说："曾参杀了人。"曾参的母亲仍旧织布。又过了一会儿，有人来说："曾参杀了人。"曾子的母亲就惊恐起来，扔掉手中梭子，翻过院墙，仓皇逃跑了。像曾子这样贤德的人，曾参的母亲又对他那样信任，可是三个人不实的传话，就使曾参的慈母也不能信任他。

曾参，又名曾子，春秋时期孔子的学生，以孝名播天下。世代相传的历史名言"吾日三省吾身"就是出自曾子；相传《大学》是他所著。历史上曾被尊称为"宗圣"。汉初政治家、辞赋家陆贾，跟从汉高祖定天下，官至太中大夫。他在自己所著《新语》一书中评价曾子说："曾子孝于父母，昏定晨省，调寒温，适轻重，勉之于糜粥之间，行之于衽席之上，而德美重于后世。"这样一个贤孝之子，其母对曾参是信任有加的。但有三个人跑来告知"曾参杀人"，却能使其母对曾参的信任产生动摇，相信其子杀人可能是真实的。这个故事中三个传话的人把此曾参杀人的罪名安到彼曾参的头上，完全是张冠李戴。如果说张冠李戴还有无意搞错的成分，多少可以让人能够谅解，"三人言而成虎"一类的无中生有则完全是有意制造的谣言，让人不能宽容原谅。人们对张冠李戴的传言要分析之、提防之；对无中生有的谣言则应无情地戳穿之、反对之。

"是故事修而谤兴，德高而毁来。"当你修业有所成就，树德有些名望，招来一些议论，都是常有的事。尤其是出名的人，万众瞩目，更是如此。名人的粉丝对名人是传是不传非，那是一种盲目崇拜；竞争对手，则是传非不传是，是也说成非，那是一种恶意诋毁。不论是赞誉还是诋毁，听话的人都要冷静对待，不可头脑发热。唯一的态度只能是："人或毁己，当退而求之于身。若己有可毁之行，则彼言当矣；若己无可毁之行，则彼言妄矣。当则无怨于彼，妄则无害于身，又何反报焉！谚曰：'救寒莫如重裘，止谤莫如自修。'斯言信矣。"有则改之，无则加勉。"不求誉，不辟诽，正身直行，众邪自息。"

"人有畏影恶迹而去之走者，举足愈数而迹愈多，走愈疾而影不离身，自以为尚迟，疾走不休，绝力而死。"这是战国时期庄周在《庄子·渔父第三十一》中讲述的一个寓言，是说有一个人害怕自己的影子，憎恶自己的足迹，为了摆脱它们就一直往前跑。可是举步越频，足迹越多；跑得越快，影子越是紧跟离不开身。而他自己以为是跑得慢了，于是就快跑不停，结果精疲力竭而死。

人是立身就有影，行动就有迹，影迹是一个人在社会生活中十分自然的反映。他人的评论便是自己的人生，在别人嘴里吐露出的影迹，必定会与人生相伴，但有时又会歪曲了人生的真实。人言可畏，说明歪曲人生真实的言论是可怕的，软弱的人甚至可能会因此走上死亡之崖。为此就有人采取脱离凡尘隐世而居，意图摆脱世人的是非评论。这种为了消极摆脱别人的评论而隔离社会、脱离凡尘，那又何来生活滋味、人生意义？为了影迹而丧生，就是一种舍本求末的愚昧。其实，不做亏心事，不怕鬼敲门。公道正派，堂堂正正地做人做事，有点诽谤、有点谣言也不要怕，身正不怕影子歪，行得端，立得正，时间一长那些谣言、诽谤也会不攻自破。心中无鬼，何必心虚呢！

有一部动画片《抬驴》讲了这样一个故事："一天，父子二人牵着毛驴逛街。两人都步行，有人说他们有驴不骑脑子笨；儿子骑，有人说儿子不孝；父亲骑，有人说父亲心太狠；父子同骑，有人说他们不爱驴；最后，父子二人找不出另外好的办法，只好抬着毛驴筋疲力尽地回家。"

庄子所叙"畏影恶迹"以及"父子抬驴"的故事，都是说明有的人总是被别人牵着鼻子走，好像自己不是为自身而是为别人而活着。其实，世界上没有任何一个人、任何一件事可以得到外界百分之百的肯定。我们只有遇事坚信自己的主见和定力，不被别人的评论左右自己的行为，这才不会"畏影恶迹"，不会干出"父子抬驴"的蠢事。

修身旨在自尊。

《中庸》讲："君子素其位而行，不愿乎其外。素富贵，行乎富贵；素贫贱，行乎贫贱；素夷狄，行乎夷狄；素患难，行乎患难；君子无入而不自得焉。在上位，不陵下。在下位，不援上。正己而不求于人，则无怨，上不怨天，下不尤人。"君子根据现在所处的境地去做事，而不抱有本分以外的想法和追求。现在处于富贵的境地，就按富贵的身份去做人做事；现在处于贫贱的境地，就按照贫贱的身份去做人做事；现在处于下等官职的境地，就按照下等官职的身份去做人做事；现在处于患难的境地，就按照患难者的身份去做人做事。这样无论走到哪里，都没有不能够怡然自得的地方。处在上级的位置而不欺凌下级，处在下级的位置而不攀附上级，摆正自己的社会定位而不苛求别人就没有怨恨，上不埋怨天，下不责怪人。《中庸》这段话内涵的实质就是讲做人要恪守本分，要安分守己，核心思想是强调做人要有自尊。

"君子素其位而行，不愿乎其外"，是讲做人要随遇而安，恪守本分，不要超越自身地位去追求非分利益非分欲望。"不陵下""不援上"，是讲做人要堂堂正正，对下不要欺凌，对上不要阿谀奉承、巴结吹捧。"正己而不求于人"，是讲端正自己所处的地位，什么事都要靠自己的努力，不要低三下四央求别人。"上不怨天，下不尤人"，是讲即便有什么事情没有达到自己预期的理想，也要靠自己总结经验，不要怨天尤人。

自尊就是自我尊重，既不居上凌下、以势欺人，也不向他人卑躬屈膝、接受任何人的歧视侮辱，是一种不亢不卑的良好精神状态。自尊是个人内心对自我人格的追求，是对个人尊严和人身权利的维护。有自尊的人，会以自己的言谈举止赢得他人的尊敬与信任。有自尊的人，才能活出尊严，活出品位，活出高尚，活出潇洒，活出人生的乐趣。相反，对于一个缺乏自尊的人，谁也不能把做人的尊严恩赐于你。

孟子说："一箪食，一豆羹，得之则生，弗得则死，呼尔与而之，行道之人弗受；蹴尔而与之，乞人不屑也。"一碗饭，一碗汤，得到就可以活命，得不到就会饿死。如果是盛气凌人地吆喝着给人，就是又饥又渴的行路人也不会接受；用脚踏过的食物给人，就是叫花子也不屑于伸手。

乐羊子妻劝诫乐羊子说："志士不饮盗泉之水，廉者不受嗟来之食"。乐羊子妻对乐羊子说："有志之士不饮偷盗的泉水，廉洁之人饥饿也不接受带有侮辱性施舍的食物。"

孟子和乐羊子妻上述所言，都是告诫人们做人必须有自尊。

自尊是个人内心的修炼。生活实践告诉我们必须懂得，人生的道路都是不平坦的，谁都避免不了碰上痛苦和遗憾，这是人生的常态。当你生活遇到坎坷时，内心却不能同时留下伤痕。人无法选择生命的开始，但必须要有勇气走完生命的最后一步。坎坷只能说明过去，只要生命没有停止，总要继续前行。就像在高速公路驾车一样，永远要向前看，不能总是盯着倒车镜。

南非前总统曼德拉在回忆获释出狱当天的心情时曾说："当我走出囚室，迈过通往自由的大门时，我已经很清楚，自己若不把悲痛与怨恨留在身后，那么我其实仍在狱中。"曼德拉也是在告诫世人，只有忘记过去的阴暗，才能以无怨无悔的心态迎接未来的光明。

东方不亮西方亮，黑了北方有南方，上帝关上一扇门，总会打开一扇窗。天无绝人之路。一个人活在世上，只要敢于向前走，总能找出一条适合自己生存的路来。每个人都有自己求生的本能和出路。财富不是天上掉下来的，也不能依赖别人施舍，只有靠自己的劳动才能创造。只要丢掉自卑感，点燃自尊自信之心，依靠自己顽强拼搏，必然能改变命运。智力不如人，可以用体力打拼；身体某些部件有残缺，可以用那些没有残缺的部件来打拼。何况人体是一个整体协调的系统，某些部件的缺陷，往往可以从另外一些健全部件的功能得到相应的补偿。眼睛失明的人，往往听觉比一般人要灵敏；耳聋的人，往往记忆力比平常人要强很多。

没有自尊，人就谈不上自立、自强。就像思想决定行动，自尊同样决定一个人能否自立、自强。

人可以普通，可以不闻达，但不可以失去自尊。

孟子曰："夫人必自侮，然后人侮之；家必自毁，而后人毁之；国必自伐，而后人伐之。"

《列子》说："人而无义，唯食而已，是鸡狗也。强食靡角，胜者为制，是禽兽也。为鸡狗禽兽矣，而欲人之尊己，不可得也。人不尊己，则危辱及之矣。"上述所言是在告诉人们生而为人却无情无义，只知道填饱肚子，简直就是如同鸡狗。为了争食而互相角斗，胜利的一方控制一切，也不过是禽兽罢了。干的是鸡狗禽兽的勾当，却要别人来尊重自己，那是根本不可能的。人们如果不会尊重自己，那么危难和耻辱就要到来了。

孟子曰："人不可以无耻。无耻之耻，无耻矣。"

"晏子使楚，（楚人）以晏子短，为小门于大门之侧而延晏子。晏子不入，曰：'使狗国者，从狗门入；今臣使楚，不当从此门入。'傧者更道从大门入，见楚王。王曰：'齐无人耶？（使子为使）'晏子对曰：'临淄三百闾，张袂成阴，挥汗成雨，比肩继踵而在，何为无人？'王曰：'然则何为使（子）乎？'晏子对曰：'齐命使，各有所主，其贤者使使贤王，不肖者使使不肖王。婴最不肖，故（宜）使楚矣。'"

辱人者，自辱也。本想打击别人的自尊，自己却失去了自尊。

"贫贱非辱，贫贱而诌求于人者为辱；富贵非荣，富贵而利济于世者为荣。"

"君子被褐，穷而不可轻；小人轩冕，达而不足重。"君子就是披褐衣受困窘，也不能被轻视；小人就是乘轩车着冠冕，显达也不值得尊重。

"子夏家贫，衣若悬鹑。人曰：'子何不仕？'曰：'诸侯之骄我者，吾不为臣；大夫之骄我者，吾不复见。'"子夏贫穷，衣服破烂得就像悬挂着的鹌鹑。有人说："您为什么不去做官？"子夏说："诸侯傲视我的，我不做他的臣子；大夫傲视我的，我见都不愿再见他。"

失去自尊的人，就像没有脊梁骨一样，总是抬不起头，直不起腰，挺不起胸，说话没有底气，做人没有硬气，好像总是低人一等、矮人一截。有的人总是遇到一点不顺心的事，就觉得这也不如人，那也不如人，自己乱了自己的方寸，乱了自己的手脚。本来只是一个小坎坎，挺一挺就能过去，偏偏是自己不愿挺、不敢挺，才使自己总是萎靡不振。甘地说，他最大的敌人是自己。人要战胜困难，战胜事业，战胜生活，首先必须战胜自我。

人与动物的区别，在于人在世上活着有一个强大的精神力量支撑。有位学者说："人活着必须呼吸。呼者，为出一口气；吸者，为争一口气。"这一呼一吸就是说明人生在世必须有尊严。尊严与人格，是做人不可退让的底线。为了尊严和人格，一个人甚至可以放弃生命。精神崩溃，思想颓废，心中没有希望与寄托，没有追求与牵挂，没有热血与激情，内心空虚阴暗，就像行尸走肉，和动物没有两样。

自尊是自信的基础，自信是自尊的展现。人有自尊，才有自信。

自信就是人对自身力量的确信。不论何时何地，做人都要充分地相信自己的智慧和能力，不要有自卑自弃的心理。在漫长的人生道路上，有自信不一定会赢；但是没有自信，就一定会输。

人都要首先相信自己，看得起自己。要以自己独立的精神和意识主宰自己的言行。相信能够依靠自己的意志和力量办好自己的事情，做好自己的工作，担当自己应该担当的责任和义务。唐代大诗人李白，幼年时随父迁居四川江油青莲乡。二十余岁离川，长期漫游各地。曾被供奉翰林，一年多又离开长安。"安史之乱"遭流放，中途又遇赦东还。一生颠沛流离，他却为世人留下了"天生我材必有用"这样充满自信的豪迈诗句，告诫人们面对生活一定要有自信。

孟子说："五百年必有王者兴，其间必有名世者。……夫天未欲平治天下也，如欲平治天下，当今之世，舍我其谁也？"由此可见，孟子对自己是有满满的自信，但同时也表露了怨"天未欲平治天下"的情怀。

据《史记》记载，战国时期赵孝成王九年，秦国出兵围攻邯郸，平原君欲带二十人赴楚谈判，请求楚国救援。平原君门下食客毛遂听说此事，自告奋勇，自我推荐跟随平原君赴楚完成这一重大外交使命。"毛遂比至楚，与十九人论议，十九人皆服。平原君与楚合纵，言其利害，日出而言之，日中不决。十九人谓毛遂曰：'先生上。'毛遂按剑历阶而上"，面向楚王讲述了白起三战伐楚，使楚蒙受重大耻辱的历史，指出楚赵联合出兵，共同抵抗秦国的侵略，名则为赵，实则为楚，是楚赵双赢的举措。楚王听了毛遂的话，连说"好，好"，承诺"谨奉社稷而以从。"于是双方订下盟约，赵楚合纵，强力逼退了秦国围攻邯郸之军。

"毛遂自荐"充分显示了毛遂的自信，毛遂的自信使毛遂脱颖而出。"毛遂自荐"说明，自信可以化渺小为伟大，化平庸为神奇，化无为为有为，化贫穷为富有。

　　自信的人，遇事都会有自己的主见，不会人云亦云，被别人牵着鼻子走路。人只有坚持自己的思想，矢志不渝，才能走出自己有意义的人生道路。这样的人，无关成果大小，却能展现自身的特质、自我的人品、自己的优势。

　　"和氏之璧，不饰以五采；隋侯之珠，不饰以银黄。其质至美，物不足以饰之。夫物之待饰而后行者，其质不美也。"

　　自信的人，充分相信自己的智慧和力量，就像和氏之璧、隋侯之珠那样，不需遮掩自身的问题和不足。

　　有自信的人，才能坚持"不唯上，不唯书，只唯实"的实事求是品德。不会迷信权威，不会迷信书本，坚信实践才是检验真理的唯一标准。权威的观点，书本的观点，即便是正确的，也只能是代表现在和过去的认知，何况其中必然有些观点还有值得商榷之处。社会总要发展进步，理论思想也要随着实践的发展而发展。没有发展，没有进步，社会就不能前进，理论就不能创新。

　　不自信的人，总是无原则地屈从他人，从而丧失自主行为的能力；只会盲目附和众议，别人说什么就是什么，慢慢变得唯唯诺诺、唯命是从。盲从就是依附于他人，没有自己的思想；就是跟着别人起哄，没有自己的主见；就是人云亦云，没有判断事情对错真伪的能力。生活中养成了盲从依赖的习惯，不仅会使人丧失独立生活的能力和精神，还会使人缺乏生活的责任感，造成人格的缺陷。

　　"东施效颦"是《庄子》中记载的一个典故。"故西施病心而颦其里，其里之丑人见之而美之，归亦捧心而颦其里。其里之富人见之，坚闭门而不出；贫人见之，挈妻子而去之走。彼知颦美而不知颦之所以美。"西施是战国时期越国一个出名的美女。但她有心痛病，经常皱眉捂胸，即便这样，也不失其动人的妩媚美丽。同村有个叫东施的女子长得很丑，看到西施那么招人喜爱，也学着西施经常皱眉捂胸。这样一来，村里的富人见了，就把家里门关上不出去；穷苦人见了也带着家人跑出村外，离她远远的。东施她只知道西施捂胸之美而不知道其捂胸之所以美。西施因为美而捂胸，显出一种自然的娇情让人感到亲切；东施因为丑而又无病捂胸，显出一种有意的矫揉造作，让人感到恶心。

"东施效颦"正是一出别人干什么就跟着干什么，丝毫没有自己主见的历史悲剧。在当今这个绚丽多彩的世界，每个人首先都要看得起自己，要有独立的精神和意识，要有自己的生活方式和审美标准，这样才不会盲从，不会盲目攀比、跟风。盲目模仿别人，跟着别人后面走，就永远没有超越，永远活不出自我。

"兰生幽谷，不为莫服而不芳；舟在江海，不为莫乘而不浮；君子行义，不为莫知而止休。"人有自信，就有做好工作的高度自觉，不为没有检查监督而偷懒，不为没有表彰奖励而懈怠。

自信的人，不会被别人的言论、行为左右自己，坚信自己的路要靠自己去走，自己的命运要靠自己去把握，自己的事业要靠自己去打拼，自己的前程要靠自己去奋斗。你走你的路能发财，相信我走我的路同样也能致富；你先起步先发展，相信我虽然晚起步，但有你的经验可鉴，可以少走弯路，还有后发优势。

自信的人，敢于面对困难，不为困难所屈服。在困难面前不畏惧，不退缩。能够遇难而上，知难而进，就是一种自信和坚韧。自信的人，不是把困难、失败、挫折当作事业的终点，而是当作一个过程，当作成功的新起点。因为他们懂得，世界上只有人是最宝贵的，身体是事业最大的本钱。只要这个最大的本钱没有亏损，希望就永远还在。生意做亏了可以再赚，事业失败了也可以再来。有些人的失败也是由于缺乏自信引起的。一个人的能力，包括潜能，往往也是信则有，不信则无。背水作战，在没有退路的条件下，退是绝对要死，战还有生的希望。所以背水作战参战将士都会表现出超乎寻常的英勇，把全部的本领发挥到极致，往往能取到异乎寻常的战果。干任何事情，有点困难有时也是好事。有了困难，逼着我们发挥最大的能量，往往可以获得出乎意料的成果。一个人只有自己认为自己很优秀，才能创造很优秀的业绩，成为现实生活中很优秀的人。

修身贵在自律。

"子曰：'克己复礼为仁。'"克制自己，使自己的言语行动合乎礼，就是仁。孔子所说的"克己"，就是现代人所说的自律。律，法律、纪律、戒律，都是讲按照规范约束人的行为。"师出以律，否臧凶。"师出之时，当须以法制纪律规范军队的行为，法度纪律不善，结果必凶。

自律就是自己按照法律道德规范的要求，约束克制自己的言行。

"孟子曰：'不以规矩，不能成方圆。师旷之聪，不以六律，不能正五音'。"六律是古代律制，是用三分损益法将一个八度分为十二个不完全相等的半音的一种律制。各律制度从低到高依次为：黄钟、大吕、太簇、夹钟、姑洗、仲吕、蕤宾、林钟、夷则、南吕、无射、应钟。又，奇数各律又称为"律"，为阳声；偶数各律称为"吕"，为阴声，总称为"六律""六吕"。五音，亦称为五声。即中国五声音阶中的宫、商、角、徵、羽五个音阶。五音中各相邻的两音间的音程，除角与徵、羽与宫（高八度的宫）之间为小三度外，其余均为大二度。孟子说：如果不用圆规和曲尺，就不能准确地画出方形和圆形；即使有师旷那样的辨音能力，如果不用六律，也不能校正五音。

一个社会如果没有做人的行为准则规范，说话不受约束可以乱说，行为不受约束可以乱来，性格不受约束可以乱发脾气，那样就会人不成其为人，家不成其为家，国不成其为国了，社会就会倒退到野蛮、残酷、无序的状态。

"故势为天子，未必贵也；穷为匹夫，未必贱也。贵贱之分，在行之美恶。"势居天子之位，未必尊贵；穷为平民百姓，未必卑贱。贵贱的区别在于行为的美丑。

"故言有召祸也，行有招辱也，君子慎其所立乎！"话说不好可以招来灾祸，行为不端可以招来耻辱，所以君子懂得为什么要谨慎做人。

庄子、荀子的教诲，也是告诫人们人要自律的重要性。

"子曰：'多闻阙疑，慎言其余，则寡尤。多见阙殆，慎行其余，则寡悔。言寡尤，行寡悔，禄在其中矣'。"孔子此言的意思是多听些，把有疑虑的问题放在心里，其余有把握的方面谨慎地说出来，就会少些错误。多看些，把有疑虑的问题保留在心里，其余有把握的方面谨慎地去实行，就会少些后悔。言语少错误，行为少后悔，经济收益就在其中了。

自律是一种觉悟，一种文明，一种修炼，一种敢于担当社会责任的表现。自律不仅是为自己，同时也是为他人、为家庭、为社会。自律就要对自己做到恪守本分，言谈举止文明礼貌；对他人则要求做到尊重、仁爱、谦让，不争。

几十年的经济发展，有些人财富增长了，知识却没有跟进，气质没有跟进，品位没有跟进。外表着装看似顶级名牌，骨子里却让人闻出不少低级趣味。正义诚信表现乏力，功利主义、利己自私不觉为耻；事不关己，高高挂起，"只管自己门前雪，不顾他人瓦上霜"的冷漠风气被视为世俗；诚实、友善、热情、关爱被当作笑谈。补好加强公民自身修养、强调个人行为自律、培育社会良好公德这一课，提振民族的精气神，已经成为急需解决的社会课题，也是我国经济持续发展的希望所在。一个民族没有好的精气神，就没有发展的活力，没有希望；一个人没有好的精气神，也会没有正气，谈不上什么自强。

自律要有敬畏之心，敬畏之心是自律的思想基础。敬畏就是要求人们心有所敬，行有所循；心有所畏，行有所止。一个人有了敬畏之心，懂得什么当为、什么不当为，一言一行都能循规蹈矩，才能使人做到有所敢为有所不敢为，有所能为有所不能为。有了敬畏之心，自律就会更自觉、更积极、更有效。否则，思想上没有畏惧，言行就没有约束。嘴巴想怎么说就怎么说，无所顾忌、口无遮拦，手脚想怎么干就怎么干，随心所欲、我行我素，那就根本没有什么自律可言。

人在社会生活中，最基本的敬畏应该是敬畏法律、敬畏道德、敬畏自然、敬畏生命。人们之所以要敬畏法律，是因为法律是所有公民必须遵守的行为规范。触犯法律，必然受到法律的惩罚。道德也是一种行为准则，是社会公德的重要方面。违反道德规范，就是对他人的伤害，破坏人与人之间的和谐关系。当今我们讲敬畏，首先就是要强化对法律的敬畏、对道德的敬畏，懂得人权的尊严、人格的尊严，懂得个人对社会的责任，为社会文明建设勇于担当。敬畏自然，就是要珍爱自然、保护自然，为自己，也为他人，为当代，也为子孙，守护好共同家园的青山绿水和蓝天。敬畏生命，就是珍爱自己的生命，同时也珍爱他人的生命。生命只有一次，不可逆转不可再生，完了就是终结。多少金钱都买不到健康，买不到长寿，买不到生命。所以要珍惜生命，珍惜健康，珍惜快乐的生活。生命的伤害不可弥补，破了一块皮就会结下一个疤，伤筋伤骨伤肝伤肺，更是不可挽回的重大损失，甚至直接导致丧命。生命是宝贵的，所以人人都要敬畏生命。

自律不是否定个人的自由，而是要有科学的自由观。凡人都向往自由，但谁都从来没有享受过完全的自由。婴儿时期，父母为了防止孩子畸形发育，孩子手脚都被强行捆绑在襁褓里，从一出生自由就被限制。少年时代在学校读书，坐在教室听老师讲课，不能乱动。步入社会参加工作，不论是在工厂或是企业、机关上班，都有许多制度规定，不能乱跑。不论什么单位学习、开会讨论问题，发言可以，但必须围绕中心，扣住议题。就是到老退休了，出门休闲散步，也要受到红绿灯的管制，只能是红灯停、绿灯行。不论社会制度怎么发展进步，做人都会受到许多约束。人只要有了敬畏之心，对诸多约束也就都能予以充分理解，领悟到一切必要的约束就是对自身的关爱和保护，也是对他人的尊重，有约束才能有和谐。

《大学》认为："诚于中，形于外。故君子必慎其独也。"人的内在心理活动，必然反映在外表的言行上。所以君子必须在独处时能谨慎约束自己的言行。慎独就是在独立自处没有他人监督的情况下能够做到谨言慎行，该为能为的就为之，不该为不能为的就不为。

慎独是一种崇高的修身境界，是一种自律的高度自觉。

"《诗》曰：'鼓钟于宫，声闻于外。鹤鸣九皋，声闻于天。'苟能修身，何患不荣！"钟鼓架于宫内，其声传于宫外；鹤在水边高地鸣叫，其声传于九天。假如能够修身，怎怕世人不赞美！

"夫有病于内者，必有色于外矣。"体内有病痛，必然就有气色反映于身体的外表。

君子之所以强调要慎独，是因为"君子之过也，如日月之食焉。过也，人皆见之；更也，人皆仰之。"君子的过失，如同日蚀月蚀一样，有了过错，人人都能看得见，觉察得到；改正了，也会引起人们的敬仰。

人的言行都是发自内心所思所想，表现于形体之外，虽然在独自一人的情况下做事当时没有人看见，但事后还是会被人发现的。因为凡是做过的事，必然都会留下痕迹、产生后果，就像天上的日月之蚀，只要是发生过，总是会有人知道的，瞒天过海是不可能的。

慎独的人在慎独的时候，有强大的自律心，不会被身外之物所诱惑，从而违背自己做人做事的原则和社会公认的道德规范。能够防止有违道德和损害心中性本善的良心意念行为的发生，是一种理智的表现。慎独，就是自己在心中高架一座正义、道德、法律的警钟，用以警示、监督、鞭策自己：在人前要正直，在人后要正派，在独处时要正心。

《史记》在论述屈原坚守自律品德时评论说："其志洁，故其称物芳。其行廉，故死而不容。自疏濯淖污泥之中，蝉蜕于浊秽，以浮游尘埃之外，不获世之滋垢，皭然泥而不滓者也。推此志也，虽与日月争光可也。"他的志趣高洁，所以作品中多用美人芳草作比喻；他的行为正直，所以至死不容于世。他自动地远离污泥浊水，像蝉蜕壳那样摆脱污秽环境，以超脱世俗之外，不沾染尘世的污垢，出于污泥而不染，依旧保持高洁的品德。推究这种志行，即使同日月争光都可以。屈原是战国时期楚国的伟大爱国诗人，他不仅有炽烈的爱国之心，而且有鲜明自律慎独的品质修养。政治昏暗，他身陷污泥而不染，"举世皆浊我独清，众人皆醉我独醒"，为世人树立了终身坚守慎独自洁伟大人格的道德丰碑。

慎独不仅表现为一个人在脱离人群独处的时候能够坚守道德原则，不做坏事，而且还表现为身在人群之中的时候敢于坚守正义，不跟着别人做坏事。

坚守独立人格也是慎独的一种表现。独立人格，就是一个人不但有自己的思想，而且能勇敢地捍卫自己的思想；不但有自己的意志，而且能按照自己的意志去发展自我；不但遇事有自己的主张，而且能坚持自己的主张。同时，有独立人格的人，并不排除尊重他人的独立思想和主张，并不等于独来独往、我行我素，而是在同舟共济的条件下求同存异。

"故君虽尊，以白为黑，臣不能听；父虽亲，以黑为白，子不能从。"对君王虽然应当尊重，但是他把白说成是黑的，臣下也不能顺从；对父亲虽然应当亲近，但是他把黑说成是白的，子女也不能盲从。坚守独立人格，就能做到不盲从、不跟风、不随大流。

清代王永彬说："世虽有侥幸之事，断不可存侥幸之心。""侥幸之心"是慎独的大敌。现在社会上一些贪污、受贿、买官卖官、官商勾结等不法分子，之所以敢那么胆大妄为、目无法纪，就是有侥幸心理作怪，总以为自己做丑作恶的事情别人看不见、不知道。这种罪恶的侥幸之心的确坑害了不少人。

人能认识自己是智慧，能约束自己是理智。我们生活在这个世界上，处处都应"克己"，事事都要谨慎。什么时候都不能靠着侥幸求生存，而必须靠着理智来生活。一个人好习惯的养成，不仅内心要有向善的思想期盼，而且要能在实际行动中自觉抵制人世间一切罪恶腐败风气的诱惑。

学然后知不足

人要不断完善自我、提升自我、战胜自我的有效方法就是学习。只有学习，才能唤醒自身觉悟，点燃内心激情，激发内在动力，发掘自身潜能，创造精彩人生。谁不想虚度一辈子，就要学习一辈子。

读书要有选择，学会取舍；读书要开动脑筋，学会思考；读书要有分析，学会扬弃；读书要能吃苦，学会坚持；读书要结合实际，学会运用。

学习不仅仅局限于读书。世界上的人和事，自然界的山和水，只要用心观察和思考，都可以从中学到不少知识和哲理。"世事洞明皆学问，人情练达即文章。"社会就是一个能够培养人的聪明才智、赋予人的生存发展能力的大学校。自然界的山山水水，虫草花石，飞禽走兽，也能给人以知识和智慧。

书是作者汲取了外部世界的见闻，把个人的感知经过摘取、整理、编排、提炼，再用文字的形式表达出来的精华。从外部世界进入作者心灵深处的是原始的、零碎的、粗糙的景和物、人和事；从作者心中迸发出来的是经过去粗取精、去伪存真、由表及里、由浅入深的思想、理念、观点。吸进去的是历史和现实生活中杂乱无章的琐事见闻，呼出来的是指引现实和未来、条理分明的精神。就如蜜蜂酿蜜一般，蜜蜂从自己经过的田野花丛中采集各种各样的花粉，通过自己的吸收、消化、加工，取出百花的精华，最终酿造成蜜，使蜜比花的味道更醇真。

书籍记载了数千年来人们对人生、社会、自然和历史的思索、感悟，是凝聚人类智慧的结晶。吸收前人的思想营养，借鉴历史的成功经验，可以使人们眼睛更明亮，心胸更宽广，前进的脚步更有力量。

我国优秀传统文化博大精深、源远流长，是我们中华民族的根和魂，是一代传一代的文化遗产，是凝心聚力、振兴中华的精神力量，也是战胜自我、完善自我、发展自我的导师，是引导人们成就事业、开启致富大门的金钥匙。

《吕氏春秋》说："天生人也，而使其耳可以闻，不学，其闻不若聋；使其目可以见，不学，其见不若盲；使其口可以言，不学，其言不若爽；使其心可以知，不学，其知不若狂。故凡学，非能益也，达天性也。能全天之所生而勿败之，是谓善学。"天地造就了人，使其耳可以听，不学，其听不如聋；使其眼可以见，不学，其见不如瞎；使其口可以说，不学，其说不如哑；使其心可以智，不学，其智不如愚。因此，凡是学习，不仅能使人增长聪明才智，而且可以使人通达天性；能全面实现天赋予人的各种本能，使之不致残败，就是善学。

读书虽然不可能把每个人带上幸福生活的巅峰，但是至少可以提示我们避免跌入社会生活的谷底。

汉代董仲舒说："君子不学，不成其德。"

《荀子》说："学者非必为仕，而仕者必为学。"

《宋史全文》记载："赵普初以吏道闻，寡学术。上每劝以读书，普遂手不释卷。上性严重寡言，独喜观书，虽在军中，手不释卷。闻人间有奇书，不吝千金购之。显德中，从世宗平淮甸，或僭上于世宗曰：'赵某下寿州，私所载凡数车，皆重货也。'世宗遣使验之，尽发笼箧，唯书数千卷，无他物。世宗亟召上谕曰：'卿方为朕作将帅，辟封疆，当务坚甲利兵，何用书为？'上顿首曰：'臣无奇谋上赞圣德，滥膺寄任，常恐不逮，所以聚书欲广闻见，增智虑也。'"

赵普刚入政坛之时，文化功底并不深厚，赵匡胤几次劝其要多读书，于是赵普手不释卷。赵匡胤性格沉默寡言，唯独喜欢看书，虽在军旅生活，常常也是手不离书。只要听说民间有奇书，不惜重金也要购买。后周显德年间，跟随世宗柴荣打淮甸，有人向世宗诬告说："赵匡胤打下寿州，私自运了数车东西，都是贵重货物。"世宗派人查验，发现尽是一些箱子，装有各种书籍几千卷，没有其他的物件。世宗召见赵匡胤说："你为我作将帅，奋战疆场，当理军中事务，为什么要用那么些书呢？"赵匡胤磕头回答说："我没有什么智慧颂扬圣上德行，能力弱且荣居高位，常常惶恐不能胜任，所以收集一些书籍，想拓展自己见闻，增强知识、智慧、谋略罢了。"

赵匡胤之所以能在五代十国末期的战乱中崛起，力败群雄，一平天下，建立宋王朝，至少具备以下三个不可忽略的重要因素：

一是在于天时赋命。从唐朝灭亡到宋朝建国，其间经历了漫长的腥风血雨，五代十国先后建立，相互残杀，整个中华大地没有一时一刻、一尺一寸安宁的净土，处处战火，时时抢夺，尸横遍野，国无宁日，民不聊生。赵匡胤能在这样一片战火烧焦的大地上举起统一的大旗，顺应了人民的呼声，顺应了历史的必然。

二是在于将帅拥戴。石守信、高怀德、王审琦、张令铎，都是在赵匡胤的率领下，历经多年战火磨难逐步成长起来的虎将。他们需要有人带着自己奋斗打出一个属于自己的江山。所以，战争的硝烟还未熄灭，这些将帅就迫不及待地把皇袍披到了赵匡胤的身上。

三是在于自身品质。赵匡胤能在战争环境下手不释卷，每到一地都能不惜重金收买有用书籍，靠着优秀的历史文化不断提升自己的才智和统率能力，使自己能在战乱之际力挽狂澜，关键时刻抓住时机，为自己登上宋朝皇位奠定了良好的基础。

汉朝刘向在《说苑·建本》中记叙了盲乐师师旷关于学习的一段论述："晋平公问于师旷曰：'吾年七十，欲学恐已暮矣。'师旷曰：'何不秉烛乎？'平公曰：'安有为人臣而戏其君乎？'师旷曰：'盲臣安敢戏其君乎？臣闻之：少而好学，如日出之阳；壮而好学，如日中之光；老而好学，如炳烛之明。炳烛之明，孰与昧行乎？'平公曰：'善哉！'"有一天，晋平公同著名的盲乐师师旷闲谈，说到学习话题时，晋平公叹了口气说："我年已七十，还想学点东西，但又恐怕时间太晚了。"师旷说："您为什么不点起蜡烛呢？"平公说："你身为臣子，怎么可以戏弄国君？"师旷连忙起身拜道："臣下怎敢取笑国君？只是我听说，一个人在少年时好学，如同初升的太阳那样，光辉灿烂；壮年时好学，就像是中午的阳光，光照强烈；老年时好学，就像蜡烛的光亮，烛光虽然有限，但是总比在黑暗中摸索行路要好多了。"平公听了非常高兴，连声说："说得好啊！"学无止境。终身学习，终身受益。少年时代注重学习，就像初升的太阳，光辉灿烂地照亮人生路程；中年时注重学习，就会指引自己事业生活如日中天，蒸蒸日上；老年时注重学习，可以使人避免在黑暗中徘徊，认清时势，保证晚年平安。

《颜氏家训》是南北朝时文学家颜之推所作，在中国影响深远，被称为古代家训专著的鼻祖。生逢乱世的颜之推在家训中表达了这样一种生存智慧："父兄不可常依，乡国不可常保。一旦流离，无人庇阴，当自求诸身耳。"只有自我是最靠得住的，而自我依靠的底气源于读书。颜之推说："夫明《六经》之指，涉百家之书，纵不能增益德行，敦厉风俗，犹为一艺，得以自资。父兄不可常依，乡国不可常保，一旦流离，无人庇荫，当自求诸身耳。谚曰：'积财千万，不如薄伎在身。'伎之易习而可贵者，无过读书也。世人不问愚智，皆欲识人之多，见事之广，而不肯读书，是犹求饱而懒营馔，欲暖而惰裁衣也。夫读书之人，自羲、农已来，宇宙之下，凡识几人，凡见几事，生民之成败好恶，固不足论，天地所不能藏，鬼神所不能隐也。"通晓六经的要旨，涉猎百家的学说，即便不能提高个人道德修养，促进社会风俗移易，但也不失为一种技艺，可用以自我谋生。父兄不能永远依赖，家国也不能常保无事。一旦漂泊流离，没有庇护，那就只能自己设法生存了。谚语说：积累万贯资产，不如掌握绵薄的技艺在身。容易学习而又可以摆脱贫贱的才能，莫过于读书。世人不管愚笨还是聪明，都想多结识一些人，多见识一些事，而不肯好好读书，这就像希求吃饱而懒得做饭，希求温暖却懒得制衣一样。

那些读书之人，从远古的伏羲、神农以来，在这广阔的天地，能认识多少人？能经历多少事？但是只要读好书，天下生民的成败好恶却都能把握得很清楚，天地掩藏不住，鬼神隐瞒不了。

"夫学者犹种树也，春玩其华，秋登其实。讲论文章，春华也；修身利行，秋实也。"

"然人有坎壈，失于盛年，犹当晚学，不可自弃。孔子云：'五十以学《易》，可以无大过矣。'魏武、袁遗，老而弥笃，此皆少学而至老不倦也。曾子七十乃学，名闻天下；荀卿五十，始来游学，犹为硕儒；公孙弘四十余，方读《春秋》，以此遂登丞相；朱云亦四十，始学《易》《论语》；皇甫谧二十，始受《孝经》《论语》；皆终成大儒，此并早迷而晚寤也。世人婚冠未学，便称迟暮，因循面墙，亦为愚尔。幼而学者，如日出之光；老而学者，如秉烛夜行，犹贤乎瞑目而无见者也。"

人会有困顿不得志而壮年失学，更应该在晚年抓紧时间学习，不可以自己放弃。孔子就曾说过："五十岁来学《易》可以没有大过失。"曹操、袁遗到老的时候更加专心致志地学习；这都是从小学习到老仍不厌倦的例子。曾参七十岁仍坚持学习，故而名闻天下；荀卿五十岁还在游学，最后成为儒家大师；公孙弘四十多岁开始读《春秋》，因此当上丞相；朱云也是四十岁才学《易》《论语》，皇甫谧二十岁就开始学《孝经》《论语》，都终于成为儒学大师；这都是早年痴迷学习而晚年醒悟的例子。世人到二三十岁婚冠之年还未开始学习，就自以为太晚了，因循保守而失学，也太愚蠢了。幼年学习像太阳刚升起的光芒；老年学习的，像夜里走路拿着蜡烛，总比闭上眼睛什么也看不见要好。

"金玉之磨莹，自美其矿璞，木石之段块，自丑其雕刻；安可言木石之雕刻乃胜金玉之矿璞哉？不得以有学之贫贱，比于无学之富贵也。"

一部家训，一而再、再而三地强调读书学习，足以说明历史上的贤达之士是何等重视家庭子女的文化教育。中华传统文化正是有千千万万的颜之推把读书学习作为传家法宝代代相传，才有今天中华文化的生生不息，永保璀璨的光华。

读书要有选择，学会取舍。

孔子是我国春秋末期的一位伟大的思想家、政治家、教育家，儒家学说的创始人。曾任鲁国司寇，摄行相事。后又致力教育，主张有教无类、因材施教，并有"学而不厌、诲人不倦"的精神，相传弟子三千，其中著名的有七十余人。他整理《诗》《书》等古代文献，并把鲁史官所记《春秋》加以删修，成为我国第一部编年体的历史著作。孔子及孔门弟子创立的儒家学说在中国历史上影响极大，几千年的中国封建社会一直把孔子尊为"圣人"。

孔子说："吾尝终日不食，终夜不寝，以思，无益，不如学也。"我曾经整日不吃，整夜不睡，冥思苦想，没有什么用处，还不如去读书学习。孔子还说："学如不及，犹恐失之。"做学问就好像是追赶什么，生怕追不上；追上了，又生怕丢失它。孔子是用自己切身的经历告诫世人看书学习的重要性。

《礼记·学记》中也曾讲到："玉不琢，不成器；人不学，不知道。是故古之王者建国君民，教学为先。"玉不雕琢，不能成为器物；人不学习，不能懂得事理。所以古时候的君王建立国家管理民众，都是把教学摆在最首要的位置。

"是故学然后知不足"。学习之后就会发现自身存有许多不足之处。

战国时期的荀况说："故木受绳则直，金就砺则利，君子博学而日参省乎己，则知明而行无过矣。"木材使用绳墨才能斫削平直，金属只有经过磨砺才会锋利，君子只有博学而且每天参照检查自己，才能明白事理，使自己的行为没有过失。荀子在《劝学篇》还讲到："吾尝终日而思矣，不如须臾之所学也；吾尝跂而望矣，不如登高之博见也。"我曾整天地思考，也不如片刻看书学习的功效；我曾踮起脚要望远，也不如登上高处所望见东西之多。

三国时期蜀汉政治家、军事家诸葛亮，刘备称帝时任丞相。人们都说："三个臭皮匠，顶个诸葛亮。"在世人的心目中，诸葛亮是聪明、智慧的形象代表。正是这位聪明睿智的诸葛亮生前告诫子孙说："非学无以广才，非志无以成学。"不读书学习就不能广博自身的才干，没有志向就不能使自己学有成就。诸葛亮是勉励自己的子孙要从看书学习入手，才能立志成才。

历史是现实的过去，现实是历史的未来。现实的成就是在前人功绩的基础上创造的；现实的社会问题也有历史的根源。东汉唯物主义哲学家、《论衡》的作者王充讲："不览古今，论事不实。"不认识历史与现实的联系，研究讨论的问题都不实在。

唐太宗李世民也说："夫不学则不明古道，而能政致太平者未之有也！"如果不学习，就不明白古人的治国之道，不这样而能使政权致天下太平的是从来没有过的。以古鉴今，借鉴历史的经验解决现实问题，可以使人们吸取历史的教训，少走不少弯路。借鉴历史，必须学习历史，多读书。

学习是我们认识世界、融入社会、选择正确人生道路的首选路径，是我们开发智力、增强思辨能力、提升人格品位、完善发展自我的智力投资。

古人都是劝诫人们要多读书，多学习。然而人不学不行，什么都学也不可行。战国时期的庄周就曾说过："吾生也有涯，而知也无涯。以有涯随无涯，殆已！"我的人生有极限，而知识的海洋则没有边际，用有限的生命追赶无限的学识，几乎是不可能的。正因为如此，虽然开卷有益，不论读什么书都会对人有不同程度的帮助、教育作用，但是什么书都读也不可行，必须有所选择，有所取舍。有所不为，是为了更有效地有所为；有些书舍弃不读，是为了把那些更优秀更经典的书籍读得更好、更有成效。

读书要开动脑筋，学会思考。

南宋哲学家、教育家朱熹，在哲学上发展了二程关于理气关系的学说，集理学之大成，建立了一个完整的客观唯心主义的理学体系，世称"程朱学派"。他从事教育五十余年。认为"为学之道，莫先于穷理；穷理之要，必在于读书；读书之法，莫贵于循序而致精；而致精之本，则又在于居敬而持志。"他认为，做学问的方法，没有不是首先弄通事理；弄通事理的重要方法，必然在于读书；读书的方法，贵在循序渐进而且达到精通；而要达到精通的根本，则又在于怀有恭敬的心态而且要持志以恒。朱熹还告诫人们："读书有三到，谓：心到、眼到、口到。三到之中，心到最紧。心既到矣，眼、口岂不到乎？"读书要做到三到，即心到、眼到、口到。在这三到之中，心到是最重要最要紧的。心既然到了，眼睛、嘴巴怎么会不到呢？

孔子说："学而不思则罔，思而不学则殆。"只读书而不思考，就会使人迷惘；只思考而不读书，就会使人产生疑惑。

孔子和朱熹都是历史上著名的教育家，他们共同强调学习要用心、要思考。实践告诉我们，书本上的任何一个观点，都只不过是作者观察问题的一条思路、一种认识，你可以沿着这条思路自己去想，也可以围绕同一问题寻找另外一条思路去探索，用自己新的思路、新的方法探寻新的结论。

苏东坡游庐山时给世人留下一句非常精辟的论述："横看成岭侧成峰，远近高低各不同。"站在不同角度看庐山，给人的感觉都是不相同的。观察一座静止不变的山都可以得出许多不一样的观点，观察复杂多变的社会现象、社会问题，出现多种看法、多种解析也就不难理解了。就像一道复杂的数学题会有几种不同的解法一样，每一个社会问题，因为政治立场、观察角度、视野、思维方式不同，都会出现许多不同的结论和观点。

书上的观点，只是作者站在自己的角度、以自己的思维逻辑、学识视野针对某一问题的一种看法，你不妨有自己的看法、自己的见解，这样就会有自己的独知独见。

"读书无论资性高低，但能勤学好问，凡事思一个所以然，自有义理贯通之日"。读书不论天性高低，只要能够勤学好问，凡事想一个所以然，必然会有义理融会贯通的日子。

一个人从接受知识到掌握知识、运用知识，实际上就是一个学、记、思、用的过程。学、记都是接受别人的观点，思考和运用，则是把别人传授的知识转化为自己的智慧，把别人创立的理论转化为自己的实践。学习而不思考，囫囵吞枣，就只能知其然而不知其所以然，运用也只是照搬照套，既没有发展，也谈不上创新。

书是教人学问，教人智慧，教人高尚的。可是有的人读书越多人越傻。为什么读书会使某些人蠢钝呢？因为书与实践、与现实、与生活之间，客观上存在着一定的距离。书只能讲以前发生的人和事，现实是当下发生的人和事，现实的事物、情景、问题、矛盾，任何书上都是找不到的，书对现实而言，具有相对的滞后性，有一个时间差。书上的语言都经过过滤、修饰、提炼，生活中有些事、有些话是上不了书的，书是源于生活、高于生活。所以孔子说："书不尽言，言不尽意。"书本不能穷尽人们的语言，语言不能完全表达人们的心意。另外，由于文字表述的局限，人在生活中有些事，有些高妙、精微的感觉感知，只能靠人的意识去领会、感悟，正可谓只可意会，不能言传。例如学习方言和外语，主要不能依靠书本的教学，而要靠在实践中摸索、体会，要靠日常的口语练习，要靠实际的与人会话。只信书，只会照搬照套，必然会在现实生活中碰壁。

书读多了，你可能还会发现，对于同一个问题，会出现截然不同的对立观点。譬如说吃鸡蛋，有的学者说吃鸡蛋对人身体怎么怎么不利健康，有的学者又说吃鸡蛋对人身体怎么怎么有益处。这时你就要分析、思考，不能盲目断定谁是谁非。要在思考中分辨出他们各自的观点是站在什么角度、针对什么问题而言，立足点对不对，分析的思维逻辑对不对，证明的依据是不是充分合理。任何观点都有一个特指对象、特定范围、特定条件。把对象、范围、条件扩大化，真理也会变成谬误。读书没有思考，没有分辨能力，什么观点都全盘接收，到头来相互矛盾的观点一个一个塞进你的脑子里，你就可能会无所适从，不知所措，书读得越多越迷茫，越读人越傻。

独立思考和知识积累是一种互为因果的关系。独立思考可以帮助我们深化知识层面，加深对所学知识的理解，提升对所学知识的认识高度。知识是帮助我们正确理智独立思考的必要基础条件，没有丰富的知识积累，就不能进行正确有效的独立思考。

读书学习需要独立思考，做人做事同样需要独立思考。一个人如果没有独立思考的能力，没有独立的主见，只会鹦鹉学舌，只会模仿跟风，只会盲目顺从，那你就永远只有走别人踩出的路，在新开辟的道路中永远没有你踩出的第一趟脚印。

读书要有分析，学会扬弃。

战国时期的思想家、政治家、教育家孟轲，受业于子思的门人，一度曾任齐宣王客卿，因主张不见采用，退而与弟子万章等人著书立说。他提出"民贵君轻"的思想，政治上主张"行仁政"，恢复井田制度，省刑薄赋；认为人性生来是善的，具有仁、义、礼、智等天赋道德意识；强调人的主观精神作用，"浩然正气"至大至刚，在儒家哲学中形成一个唯心主义的理论体系。人们把孟子理论与孔子学说联系在一起，统称为"孔孟之道"；孟子被认为是孔子学说的继承者，有"亚圣"之称，足见其在儒家学说中的地位、作用和影响。

孟子说："尽信书，则不如无书。"孟子这句具有超凡的理论胆识和魄力的重要论断，是在清晰地提醒人们，我们在读书的时候，对于书上记叙的人物、事件、故事、言论、观点，都要有一个正确的分析、判断，要有自己的见解，不能书上说什么你就信什么，百分之百全盘接收。是非不分、良莠不辨、真伪不识，那就真的读书还不如不读书了。

"《诗》曰：'如切如磋，如琢如磨。'谓学问也。"切切磋磋，琢琢磨磨，切削了再锉平，雕刻了再磨光，这就叫作学问。

五千年的中国传统文化，由于历史条件的制约，不可能不打上不同历史时期的烙印。肯定一切或者否定一切，都不是我们应有的态度。对于传统文化墨守成规，是古非今是错误的；割断历史，全盘否定当然也不对。正确的态度应该是坚持古为今用、推陈出新，吸取精华、去其糟粕，在分析中继承，在继承中创新。我们只有在学习的过程中，把传统文化中能够培育我们中华儿女道德情操、精神追求、人生价值的优秀基因同现代文明建设有机地结合起来，才能使之成为我们当今实现民族复兴伟大事业强大的精神力量。

我们只有在学习中坚持独立思考，用分析批判的态度分辨出精华与糟粕，吸取真知、真理和先进科学技术的营养，抵制精神垃圾、文化糟粕的辐射毒害，并与自己的生活、事业实际结合起来，从中找出对身心健康有利、对事业发展有益的结合点、联系点，才能创造出自己的独知、独见、独技、独能，而不被书中的文字所束缚，成为书本的奴隶。

读书要能吃苦，学会坚持。

"在科学上没有平坦的大道，只有不畏劳苦沿着陡峭山路攀登的人，才有希望到达光辉的顶点。"这是全世界无产阶级的伟大导师和领袖、马克思主义的创始人马克思告诫人们刻苦治学的一句至理名言。

"攻城不怕坚，攻书莫畏难。科学有险阻，苦战能过关。"这是叶剑英元帅勉励人们要像战争年代攻城那样刻苦攻读。

"学不厌，智也；教不倦，仁也。"学习不知满足，这是智的表现；教人不嫌疲劳，这是仁的表现。

"读书百遍，其义自见。"读书有个百把遍，其中的含义也就自然能够理解了。

唐代颜真卿在《劝学》中说："三更灯火五更鸡，正是男儿读书时。黑发不知勤学早，白首方悔读书迟。"三更的烛光五更的鸡鸣，正是男儿读书的好时候。年轻时不懂得珍惜时光趁早勤奋学习，到老了头发花白就会悔恨读书读得太晚。

唐代杜甫在《江上值水如海势聊短述》中说："为人性僻耽佳句，语不惊人死不休。"我这个人性情怪僻，酷爱绝佳词句，说出去的话达不到惊人的地步死也不甘休。他在《奉赠韦左丞丈二十二韵》中说："读书破万卷，下笔如有神。"读书翻破了万卷，写作下笔时就像有神灵指点一般通达流畅、意气尽发。

颜真卿，唐代书法家，进士出身，官至吏部尚书、太子太师，封鲁郡公。其书法人称"颜体"，对后世影响很大。杜甫，唐代大诗人，自幼好学，知识渊博，对政治很有抱负，官至左拾遗。其诗善于选择具有普遍意义的社会题材，反映当时政治腐败。在艺术上，风格多样，语言精练，具有高度的表达能力，成为我国古代诗歌的现实主义高峰。颜真卿的书法是前无古人，杜甫的诗歌是登峰造极，两位唐代的文化巨匠一致强调做人要刻苦读书，可见学习不刻苦、不下一点苦功夫是不行的。

"三更灯火五更鸡"，是下苦功夫。"读书破万卷"，是下苦功夫。颜真卿"三更灯火五更鸡"的苦学，成就了世代相传的"颜体"；杜甫"读书破万卷"的攻读，磨砺出"下笔如有神"的神功。不下苦功，就没有历史传颂的

"颜体"；不下苦功，就没有世代高歌的杜甫诗篇。做学问是凭着真功夫、硬本领，容不得半点懒惰和掺假。从学术成果的高低，就能看出作者用功的深浅。功夫越深，成果必然就越大。

宋代苏轼在《稼说·送张琥》中说："博观而约取，厚积而薄发。"对事物多观察就能简约吸取其精华，对知识需厚积则可选优予以应用。

"毛羽不丰满者，不可以高飞；文章不成者，不可以诛罚；道德不厚者，不可以使民；政教不顺者，不可以烦大臣。"秦惠王说：毛羽尚不丰满的幼鸟，不可以高飞；法制不能健全的国家，不可以实行赏罚；道德不高尚的人，不可以管理民众；政教不上轨道的君王，不能拿战争来烦大臣。

古代先贤不仅劝诫人们要下苦功读好书、多读书，而且在实践中也是身体力行，率先垂范，为我们树立了治学的榜样。

"孔子晚而喜《易》，……读《易》，韦编三绝"。这是司马迁在《史记》中记叙孔子治学的刻苦精神。是说孔子晚年喜爱读《易》，在读书的过程中，因为反复翻阅，反复琢磨，把编竹简的牛皮都磨断了三次。被世人尊为"圣人"的孔夫子，孟子说他是"出于其类，拔乎其萃。自生民以来，未有盛于孔子也。"孔子远远超过了他的同类，大大高出了他同期生长的人群。自有人类以来，没有哪一个人能像孔子那样伟大。但孔子却自我评价说："吾十有五而志于学，三十而立，四十而不惑，五十而知天命，六十而耳顺，七十而从心所欲，不逾矩。"为什么孔子在年轻时代不能"知天命""不逾矩"？说明"圣人"也是需要不断学习、不断提高的，是"十有五而志于学"的结果。孔子博古通今的大学问，也是在严谨治学、刻苦攻读的过程中得来的。司马迁是在告诉世人，一代"圣人"孔夫子，不愧是世人治学的典范、为人的师表。

明陈仁锡《潜确居类书》卷六十记载："李白少读书，未成，弃去。道逢老妪磨杵。白问其故。曰：'欲作针。'白感其言，遂卒业。"是说李白少年时候读书，书未读好就跑到外面玩去了。途中碰到一个老太婆在磨一根铁棒。李白问她："你磨铁棒想做什么用呢？"老太婆说："我想把它磨成一根针。"李白被她的言行感悟了，于是返回家中坚持完成了全部学业，成了历史上享有盛名的伟大诗人。功夫不负有心人，任何事情的成功，都在于坚持不懈的努力。

读书要结合实际，学会运用。

毛泽东说："对于马克思主义的理论，要能够精通它、应用它，精通的目的全在于应用。"读书学习的目的，不是为了做给别人看，而是为了提升自身素养，约束自身行为，指导自身的工作和事业。

知识的价值不在于占有，而在于应用。知而不能行，只是知得浅。"学而不能行谓之病。"

宋代陆游在《冬夜读书示子聿》中说："古人学问无遗力，少壮功夫老始成。纸上得来终觉浅，绝知此事要躬行。"

知和行的关系，行是知之始，知是行之成。行可兼知，而知并不兼行。所以墨子讲："士虽有学，而行为本焉。"墨子是把行作为学的出发点和落脚点，作为学的根本问题来看待。

《中庸》讲："博学之，审问之，慎思之，明辨之，笃行之。"广泛地加以学习，详细地加以求教，缜密地加以思考，明确地加以辨别，踏实地加以实行。《中庸》是把"博学"作为学习过程的开端，学习的最终结尾还是要落实在"笃行"上。

荀况、朱熹也都强调了学用结合、学为所用。

"不闻不若闻之，闻之不若见之，见之不若知之，知之不若行之。"没有听到不如亲耳听到，亲耳听到不如亲眼见到，亲眼见到不如弄懂了事理，弄懂了事理不如在实践中运用。

"学之之博，未若知之之要；知之之要，未若行之之实。"学习的广博，不如弄懂事物的道理重要；弄懂事物的道理，不如付诸实际行动。

干得好，首先必须要学得好；但是学得好，不一定就能干得好。每一个在事业上有所成就的企业家、科学家、军事家、教育家、艺术家，都是从善于学习起步，可以说这是毫无例外的规律。

"凡贯通者，贵其能用之也，即徒诵读，读诗讽术虽千篇以上，鹦鹉能言之类也。"大凡在学习中看重其所学知识都要能够在实践中运用，如果只是停留在会诵读上，不论是诗词歌赋或是其他科类的书，哪怕读了千篇以上，不加应用，也只不过是鹦鹉学舌之类而已。

《晏子春秋·内篇·杂上第五》记载："景公游于纪，得金壶，（乃）发〔而〕视之，中有丹书，曰：'（食鱼无反）〔无食反鱼〕，勿乘驽马。'公曰：'善哉！（知苦）〔如若〕言，食鱼无反，则恶其鳈也；勿乘驽马，恶其（取道不远）〔不远其道〕也。'晏子对曰：'不然。食鱼无反，毋尽民力乎！勿乘驽马，则无置不肖于侧乎！'公曰：'纪有书，何以亡也？'晏子对曰：'有以亡也。晏闻之，君子有道，悬于闾；纪有此言，注之壶，不亡何待乎！'"

齐景公在纪地巡游，有一天发现了一只金壶，打开一看，里面有用红笔写成的八个字："食鱼无反，勿乘驽马。"吃鱼只吃一面，不要翻过来吃；骑马不要骑能力低下的马。景公说："对啊，确实如此。吃鱼只吃一面，是因为讨厌它的腥味；不能骑能力低下的马，是因为它不能走得很远。"晏子对景公说："不只是这个意思，不吃翻身鱼，不是告诫人们勿贪，不要耗尽民力吗？不骑能力低下的马，不也是喻指不能容忍道德低下和能力低微的人在君王身边弄权吗？"景公说："既然纪国有这么好的国书，那又为什么会亡国呢？"晏子说："其亡国是有原因的。我听说国家的法律、法令都应该悬挂在大街小巷，以便民众知晓，认真贯彻落实；而纪国虽然有着这样好的国书，却把它放在金壶中，这样还能不亡国吗？一部好的法令、制度，只有在实践中认真执行，才能显现其功效和威力。如果只是把它束之高阁，并不实行，哪怕是再好的法令、制度，也只会变成一纸空文。"

《战国策·秦策》讲述了一个苏秦刻苦读书、学以致用的故事。苏秦始将连横说秦惠王，舌敝耳聋，不见成功。"乃夜发书，陈箧数十，得太公阴符之谋，伏而诵之，简练以为揣摩。读书欲睡，引锥自刺其股，血流至足。""期年揣摩成，见说赵王，赵王大说，封为武安君，受相印。苏秦相于赵，诸侯相亲，贤于兄弟，山东之国，从风而服，使赵大重。"苏秦起初以连横说游说秦惠王，不见成功。在受到挫折后，急忙回到家中，在深夜把书箱中的几十部书捡了出来，找到姜太公的名叫"阴符"这部谈论兵法的书后，就连夜读了起来。他一边看书，一边揣摩时势，简择熟练，到疲倦至极很想睡觉时，就拿起锥子刺破大腿皮肉，腿上的鲜血流淌到了自己的脚边。隔了一年，苏秦揣摩已成，就去游说赵王。赵王听了苏秦的谈论心中大悦，封苏秦为武安君，授予相印。苏秦当了赵国丞相后，继续游说各国，使得各诸侯比兄弟关系还要好。山东六国于是推尊赵国做了合纵联盟的盟主。苏秦在自己的事业受到挫折后，没有气馁，而是静下心来刻苦攻读，从书中受到启发后再用于指导实践，最后使合纵联盟成功，实现了自己的理想和志愿。

学习就是智力投资，事业有成则是智力投资的回报。大志非才不就，大才非学不成。大的志向没有相应的才智便不能成就，超人的才智没有刻苦的学习也不能成功。干大事业，谋大发展，都必须有大投资、大学问，要有比凡人更加广博精深的知识积累。读书越多，获得的信息量就越大，知识面就越广，把握的科学技术就越尖端。具有博大精深的文化涵养，必然会在事业上获得硕果累累的回报。

人要不断完善自我、提升自我、战胜自我的有效方法就是学习。当今时代是要求人们必须终生注重学习的时代。世界政治多极化和经济发展全球化的新趋势，科技进步和知识经济迅猛发展的新态势，市场经济商业竞争日渐激烈的新形势，都对当代人们的学习提出了更新、更高、更急、更严的要求。不加倍努力地学习，何以立身生存？何以适应潮流？何以担当使命？只有学习，发奋地学习，才能唤醒自身觉悟，点燃内心激情，激发内在动力，发掘自身潜能，创造精彩人生。谁不想虚度一辈子，就要学习一辈子。

学习不仅仅局限于读书。世界上的人和事，自然界的山和水，只要用心观察和思考，都可以从中学到不少知识和哲理。

曹雪芹在《红楼梦》中给我们留下了一个闪光的金句："世事洞明皆学问，人情练达即文章。"人世间的事情，只要细心洞察，明白个中曲直，都是学问，都可以给人们以思想启迪。

人类社会就是一个能够培养人的聪明才智、赋予人的生存发展能力的大学校。古往今来的分分合合、恩怨情仇、贫富贤愚变化万千。杂乱纷呈的世界看起来都是个别的偶然发生的人和事，但在这些偶发的事件中，深层次都有其必然性，有其因果关联，有其思想理论根源。

《淮南子》指出："狂者东走，逐者亦东走，东走则同，所以东走则异。溺者入水，拯之者亦入水，入水则同，所以入水者则异。"

"人有盗而富者，富者未必盗。有廉而贫者，贫者未必廉。"

《吕氏春秋》强调："凡物之然也，必有故。而不知其故，虽当，与不知同"。

《史记》中讲到："跖之狗吠尧，尧非不仁，狗因吠非其主。"

《战国策·楚策一》记载："虎求百兽而食之，得狐。狐曰：'子无敢食我也。天帝使我长百兽，今子食我，是逆天帝命也。子以我为不信，吾为子先行，子随我后，观百兽之见我而敢不走乎？'虎以为然，故遂与之行。兽见之皆走。虎不知兽畏己而走也，以为畏狐也。"

山中老虎寻找各种野兽来吃，得到一只狐狸。狐狸说："你可不能吃我啊，我是上天派来做百兽的首领，今天你要是吃了我，就是违抗天帝之命。如果不信我的话，我在前面走，你在后面跟着，看看百兽见了我敢有不跑掉的吗？"老虎听后将信将疑，就与狐狸同行。野兽见了它们，果然都跑远了。老虎不知道野兽是害怕自己才跑的，以为是害怕狐狸。

狐假虎威在现今的人类社会生活中其实也不少见。

古人这些论述告诉我们，遇事都要有个分析，知其然，还要知其所以然。分析就是为了分清真伪，明白事理。能在分析中辨明是非，领悟出道理，就是一个大学问。

"以敌为师"也是人们在社会实践活动中一个不可忽略的学习内容。在经济活动中善于学习竞争对手，包括经营理念、经营方略、产品性价比的优势，以彼之长补己之短，就能赢得竞争的主动。在军事活动中善于学习战争对手，包括战略战术思想、作战经验、武器装备性能，以敌之长补我之短，就能为未来战争增添一分胜利的把握。由于我国科技水平、工业化水平相较西方发达国家都还存在不小差距，导致我军的武器装备并未占有明显优势。几十年来，我们正是重视了学习西方发达国家的科技文化和先进的武器装备性能，借力发力，潜心借鉴，吸收他国的先进技术，改进、提升、创造自己的武器装备，才有了今天的火箭军、歼-20和品种齐全的海军战舰。只要坚持学习，坚持创新，我们就不仅可以逐步缩短与先进国家在军事上的差距，实现超越也完全是有可能的。

自然界的山山水水，虫草花石、飞禽走兽，也能给人以知识和智慧。

孔子曰："夫玉者，君子比德焉。温润而泽，仁也；栗而理，知也；坚刚而不屈，义也；廉而不刿，行也；折而不挠，勇也；瑕适并见，情也；扣之，其声清扬而远闻，其止辍然，辞也。"孔子的论叙是在告诉人们，玉这种物，好像也具有君子的德性，仁、智、义、行、勇、情、辞，都能从玉的身上领悟出来。观玉品玉，可以使人们学到许多君子的人品。"

管仲曰："夫玉之所贵者，九德出焉。夫玉温润以泽，仁也。邻以理者，知也。坚而不蹙，义也。廉而不刿，行也。鲜而不垢，洁也。折而不挠，勇也。瑕适皆见，精也。茂华光泽，并通而不相陵，容也。叩之，其音清（扬）彻远，纯而不殽，辞也。是以主人贵之，藏以为室，剖以为符瑞，九德出焉。"玉所以贵重，是因为它表现出九种品德。温润而有光泽，是它的仁。清澈而有纹理，是它的智。坚硬而不屈缩，是它的义。清正而不伤人，是它的品节。鲜明而不垢污，是它的纯洁。可折而不可屈，是它的勇。缺点与优点都可以表现在外面，是它的诚实。华美与光泽相互渗透而不互相侵犯，是它的宽容。敲击起来，其声音清扬远闻，纯而不乱，是它的有条理。所以君子总是把玉看得很贵重，收藏它作为宝贝，制造它成为符瑞，玉的九种品德全都表现出来了。

孔子、管仲都谈到了玉的品质赋予人的思想启示。其实，玉只不过是这个世界万物中的一粟。金木水火土，猫狗猪牛羊，飞禽走兽鱼鳖，它们自身展现的优秀品质，它们适应环境的生存能力，它们同类真情护老哺幼的纯洁爱心，一种种，一样样，只要细心观察，用心品赏，无论是何物种，哪一样又不能给人们以深刻教益呢？

《韩非子》记叙："管仲、隰朋从〔于〕桓公〔而〕伐孤竹，春往冬反，迷惑失道。管仲曰：'老马之智可用也。'乃放老马而随之，遂得道。行山中无水，隰朋曰：'蚁冬居山之阳，夏居山之阴。蚁壤〔一〕寸而〔仞〕有水。'乃掘地，遂得水。以管仲之圣而隰朋之智，至其所不知，不难师于老马与蚁。今人不知以其愚心而师圣人之智，不亦过乎？"

管仲、隰朋跟随齐桓公去讨伐孤竹国，春季出征，冬季返回，迷失了道路。管仲说："老马的才智可以利用。"就放开老马前行，大家跟随在后，于是找到了回归的路。走到山里没有水喝，隰朋说："蚂蚁冬天居住在山的南面，夏天居住在山的北面。地上蚁封有一寸高的话，地下就会有水。"于是根据这个思路掘地，结果找到了水。凭管仲的智慧和隰朋的聪明，碰到他们不知道的，不惜向老马和蚂蚁学习；现在的人不知道用他们的愚蠢之心去向圣人的智慧学习，难道不是一种错误吗？

"是故禹之决渎也，因水以为师；神农之播谷也，因苗以为教。"大禹治水，以水为师；神农播谷，以苗为教。古之贤能都是在实践中依据自然界物质运动、变化的规律，学习提高自身利用自然规律的能力，从而实现人类生存发展的需求。

"离离原上草，一岁一枯荣，野火烧不尽，春风吹又生。"这是唐代诗人白居易的名句，它告诉人们要学习小草坚韧顽强、不屈不挠的精神。

"未出土时先有节，及凌云处尚虚心。"作者借用竹的特性告诉人们，必须从根本上就要有做人的气节，地位显赫、位高权重也必须虚心谦下、接触地气。

"咬定青山不放松，立根原在破岩中。千磨万击还坚劲，任尔东西南北风。"郑板桥通过歌颂竹坚强的品德，引导人们学习其在大风大浪中坚定不移、敢立潮头的大无畏精神。

"千锤万凿出深山，烈火焚烧若等闲。粉身碎骨浑不怕，要留清白在人间。"于谦是借石灰冶炼的过程让人们领悟其坚定意志、坚守纯洁、乐于奉献、不怕牺牲的崇高品德。

"观朱霞，悟其明丽；观白云，悟其卷舒；观山岳，悟其灵奇；观河海，悟其浩瀚，则俯仰间皆文章也。对绿竹得其虚心；对黄华得其晚节；对松柏得其本性；对芝兰得其幽芳，则游览处皆师友也。"

真可谓是：绿竹、黄花、松柏、芝兰，竹木花草，随物静思皆学问；朱霞、白云、山岳、河海，山海云霞，俯仰用心即文章。

人谁无过，过而能改，善莫大焉

知错必纠，勇于改过，是一个人能够面对现实、严于律己的道德操守，是一个人光明磊落、无私无畏的思想展现，是一个人胸怀坦荡、向上向善的精神追求，是一个人勇于担当、敢于负责的素质彰显。人们都是在不断地否定自我、改造自我的过程中成长进步起来的。没有对自我错误的否定，就没有思想水平和工作能力的提高。

唐代大诗人李白说："且人非尧舜，谁能尽善？"人都不是尧舜，哪个能够没有过失呢？正如李白所言，凡人都会有过失，有错误。说点错话，办点错事，都是常有的事情，不可避免。

由于人的遗传基因千差万别，形成了各人不同的生理、心理特征；加之后天教育及生活环境的影响，诱发、培养了各人不同的兴趣、爱好、性格、品质和风度，所以造就了各人具有不同的长处和不足。谁都有许多过人之处，又都有不少缺陷和遗憾。优点突出的人，缺点也可能更明显。没有全优，只有较好。金无足赤，人无完人。十全十美的人是没有的。

"子列子曰：'天地无全功，圣人无全能，万物无全用。'"列子说，天地的功能无完美，圣贤的能量无全智，万物的作用无全能。

"智者千虑，必有一失；愚者千虑，必有一得。"聪明的人，思考一千个问题，必有一个失误；愚昧的人，思考一千个问题，必有一个正确。

"故愚者有所修，智者有所不足。"愚者也有其生存的技能，智者也有不足之处。

"人谁无过，过而能改，善莫大焉。"哪个人没有犯过错误呢？犯了错误能够改正，没有什么善事比这个更大的了。

“过则勿惮改。”有错就不要怕改正。

“君子以见善则迁，有过则改。”看见别人的善行，就要对照自己找出差距，学习他人的长处；自己有了过错，就要及时纠正，改掉自己的不足。

“子曰：‘过而不改，是谓过矣。’”犯了错误却不改正，这是错上加错啊。每个人都会有失败之事，失意之时。失败、失意都不可怕，可怕的是在我们失败、失意之后不能采取一种正确的心态和行动。

“人谁无过，贵能自新”。哪个人会没过错呢？可贵之处就在于能够改过自新。

“盖为人之行己，必有过差，上智下愚，俱所不免，智者改过而迁善，愚者耻过而遂非；迁善则其德日新，遂非则其恶弥积。”“窃以知过非难，改过为难；言善非难，行善为难。”作为人的言谈举止，必然会有过错，不论是聪明还是愚昧，都会在所难免。只不过是聪明人能够改正自己的过错而向善的方面转变，愚昧的人是羞于看到自己的过错而把它加以掩盖。能够改正错误的人就能使其道德日渐完善，掩盖自己过错的人就会使其过错累积变得愈加严重。发现自己的过错并不困难，困难在于知错能改。口头言善并不困难，困难在于知善行善。

“君能补过，兖不废矣。”你能补救过失，你的职权就不会被废失。

“子云：‘善则称人，过则称己，则怨益亡。’”与人共事的时候，面对成功则多看他人的功绩，碰到过错则多找自身的原因，这样就能消除他人对你的怨恨。

面对过错，有截然不同的两种态度，一种人是讳疾忌医，坚持错误不改；一种人是知错就改，能够改过自新。两种对待错误的态度，必然也有两种不同的结果：坚持错误不改的人，就像身陷沼泽泥塘，越陷越深，最后是不能自拔，身败名裂，葬送自己和自己的事业。能够迷途知返，及时改正自己错误的人，就能丢掉包袱，轻装前行。改过自新，不仅可以使自身道德、人品得到提升，同时也会促进事业发展。

“西施有所恶，而不能减其美者，美多也；嫫母有所善，而不能救其丑者，丑笃也。”

“夫人之情莫不有所短，诚其大略是也，虽有小过，不足以为累；若其大略非也，虽有闾里之行，未足大举。”“故小谨者无成功，訾行者不容于众；体大者节疏，蹠距者举远。”“自古及今，五帝三王未有能全其行者也。故

《易》曰：'小过：亨，利贞。'言人莫不有过，而不欲其大也。"

谁人没有短处，一生中能在关键时刻把握大节正确就好。如果他的大处主流是好的，即便有些小错误，也不应成为他的累赘。反之如果他的主流大节不好，就是有一些被乡邻称赞的品行，也不值得信用。

在小事小节上处处谨慎的人是不会有大作为的，而那些专爱对别人吹毛求疵的人也大都不为众人所容；身体魁梧的人骨骼自然大，腿长脚大的人步子也必定大。

从古到今，三皇五帝也没有十全十美的行为。所以《周易》上说：'小过：亨，利贞。'是说人都有过，只是不想让其大了而已。

"效小节者不能行大威，恶小耻者不能立荣名。"专心关注细枝末节的人，做不成有威望的大事；不能忍受小耻辱的人，建立不了功名和美誉。

修身并不是要求人们为了不犯错误而处处缩手缩足，事事谨小慎微；关键是要注意大节上的修养把控。不失大节，不犯大错，就是把握了做人的根本。

"得非己力，故谓之福；来不由我，故谓之祸。"得到的名利并非由于自己的努力，因此称之为福；加之于身的罪过，并非由于自己的失误造成，因此称之为祸。

"事或欲之，适足以失之；或避之，适足以就之。楚人有乘船而遇大风者，波至恐而自投于水。非不贪生而畏死也，惑于恐死而反忘生也。"有些事物一心想得到，结果却偏偏失去；有些问题想回避躲开它，却偏偏纠缠在身甩不掉。楚国有个乘船而遇大风的人，波浪袭来因恐惧丧生而投了水，并不是不想贪生而想死，只是因为恐惧死亡而惶惑，反而忘记求生。

"知者之举事也，转祸而为福，因败而成功者也。齐人紫，败素也，而贾十倍。越王勾践栖于会稽，而后残吴霸天下。此皆转祸而为福，因败而为功者也。"齐伐宋，宋急。苏秦于是写信给燕昭王指出：聪明人办事，能够变祸为福，转败为胜。比如齐国的紫色绢帛，本是由陈旧的白绢染成，但其销售价格反而提高了十倍。越王勾践曾被困在会稽山，后来却击败了强大的吴国而称霸天下。这都是变祸为福、转败为胜的事例啊。

察过知过是改过的前提。发现错误，认识错误，一是要学会自省，经常检查自身的不足；二是要善于倾听不同的声音，虚心接受他人的批评。为了能及时发现错误、认识错误，我国历史上就曾有"尧置敢谏之鼓，舜立诽谤之木，汤有司直之人，武王立戒慎之鼗，过若毫厘，而既已备之也。夫圣人之于善也，无小而不举；其于过也，无微而不改"。尧在朝廷架置大鼓，便于民众击鼓谏言；舜在交通要道树立木牌，征求民众批评意见；汤在朝廷设立敢于直言的官员，监督朝政失误；武王设立戒慎鼗鼓，警示自己谨慎防错，哪怕过错只有毫厘，都能做好纠正的准备工作。凡圣人对于所有的善事，没有因为细小而不作为；对于过错失误，不会因为微小而不改正。

"兴国之君乐闻其过，荒乱之主乐闻其誉；闻其过者过日消而福臻，闻其誉者誉日损而祸至。"兴国之君乐闻自己过失，荒乱之主喜欢听对自己的赞誉。乐闻自己过失的人，其过日渐消失，而福也会到来；喜欢听赞誉之词的人，其赞誉日渐减少而灾祸也必将到来。

"君恶闻其过，则忠化为佞；君乐闻直言，则佞化为忠。是知君者表也，臣者景也，表动则景随矣。"君主害怕听到自己的过错，就会使忠臣变为奸佞；君主喜欢听到直言，则奸佞也会变为忠臣。因君主就像地面竖立的物体一样，人臣则像物体的影子，物体正影子必然也会正；物体斜影子也会跟着斜。

《国语》记载："厉王虐，国人谤王。召公告曰：'民不堪命矣！'王怒，得卫巫，使监谤者。以告，则杀之。国人莫敢言，道路以目。……召公曰：'是障之也。防民之口，甚于防川。川壅而溃，伤人必多，民亦如之。是故为川者决之使导，为民者宣之使言。……夫民虑之于心而宣之于口，成而行之，胡可壅也？若壅其口，其与能几何？'王不听，于是国莫敢出言。三年乃流王于彘。"周朝厉王暴虐，国人指责厉王的过失。召公告诉厉王说："人民忍受不了您的政令了。"厉王大怒，找来卫国的巫师，命他监察指责者，发现指责者就将其杀死。国人没有人敢再说话，在路上相遇，相互只敢用眼看看而已。召公说："这是把民众的口都给堵住了。堵住民众之口，后果比堵塞江河还要严重。江河因堵塞而溃决，一定会淹死不少人，堵住民众之口也是这样。所以，治水的人要学会疏导排壅，吏民要懂得宣导民心让人说话。民众遇到事情都是先虑于心后说出口，如果堵住民众的嘴不让说话，那又怎么解决问题呢？"厉王不听，于是民众没人敢说话。三年之后，厉王就被流放到了彘地。

《史记》记载：秦朝末期，"当此时也，世非无深虑知化之士也，然所以不敢尽忠拂过者，秦俗多忌讳之禁，忠言未卒于口而身为戮没矣。故使天下之士，倾耳而听，重足而立，钳口而不言。是以三主失道，忠臣不敢谏，智士不敢谋，天下已乱，奸不上闻，岂不哀哉"！秦朝末年，也并不是没有能够深谋远虑改造世弊之士，然而之所以不敢尽忠指出秦皇之过，就是因为秦朝忌讳禁令太多，效忠谏言没等讲完，就已人头落地。因此使得满朝官员只能倾耳而听，叠足而立，闭口不敢说话。秦朝三代君王失道，忠臣智士不谏不谋，天下已经大乱，信息不能上传，导致秦朝灭亡，岂不令人悲哀吗？

"夫君臣非有骨肉之亲，正直之道可以得利，则臣尽力以事主；正直之道不可以得安，则臣行私以干上。"君臣之间并没有血缘之亲，正直之路如果可以得利，人臣就会尽力为朝廷服务；正直之路如果行不通，得不到安全保障，人臣就会怀私保全自己以应付君上。

"人臣死生，系人主喜怒，敢发口谏者有几！就有谏者，皆昼度夜思，朝删暮减，比得上达，什无二三。"人臣性命生死取决于皇帝的喜怒，敢于不怕死而直谏的能有几人！即便是有谏言者，也都是昼夜揣度寻思，朝删暮减，到了呈递给皇帝的时候，已是十无二三，所剩无几。

"凡臣徇国者寡，爱身者多，彼畏罪，故不言耳。"大凡朝臣以身殉国者少，惜爱生命的人多。因为害怕出言获罪，所以不敢说话。

"凡奸臣皆欲顺人主之心以取信幸之势者也。是以主有所善，臣从而誉之；主有所憎，臣因而毁之。"奸臣都是顺从人主的心意以获取宠幸。所以只要是人主所喜爱的事和物，就会大肆吹捧；人主痛恨的人和事，就会极力诋毁否定。

"昔晋平公问于叔向曰：'国家之患孰为大？'对曰：'大臣重禄不极谏，小臣畏罪不敢言，下情不上通，此患之大者。'公曰：'善。'"

善于闻过改过之君，国则兴；恶于闻过改过之君，国则败。周厉王派出打手查找诽谤之人，"以告，则杀之"；秦皇也是"忠言未卒于口而身为戮没矣"，造成了一种恐怖高压的政治生态。这样下级向上级提出批评，指出问题，成了一件非常难为之事，需要有极大的勇气、胆量，甚至牺牲精神，要有调离、降职、罢官、掉脑袋的思想准备。上级对下级压制批评，打击报复，听不得不同声音，什么事情都要一个人说了算，这种一言堂的霸王作风，必然导致政治腐败。

为了防止朝政决策发生重大过错，春秋战国时期的齐国就曾设立"大谏之官"。西汉时期也曾在朝廷专设谏大夫，东汉改称为谏议大夫，隋朝、唐朝沿袭。宋朝设谏院，左右谏议大夫为谏院之长。辽、金沿置不改，一直延续到明初。谏院、谏议大夫都是在朝廷履行监督职能，规谏朝政缺失，监督百官的任用、履职，对政府的施政措施及执行情况提出意见、建议，目的在于能够及时发现问题，及时纠正。其用意当然是为了维系封建王权的统治，但在客观上也发挥出依照法理公平公正治国的作用。

据史书记载，唐朝初期，有一次"上尝罢朝，怒曰：'会须杀此田舍翁。'后问为谁，上曰：'魏征每廷辱我。'后退，具朝服立于庭，上惊问其故。后曰：'妾闻主明臣直；今魏征直，由陛下之明故也，妾敢不贺？'上乃悦。"

有一次，唐朝皇帝李世民罢朝回到后宫，非常愤怒地说："我一定要找机会杀掉这个不懂世故的土包子。"皇后问他发怒是因为谁，李世民说："魏征每次上朝都要说些让我脸面难堪的话。"皇后退下换上朝服站立在李世民面前，李世民惊问原委，皇后说："妾闻主明则臣正直，今天有魏征敢于在朝廷直言犯圣，这是由于陛下圣明的缘故，妾怎敢不道贺呢？"李世民听后就高兴地笑了。自此之后，"中书、门下及三品以上入阁议事，皆命谏官随之，有失辄谏"。唐初自此就从制度上确立了谏官在朝廷参政议政的地位。

历朝历代的谏议大夫中影响最为深远的要数唐代政治家魏征。魏征少时孤贫落拓，出身为道士。隋末参加瓦岗起义军，李密败后降唐。战争中被窦建德所获，任起居舍人。窦建德败，入唐为太子洗马。太子李建成被杀，李世民即位，擢为谏议大夫。贞观三年任秘书监，参与朝政。后一度任侍中，封郑国公。著作有《隋书》的序论与《梁书》《陈书》《齐书》的总论，主编《群书治要》。据史书记载："太宗既诛隐太子，召征责之曰：'汝离间我兄弟，何也？'众皆为之危惧。征慷慨自若，从容对曰：'皇太子若从臣言，必无今日之祸。'太宗为之敛容，厚加礼异，擢拜谏议大夫。数引之卧内，访以政术。征雅有经国之才，性又抗直，无所屈挠。太宗每与之言，未尝不悦。征亦喜逢知己之主，竭其力用。又劳之曰：'卿所谏前后二百余事，皆称朕意，非卿忠诚奉国，何能若是？'"唐太宗李世民杀死了前太子李建成后，把魏征召唤过来责问说："你为什么要离间我们兄弟？"当时所有在场的人都为魏征担惊受怕，魏征却慷慨自若，从容地回答说："皇太子如果当初听了我的话，肯定不会有今天的杀身之祸。"太宗李世民听了后肃然起敬，对他分外以礼相待，并提升他为谏议大夫，还多次把他请进卧室，向他请教治理国家的方略。魏征素有治国的才能，性情又刚直不阿、不屈不挠，太宗每次和他交谈，从来没有不高兴的时候。魏征也庆幸遇到了赏识自己的国君，竭尽全力为太宗效劳。太宗抚慰魏征说："你所劝谏我前后共有二百余起，都符合我的心意。如果不是你忠诚为国，怎么能做到这样呢？"

魏征死，"太宗亲临恸哭，赠司空，谥曰文贞。太宗亲为制碑文，复自书于石，特赐其家食实封九百户"。"太宗后尝谓侍臣曰：'夫以铜为镜，可以正衣冠；以古为镜，可以知兴替；以人为镜，可以明得失。朕常保此三镜，以防己过。今魏征殂逝，遂亡一镜矣！'因泣下久之。乃诏曰：'昔惟魏征，每显予过。自其逝也，虽过莫彰。朕岂独有非于往时，而皆是于兹日？故亦庶僚苟顺，难触龙鳞者欤！所以虚己外求，披迷内省。言而不用，朕所甘心。用而不言，谁之责也？自斯已后，各悉乃诚。若有是非，直言无隐。'"魏征病逝，太宗亲自到他的灵柩前痛哭，追封他为司空，赐谥号曰"文贞"，并亲自为他撰写碑文，而且还亲笔书写在石碑上。特别赐给魏征亲属食实封九百户。太宗后来曾对身边的大臣说："用铜来做镜子，可以端正衣冠；用历史来做镜子，可以知道朝代的兴衰更替；用人来做镜子，可以明白自己的得失。我经常注意保持这三面镜子，用来防止自己的过失。如今魏征去世，使我损失掉了一面镜子啊！因此伤心得哭了很久。"于是太宗下诏说："过去只有魏征能经常指出我的过失，自从他去世以后，我虽有过失，却没有人公开指出了。难道我只在过去有错误，而今天做事都是正确的吗？显然是臣民对我苟且顺从，不敢来触犯龙鳞吧！因此我虚心征求他人意见，用以排除假象，反省自身，即便是所提意见我没有采纳，我愿意承担责任。如果我准备接纳规谏而你们却不进言，这个责任谁来承担呢？从今以后，大家都要竭尽忠诚，如果有不同的意见，请你们直言劝谏，不要隐瞒。"

唐代贞观年间，特别是贞观之初，恐人不言，导之使谏，这一兼听纳下的思想和行动，使得诤谏蔚然成风，形成了君臣共谋国是的良好风气，显然成为"贞观之治"中最为引人瞩目的政治生态，同时也是实现"贞观之治"的重要保证。

知错必纠，勇于改过，是一个人能够面对现实、严于律己的道德操守；是一个人光明磊落、无私无畏的思想展现，是一个人胸怀坦荡、向上向善的精神追求，是一个人勇于担当、敢于负责的素质彰显。

人们都是在不断地否定自我、改造自我的过程中成长进步起来的。没有对自我错误的否定，就没有思想水平和实际工作能力的提高，"吃一堑，长一智"说的也是这个意思。对于自身存在的过错，不论你是否觉察到，是否承认它，都是一个客观存在的现实。敢于正视它、承认它、改正它，这也是自信有力量的表现，是一种认真负责的行为。一个人纠正自己自身过错的过程，就是自我否定、自我提高、自我完善的过程。

每一件事情、每一项工作、每一个事业的成功，都需要是从规划、设计、施工到人员组织、资金筹措、技术保障，方方面面做到十分正确；而失败则仅需要百分之一的错误。任何人要想在事业上有所进步、有所成就，都必须以千分的严谨、万分的努力严格要求，而对待错误必须是零容忍。

《宋史全文》记载："（宋太祖赵匡胤）一日召赵普问曰：'天下自唐季以来，数十年间，帝王凡易八姓，战斗不息，生民涂地，其故何也？吾欲息天下之兵，建国家久长之计，其道何如？'普曰：'陛下之言及此，天地神人之福也。此非他故，方镇太重，君弱臣强而已。今所以治之亦无他奇巧，惟稍夺其权，制其钱谷，收其精兵，则天下自安矣。'语未毕，上曰：'卿勿复言，吾已喻矣。'时石守信、王审琦等皆上故人，各典禁卫。普数言于上，请授以他职，上不许。普乘间即言之。上曰：'彼等必不吾叛，卿何忧？'普曰：'臣亦不忧其叛也。然熟观数人者，皆非统御才，恐不能制伏其下，则军伍间万一有作孽者，彼临时亦不得自由耳。'上悟，于是召守信等饮，酒酣，屏左右谓曰：'我非尔曹之力，不得至此。念尔曹之德，无有穷尽，然天子亦大艰难，殊不若为节度之乐。吾终夕未尝敢安枕而卧也。'守信等皆曰：'何故？'上曰：'是不难知矣。居此位者，谁不欲为之。'守信等皆顿首曰：'陛下何为出此言，今天命已定，谁敢复有异心。'上曰：'不然。汝曹虽无异心，如麾下之人欲富贵者何？一旦以黄袍加汝之身，汝虽欲不为，其可得乎。'皆顿首涕泣曰：'臣等愚不及此，惟陛下哀矜，指示可生之途。'上曰：'人生如白驹之过隙，所以好富贵者，不过多积金钱，厚自娱乐，使子孙无贫乏耳。尔曹何不释去兵权，出守大藩，择便好田宅市之，为子孙立永远不可动之业，多置歌儿舞女，日夕饮酒相欢，以终其天年。我且与尔曹约为婚姻，君臣之间两无猜疑，上下相安，不亦善乎？'皆拜谢曰：'陛下念臣等至此，所谓生死而肉骨也。'明日，皆称疾请罢。上喜，所以慰抚赐赉之甚厚。庚午，以侍卫都指挥使石守信为天平节度使，殿前副点检、忠武节度使高怀德为归德节度使，殿前都指挥使、义成节度使王审琦为忠正节度使，侍卫都虞候、镇安节度使张令铎为镇宁节度使，皆罢军职，独守信以侍卫都指挥使如故，其实兵权不在也。"

自唐朝末年到宋王朝建立，其间经历了五代十国较长时期改朝换代的战乱。宋朝刚刚建立不久，时任右谏议大夫、枢密直学士的赵普就向当朝皇帝赵匡胤提出谨防兵变的危险性。赵匡胤当时听了还不以为然，认为他待朝堂上的这些将领过去都是恩重如山，绝对不会出问题。赵普说："这些从战乱中走过来的将帅并不都是很优秀的人才。即便他们不会主动叛变，万一他们部下有人贪图富贵，把黄袍披在他们身上，他们纵想不叛变也不可能。"这才使赵匡胤如梦初醒。于是，就在登基的第二年，借机举办了一次高级将领的盛大宴会。席间酒兴正浓，赵匡胤就面对众人叹息说："如果不是靠着各位的拥戴，我不会有今天。但当皇帝也太艰难，并不如当节度使时快乐，每天都是忧心忡忡，不能安枕。"有人询问缘由，赵匡胤说："事情很明显，这把椅子，谁不想坐？"大家骇然又问："陛下怎么说出这样的话？现在天命已定，谁还敢有这种非分之心？"赵匡胤说："你们当然不会，可是你们一旦被部下拥戴，你们怎么有力量拒绝？"大家这时都感觉惊心动魄，请求指出一条解救之路。赵匡胤说："人生有限，转眼老死。拼命上进，追求富贵，目的是什么？不过是升官发财，自己既可享受，儿女也不贫乏，如此而已。依我之见，各位不妨辞去军职，改任高级文官，多买一些田地，营造豪华住宅，搜罗歌童舞女，享受天伦之乐。我跟你们约定，君臣之间，两不猜忌，上下相安，各位以为如何？"众人听后感激应允。第二天，众将领纷纷呈上奏章，言称身体有病，请求解除军职。

这个历史上称之为"杯酒释兵权"的故事，说明赵匡胤即便登上皇位以后，还是能够虚心听取别人意见，尊重部属的发言权，不是事事固执己见，在重大决策问题上善于纳谏，懂得从他人的意见中改变自己的思想观念，改进自己的重大决策，保障新生政权的巩固。

改过纠错，要从错误的苗头抓起，从小错抓起。小错不纠，就会铸成大错。因为："君子慎始，差若毫厘，缪以千里。"君子之所以慎重对待万事的开始，是因为开始有毫厘的差错，以后就会有远至千里的过失。

"微邪者，大邪之所生也。微邪不禁，而求大邪之无伤国，不可得也。"小错是大错发生的根源，大错是小错发展的必然。小错不能纠正，而想大错不伤国家，这是不可能的事情。

"盖明者远见于未萌，而知者避危于无形，祸固多藏于隐微而发于人之所忽者也。"聪明的人能够在事物发展的萌芽状态有所预见，而有智慧的人能够在灾祸尚未形成之前回避危难。灾祸大多潜藏在隐微之处而发生于人们所忽略的地方。正因如此，所以三国时期的刘备临终之前告诫其子刘禅说："勿以恶小而为之，勿以善小而不为！"

战国时期，庄辛对楚襄王说："臣闻鄙语曰：'见兔而顾犬，未为晚也；亡羊而补牢，未为迟也。'"俗话说得好："见到兔子再放猎犬还不晚，丢掉羊后再修羊圈也不迟。"

《资治通鉴》论叙："自古以来，百姓愁怨，聚为盗贼，其国未有不亡者，人主虽欲追改，不能复全。故当修于可修之时，不可悔之于既失之后也。"

改过纠错，必须彻底，不留尾巴。

《左传》说："恶之易也，如火之燎于原，不可乡迩，其犹可扑灭？"为国家者，"见恶如农夫之务去草焉，芟夷蕴崇之，绝其本根，勿能使殖，则善者信矣"。恶行是很容易滋长的，就像燎原的烈火一样，不可以靠近，难道还能扑灭吗？发现了自己身上的过失和恶行，就应该像农夫铲除田中野草一样除掉它，还要灭绝它的根，不让它再生繁殖，这样除恶务尽，善事就能得到倡导，优点就能得到弘扬。

春秋末期吴国大夫伍子胥，其父楚大夫伍奢在楚被杀后，他就经宋、郑等国入吴，帮助阖闾刺杀吴王僚，夺取王位；后又攻破楚国，以功封于申；经历吴越战争，打败越国。他在击败越国后劝说吴王夫差拒绝越国战败求和时说："树德莫如滋，去疾莫如尽。"立德不如广大为好，除病不如断根为妙。要像医生治病那样，对越不可心慈手软，要从根本上解除越国的后患。夫差并没有听进伍子胥的规劝，这才导致后来发生了历史上的"三千越甲可吞吴"的悲剧。

"一日纵敌，数世之患也。"一日纵敌，就是为几辈子埋下了祸患。其实，纠错也像治病、打仗一样，治病不断根，就会留下隐患；纠错改过不彻底，半遮半掩，改一半留一半，未改彻底的毛病，一有条件又会膨胀起来，必然发展成为大错。

"夫知而违之，伪也；不知而失之，暗也。暗与伪焉，其患一也。患之所在，非徒在智之不及，又在及而违之者矣。"

人犯过错，一种情形是有意识支配的行为，明知故犯，"知而违之"，做了坏事还要假装好人，"伪也"。例如贪污、受贿、买官卖官，是为了某种私利而自觉为之。当然也有另外一种情形，是因为工作方法、工作经验、技术水平、工作能力而导致糊涂失误，产生过失，"不知而失之"。这些并非是主观自觉行为，是一种非意识的过错，"好心办坏事"，就属于这种情形。

方法、经验、水平、能力的问题，说到底也可以说是一个人的基本素质问题、思想方法问题。因此可以说，所有过错，都有其深刻的思想根源。思想是内藏于心，行为是表现于外，任何一种行为都是一种思想的外在表现。有了正确的思想，才有正确的行动；有了错误的思想，必然就有错误的行动。所以，要想彻底改过纠错，必须端正思想。端正思想是防错纠错的根本。如果不从根本上解决问题，还是会按下葫芦浮起瓢，彻底改过纠错就会成为一句空话。

纠正过错固然重要，但是防范过错更重要。就像防范火灾一样，必须立足于预防为主。人要想绝对不犯错误，恐怕不可能；但经过努力，尽量少犯错误还是可以做到的。

避免过错，少犯错误的前提条件是：

其一要加强自身修养，打牢思想根基。思想上筑牢了一道防线，有意识支配的错误至少可以避免。

其二是不断加强学习，提升工作技能。在实践中提高工作水平、工作方法、工作能力，也是保证我们少犯错误的重要途径。

其三是善于总结经验，防止错误重犯。"胜而不知胜之所以成，与无胜同。"胜利了不知道胜利的原因，不懂得为什么会胜利，就如同没有胜利一样。同样的道理，失误了而不知道什么原因导致失误，下次还会再失误。人要善于在自己亲身经历的实践中学习，失误一次，认真总结教训，才能提高一步。如果说第一次失误是经验、能力不足，是无知，那么第二次在同一类问题上再犯错误，不能吸取前次错误的教训，那就是愚蠢。

其四是借鉴他人教训，避免重蹈覆辙。有些教训，不一定非要从亲身经历中总结，聪明的人善于把别人失败的经验变为自己的思想财富。借鉴他人教训，避免自己重蹈覆辙，这也是减少过错的捷径。

位卑未敢忘忧国

爱国主义是把国家利益、国家主权、国家尊严、国家统一、国家荣誉视为高于一切、大于一切、先于一切、重于一切的道德责任和崇高理念，是任何时代、任何国家绝不舍弃、绝不更改的价值追求。

爱国主义精神和我们平常人、平常事紧密相联、息息相关。每个人的努力，都能为国家形象添彩；每个人的奋斗，都能为国家富强加力；每个人的成就，都能为国家荣誉增辉。

修身、齐家、治国、平天下，中华民族数千年的优秀传统文化，都是把修身和爱国紧密联系在一起。修身是爱国的基础，爱国是修身的最高境界。

爱国主义是个人对祖国依存关系的感情诉求，是维系国家统一和民族团结的政治原则，是伟大人格至高至上的体现，是几千年来中华传统思想文化的核心价值。

《吕氏春秋》强调说："'天下大乱，无有安国；一国尽乱，无有安家；一家皆乱，无有安身'，此之谓也。故小之定也必恃大，大之安也必恃小。小大贵贱，交相为恃，然后皆得其乐。"

家之安定，必须待国之太平；家之幸福，必待国之强盛。有国才有家，国强家才富。鸦片战争中国战败之后，八国联军攻入北京，烧杀抢掠，山河破碎，百姓只能流离失所，民不聊生。家国"交相为恃"，这就是几千年来国人之所以富有强烈的家国情怀的根源所在。

"景公禄晏子以平阴与槀邑，反市者十一社。晏子辞曰：'吾君好治宫室，民之力弊矣；又好盘游玩好，以饬女子，民之财竭矣；又好兴师，民之死近矣。弊其力，竭其财，近其死，下之疾其上甚矣！此婴之所为不敢受也。'公曰：'是则可矣。虽然，君子独不欲富与贵乎？'晏子曰：'婴闻为人臣者，先君后身，安国而度家，宗君而处身，曷为独不欲富与贵也！'公曰：'然则曷以禄夫子？'晏子对曰：'君商渔盐，关市讥而不征；耕者十取一焉；弛刑罚，若死者刑，若刑者罚，若罚者免。若此三言者，婴之禄，君之利也。'公曰：'此三言者，寡人无事焉，请以从夫子。'"

景公赐给晏子平阴和槀邑，其中有十一社的人家从事商贾。晏子辞谢说："我的国君喜欢修筑宫室，百姓的力量十分疲困了；又喜欢游乐与珍宝，用来装饰女子，百姓的钱财都用光了；又喜欢发动战争，百姓离死亡很近了。使其力疲困，使其财用竭，使其身临死境，下面的人非常痛恨上面的人！这就是我所以不敢接受的原因。"景公说："这样就算了，既然这样，君子难道就不奢求富贵吗？"晏子说："我听说做人臣子的人，先国君而后自身；安定国家后才考虑自己的家，尊重国君才能安身，怎能说唯独不想富贵呢！"景公说："那么我用什么封赏你呢？"晏子回答说："君王放宽对渔盐的征税，对关市只盘查而不征税；对耕地的人收取十分之一的租税；减轻刑罚，犯死罪的人判刑，该判刑的罚款，该罚款的就免了。这三条，就算是对我的赏赐，也是对君主有利啊。"景公说："这三条，我没有什么说的，就听从先生的吧。"

晏子身处人臣之位，时刻不忘民众疾苦，把民之"弊其力、竭其财、近其死"挂在心上，处事能够先为君而后为身，先为安国而后顾家，以民众福稷为重，以国家利益为重，把国民利益视作"婴之禄、君之利"，充分显示了古之君子强烈的忧国忧民的爱国情怀。

战国时期伟大爱国诗人屈原在《离骚》中说："亦如心之所善兮，虽九死其犹未悔。"只要能实现心中对家国的美好诉求，即使付出生命也绝不后悔。为家国，为生民，"虽九死其犹未悔"，展示了屈原宁死不屈、甘愿为国献身的责任担当。

自秦朝开始，统一的多民族国家正式形成，爱国主义就逐渐成为承接千年传统、贯穿历朝历代的价值追求和思想主题。

天汉元年，中郎将苏武奉诏出使匈奴，单于使卫律威逼诱降苏武，言之曰："负汉归匈奴，幸蒙大恩赐号称王，拥众数万，马畜弥山，富贵如此。"苏武不应，"乃幽武置大窖中，绝不饮食；天雨雪，武卧，啮雪与旃毛并咽之，数日不死。匈奴以为神。乃徙武北海上无人处，使牧羝"。"初，苏武既徙北海上，廪食不至，掘野鼠去草实而食之。杖汉节牧羊，卧起操持，节旄尽落。"后因时局所变，单于放武归汉，"既至京师，诏武奉一太牢谒武帝园庙，拜为典属国，秩中二千石，赐钱二百万，公田二顷，宅一区。武留匈奴凡十九岁，始以强壮出，及还，须发尽白。"汉朝年间，中郎将苏武奉诏出使匈奴，被扣押不能还。匈奴以高官厚禄诱降，被拒，就将他流放到北海无人处牧羊。他挖掘地下野鼠草根为食，忍饥受冻，日复一日，年复一年，苦苦煎熬十九年，不辱国，不变节，始以强壮英武出，终以须发尽白还，为世人展示了一位杰出的爱国主义英雄形象。

西汉骠骑将军霍去病，封冠军侯。元狩二年，两次大败匈奴，控制河西地区，打开了通往西域的道路。元狩四年，又和卫青共同击败匈奴主力。汉武帝曾为他建造府第，他谢绝说："匈奴未灭，无以家为也。"他先后六次出击匈奴，解除了西汉初年以来匈奴对汉王朝的威胁。

东汉时期任伏波将军的马援曾说："男儿要当死于边野，以马革裹尸还葬耳，何能卧床上在儿女子手中邪！"他以"马革裹尸"之志报国，在进击武陵"五溪蛮"时，病死军中。

三国时期魏国诗人曹植在烽火连天的战争年代，先后发出了"夫忧国忘家，捐躯济难，忠臣之志也""捐躯赴国难，视死忽如归"的爱国心声。

南宋诗人陆游出生于北宋危亡的年代，出身书香世家，为了抵抗外敌入侵，投身军旅生涯，发出了"位卑未敢忘忧国"的战斗誓言。

南宋抗金名将岳飞在北宋危亡之际投军，竭尽毕生之力抵抗外敌侵略。

他率军收复南京后，又收复襄阳、信阳等六郡，任清远军节度使，以英勇杀敌的行动，践行"精忠报国"的志愿。

南宋大臣、文学家文天祥，在元兵入侵南下之际，在赣州组织义军，入卫临安（今浙江杭州），次年任右丞相，被派往元军营中谈判，被扣留，后于镇江脱险，在福建、江西坚持抗元，收复州县多处，后在广东被俘，作《过零丁洋》诗以明志，诗中写道"人生自古谁无死，留取丹心照汗青"，充满激情地表达了丹心报国、虽死犹荣的豪迈气概。

郑成功，原名森，字明俨。二十一岁时，正值明朝政权土崩瓦解之时，逃到福建的明朝唐王朱聿键在福州称帝，年号隆武。郑成功深得唐王的赏识。清兵攻入泉州后，其父郑芝龙投降清军，郑成功拒降，"不受诏，不剃头，其意如山"。拜完孔庙，哭焚儒，表明弃文从武。相约好友九十余人乘舟到广东南澳，收兵得数千人。唐王被清兵俘杀后，郑成功即拥奉在广东肇庆称帝的朱由榔。永历帝朱由榔封郑成功为"延平郡王"。之后，郑成功合并了厦门、金门两地的武装，声势大振。永历十五年，率领二万五千人队伍，乘大小战船数百艘，从金门料罗湾出发，横渡台湾海峡，抵达台湾鹿耳门外海面，在北线尾岛和禾寮岛登陆，立即向荷兰殖民军发起进攻，击毙贝德尔上尉及其部下一百一十八人，其余荷兰兵逃跑龟缩到台南市赤崁楼和台南市安平镇二个据点，经过三天的围攻战斗，荷兰军终于献城投降。结束了荷兰在台湾三十八年的殖民统治。

郑成功收复台湾，这在中华民族的历史上是一个永不磨灭的爱国主义壮举。

清朝末年，被梁启超誉为五百年来第一伟人的左宗棠，抬棺西征、收复新疆的英雄壮举，为中华民族千年历史谱写了又一辉煌篇章。

1875 年，时任陕甘总督的左宗棠上书极力要求出兵再度收复新疆，认为我之疆索，尺寸不可让人，必须收复新疆，保卫边疆安稳。大清朝廷同意了左宗棠的请求，经过一年的准备，1876 年 5 月，64 岁的左宗棠率领八万湘军挥师西进，经历十个月的战斗，摧毁了阿古柏苦心经营的天山防线，收复了除伊犁之外新疆大片国土。阿古柏猝死喀什。接着清朝派员与沙俄谈判，要求收复伊犁，未果。左宗棠得知此事拍案大怒，提出重新谈、重新签，否则就要把它打下来。1880 年，时年 68 岁的左宗棠，随军抬着为自己准备的棺材，第二次率军西征，决心为收复伊犁决一死战。

左宗棠年近七十抬棺西征，收复新疆全境的英雄壮举，是何等的情怀、何等的悲壮、何等的伟大！这是为中华民族续写的又一篇可歌可泣、气壮山河、令华夏子孙千秋万代为之激扬振奋的爱国主义的壮丽华章。

无产阶级革命家、赣东北革命根据地和工农红军第十军的创始人方志敏，在其不朽的历史篇章《可爱的中国》中写道："假如我还能生存，那我生存一天就要为中国呼喊一天；假如我不能生存——死了，我流血的地方，或者我瘗骨的地方，或许会长出一朵可爱的花来，这朵花你们就看作是我的精诚的寄托吧！亲爱的朋友们，不要悲观，不要畏馁，要奋斗！要持久的艰苦的奋斗！把各人所有的智慧才能，都提供于民族的拯救吧！无论如何，我们决不能让伟大的可爱的中国，灭亡于帝国主义的肮脏的手里！"方志敏在这篇《可爱的中国》里，呼喊着同胞们要为抗击日本侵略者、为民族的解放事业而奋斗，以持久的艰苦奋斗，以人们的智慧才能，拯救我们苦难深重的民族，决不能使我们伟大可爱的中国灭亡于日本帝国主义肮脏之手。方志敏的呼喊，是在唤醒民众的觉悟，是提振民族的精神，是期盼可爱祖国的新生。方志敏的呼喊，反映了无产阶级革命家在民族危亡之际忧国忧民的浓烈情怀和敢于斗争、敢于胜利的战斗意志。

爱国主义是把国家利益、国家主权、国家尊严、国家统一、国家荣誉视为高于一切、大于一切、先于一切、重于一切的道德责任和崇高理念，是任何时代、任何国家绝不舍弃、绝不更改的价值追求。"临患不忘国，忠也。"面临患难不忘国家命运的安危，这是忠诚的表现。"国家有难而不忧，非忠臣也。"国家面临危难而不分忧，这就不是忠臣应有的作为。

爱国主义精神和我们平常人、平常事紧密相联、息息相关。当今，爱国主义精神是实现中华民族复兴的思想动力，是协调社会矛盾、维护民族团结的精神纽带，是抵御西方思想文化侵蚀、捍卫国家主权和领土完整的思想武器。爱国主义无须刻意表演，无须口头高喊，只要埋下头来实干，做好自己的本职工作，为中华民族复兴尽心出力就是爱国。每个人的努力，都能为国家形象添彩；每个人的奋斗，都能为国家富强加力；每个人的成就，都能为国家荣誉增辉。工人、农民、店员，立足本职岗位，兢兢业业做好自己手上的事，为国强民富添砖加瓦，就是诚实质朴的爱国。石油工人王进喜，为了甩掉当年汽车上的"煤气包"，宁可少活二十年，也要拿下大油田。他带领共和国的英雄钻井队，日夜拼命钻探石油，创造了石油战线一个又一个奇迹。他用身体搅拌水泥压井喷的场景，就是给国人留下的永远不能忘却的生动鲜活的爱国主义光辉形象。农民辛勤耕耘，风里来雨里去，为了让国人丰衣足食，多种粮食，多种棉花，是爱国。教师在校园辛勤培育祖国的花朵，为国家未来发展培育各类德才兼备的优秀人才，是爱国；科技人员潜心钻研，创新技术，努力创造更多更好的世界一流产品，是爱国。维和战士远离国土，背井离乡，在全球各地为世界和平事业贡献中国力量，是爱国。活跃在各个城市社区的志愿者，为社会困难群体，为需要帮助的民众，无私援助，排忧解难，奉献自己的温暖和爱心，是爱国。外出旅游，言谈举止文明礼貌，杜绝一切丑陋行为，向世人展现"我即中国"的亮丽风范，坚守民族优良传统，维护中国人的文明形象，同样也是爱国。

奋斗篇

天行健，君子以自强不息

　　"天行健，君子以自强不息。"这句闪耀着中华民族传统文化思想光芒的不朽箴言，像旗帜，指引我们中华民族，生生不息，继往开来，永远前行；像号角，鞭策我们无数代中华儿女，英勇奋斗，奋发图强，永远向上；像战鼓，激励我们当今新一代华夏子孙，齐心聚力，励精图治，为民族复兴，为中华崛起，再创祖国强盛的新篇章。

　　人在社会中生存，能够体现生命价值的，不是职权，也不是金钱财富，最能决定生命价值的是自己选择的前进方向。前进的方向选准了，你的兴趣，你的爱好，你的特质，你的专长，都可以成为你的资本，发挥出最大效益和能量，为社会进步、人类发展增添一点光和热。

　　强者不是没有眼泪，而是在困难和挫折面前能够吞下眼泪继续前行。强者的人品是在困苦和挫折的磨炼中提升的，强者的能力是在困苦和挫折的斗争实践中增长的，强者的经验是在战胜困苦和挫折的过程中积累的，强者的人生价值是在困苦和挫折面前不低头、不退缩的形象中展现的。

　　"天行健，君子以自强不息。"意思是说，天道运行，刚健永恒；一个人，一个民族，一个家国，要像天道运行那样，奋发图强，永不停息。《周易》中这句闪耀着中华民族传统文化思想光芒的不朽箴言，像旗帜，指引我们中华民族，生生不息，继往开来，永远前行；像号角，鞭策我们无数代中华儿女，英勇奋斗，奋发图强，永远向上；像战鼓，激励我们当今新一代华夏子孙，齐心聚力，励精图治，为民族复兴，为中华崛起，再创祖国强盛的新篇章。

　　自强不息，就是一个自尊、自信、自立的人和家国，对未来充满希望，奋发进取，永远向上。自强不息，是一种品质，一种精神，一种力量。在激烈的国际政治、经济、军事竞争中，都是自强者进，自强者胜。自强是成功的信心所在，力量所在，希望所在。

生活在江河的活鱼都会逆流而上、激流勇进；死鱼只能随波逐流，任凭腐烂。人也只有具备生生不息、搏击奋斗的精神，才能展现生命价值的光亮。

自强不息需要实干。

《左传》上说："民生在勤，勤则不匮。"民众的生计在于辛苦地劳作；能辛苦劳作的人，生计就不会困乏。

唐代文学家、哲学家韩愈，早孤，由嫂抚养，刻苦自学，中进士，仕途三起三落。他任监察御史时，以事贬为阳山令，赦还后任国子博士、刑部侍郎等职，又因谏被贬为潮州刺史，后又升为吏部侍郎。他与柳宗元同为古文运动的倡导者，列为"唐宋八大家"之首。韩愈说："业精于勤荒于嬉，行成于思毁于随。"学业、事业的精进在于勤劳，荒疏在于玩心过重；操行的成就在于深思，毁败在于随心所欲。

勤劳，是中国人传承了几千年的一大美德。勤于学，则学识深；勤于工，则工艺精；勤于农，则五谷丰；勤于政，则政事通；勤于商，则财源进。家庭富裕，国家昌盛，最根本的一条，就是要依靠辛勤劳动。

"《周书》曰：'农不出则乏其食，工不出则乏其事，商不出则三宝绝，虞不出则财匮少。'财匮少而山泽不辟矣。此四者，民所衣食之原也。原大则饶，原小则鲜。上则富国，下则富家。"周书上讲，农民不种地就缺乏粮食，工匠不做工事情就没有人干，商人不做买卖市场上就看不见商品的交易，掌管山泽的官员不干事朝廷就没有钱财可用，没有钱财山林河泽也就不能开发治理了。这四项，都是民众衣食的来源。来源大就富有，来源小就贫乏。这些对上可以富国，对下可以富家。

"无饥馑、疾疢、祸罪之殃独以贫穷者，非侈则堕也。侈而堕者贫，而力而俭者富。"没有天灾饥荒、残疾病痛、人祸和牢狱之殃而贫困的人，不是因为奢侈就是因为懒惰。奢侈而且懒惰的人就会贫困，而勤劳并且节俭的人就会富有。

"耕不强者无以充虚，织不强者无以掩形。……自古及今，不施而得报，不劳而有功者，未之有也。"耕作不力的人就没有粮食填充饥饿，纺织不力的人就没有衣服遮掩身体。自古到今，不去作为而想得到回报，不去劳动而想得到收获，这是从来没有的事情。

"凡百事之成也，必在敬之，其败也，必在慢之，故敬胜怠则吉，怠胜敬则灭，计胜欲则从，欲胜计则凶。"任何事情之所以能够成功，都在于首先要有一个敬业的精神。其失败的原因，必然有一条是漫不经心。所以敬胜怠就顺利，怠胜敬就会遭遇挫折；智谋技巧胜过欲望就能称心如愿，欲望胜过智谋技巧就会困难重重。

"百言百当，不如择趋而审行也。"千言万语说得动听，不如选择好时机亲力实干。

"夫事辍者无功，耕怠者无获也。"事情半途而废就无功，耕作懈怠就无收获。

汉末名医华佗对其门生吴普说："人体欲得劳动，但不当使极耳。动摇则谷气得销，血脉流通，病不得生，譬犹户枢，终不朽也。是以古之仙者为导引之事，熊颈鸱顾，引挽腰体，动诸关节，以求难老。"华佗的论述是在教导人们需要注意劳动，但要考虑适度，不能超越极限。经常活动身体，可以锻炼筋骨关节，促进气血流通，预防疾病发生。犹如户枢经常活动，可以防止虫害侵袭，延缓木质腐朽。

"挟太山以超北海，语人曰：'我不能。'是诚不能也。为长者折枝，语人曰：'我不能。'是不为也，非不能也。"挟持太山过北海，对人讲我不能，是真不能做到。为年长者在路旁折根树枝当拐杖，对人讲我不能，这是不想做，而非不能做。

"勤能补拙，俭以养廉。"勤劳能弥补先天的笨拙，节俭可以培养现实的廉洁风尚。

"历览前贤国与家，成由勤俭败由奢。"

"天下事以难而废者十之一，以惰而废者十之九。"

"少不勤苦，老必艰辛。"

"临渊羡鱼，不如退而结网。"

"懈惰简慢，以之事主则不忠，以之事父母则不孝，以之起事则不成。故曰：'怠倦者不及也。'"

一般来说，付出与收获成正比，勤劳与成功成正比。一个人的幸福需要用勤劳来托举；一个民族的昌盛，同样需要靠勤劳来支撑。任何事业成功的第一步都是勤劳。勤劳是事业成功的基石；事业靠勤劳起步，勤劳贯穿于事业的始终。什么时候丢掉了勤劳，事业就会从什么时候开始废止。前人的劳动创造了当今的世界；当今的劳动，也是为了创造更加美好的未来。今天的幸福，是昨天劳动的成果；明天的灿烂，还是需要依靠劳动才能铸就。理想、志向需要靠劳动来实现，家国财富需要靠劳动来聚集，落后、贫困需要靠劳动来破解。生命只有在劳动中才能体现价值，人生价值只有在劳动中才能闪现辉煌。

当然，凡事也都有例外。付出与收获、投入与产出、勤劳与成功，其因果关系也有不成比例的时候。选项不当，着力点不准，措施方法失误，工作力度不够，加之外部不可抗拒力的影响，都会产生事与愿违的效应。但就大概率而言，种地要想收成好，做工要想回报高，总还是要靠勤劳奋斗，除此别无他途。

"孟子曰：'求则得之，舍则失之，是求有益于得也，求在我者也。求之有道，得之有命，是求无益于得也，求在外者也。'"孟子说："追求就能得到它，舍弃就会失掉它；追求就有益于得到，是因为所追求事物的决定因素在于自我本身的缘故。求之在我，得之靠命。尽力追求也无法得到的，那是因为所追求事物的决定因素在我本身之外的缘故。"

"播种有不收者矣，而稼穑不可废；仁义有遇祸者矣，而行业不可惰。"播种有不收获的年成，而农耕不可废弃；施行仁义有遇灾祸的时候，但遵守道德操守不能懈怠。

"故良农不为水旱不耕，良贾不为折阅不市，士君子不为贫穷怠乎道。"好的农夫不会因为一次水涝旱灾而不耕作，好的商人不会因为一时亏损而放弃生意，士君子不会因为一时贫穷而懈怠对道德的追求。

世界上任何一项事业的成就，都是多种因素的影响，勤劳只是其中的一个要素。尽管勤劳不能决定一项事业必然成功，但也绝对不能因此成为我们否定勤劳的理由。

生命只有实干出来的精彩，没有坐等出来的辉煌。

实干首先要自知。

春秋时期的老子说："知人者智，自知者明"。能认识他人的人是智慧，能认识自己的人是聪明。

战国时期的韩非说："故知之难，不在见人，在自见。故曰：'自见之谓明。'……是以志之难也，不在胜人，在自胜也。故曰：'自胜之谓强。'"认识人的困难，不在于能不能认识别人，而在于能不能正确认识自己。所以说，能够正确认识自己的人叫聪明。实现志向的困难，不在于能够战胜别人，而在于能够战胜自己。所以说，能够战胜自己的人，才是真正的强大。

《孙子》说："知吾卒之可以击，而不知敌之不可击，胜之半也；知敌之可击，而不知吾卒之不可以击，胜之半也；知敌之可以击，知吾卒之可以击，而不知地形之不可以战，胜之半也。"知道自己的士卒可以攻击，而不知道敌军不可以攻击，胜利的把握只有一半。知道敌军可以攻击，而不知道自己的士卒不可以攻击，胜利的把握只有一半。知道敌军可以攻击，知道自己的士卒可以攻击，而不知道地形不利于自己作战，胜利的把握只有一半。

人贵自知。自知就是要对自己所处社会定位要明确，兴趣、爱好、特点了如指掌，优势、短板要胸中有数。战争年代打仗讲知己知彼，和平时期干事业、搞实体，也要扬长避短，发挥优势。靠山吃山，靠水吃水。利用好自身优势和地区有利条件，事业就成功了一半。一个能够真正认识自己的人，才有可能把握生命之舟的航向，乘风破浪，到达自己预期的目的地。

人生好比一座天平，找准自己人生天平的支点，实现个人的能力、条件与所追求目标的相对平衡，才能最大限度地发挥自己的优势。人生的支点，就是奋斗目标与自身条件的平衡点。定位太高，力所不能及，心有余而力不足；定位太低，一蹴而就，也不能很好激发斗志和激情，发挥自己内在的潜能。

梅花美于香，桃花美于色，骏马能历险，耕田不如牛。人和动植物一样，都有自己闪光的一面。只要明白自己的兴趣、爱好、志向和专长所在，找准自己人生的支点，就有自己光明的前程。

我们可以比较清楚地看到别人身上的优点和缺点，却难以对自身的优势、劣势做出准确判断。很多人平庸的根源都来自看不清楚自己。要么是盲目自傲，好高骛远，总想一口吃成一个大胖子，追求本不该属于自己的一些东西，到头来就是竹篮打水一场空；要么是自卑自弃，畏首畏尾，这也怕办不好，那也怕做不到。这两种人都不能很好发挥自身的特长和潜力。其实，人生最大的敌人就是自我。自傲、自卑、懈怠、浮躁，都是阻碍自己前进的敌人。

许多人的成功，都是因为看准了自身的特质、优势和潜能，并努力将其施展放大，使之成为超越自己和他人的明显优势。一个能把自身特质和有利条件变为实践中优势的人，无疑就能夺得社会竞争的制高点，争得社会竞争的主动权。

《左传》说："度德而处之，量力而行之，相时而动，无累后人，可谓知礼矣。"揣度德行而处理，衡量力量而实行，观察时机而行动，不连累后人，可以说是懂得礼了。"度德""量力"，其前提条件都是自知。

"力能则进，否则退，量力而行。"力量够用就前行，否则就退。有多少能力就办多大的事，量力而行。

量力而行，就是量自己的能力而行；就是有多大的力量，办多大的事情。有些企业家在发展的过程中贪大贪快，步子走得不稳，造成资金链断裂，不要说后续发展，就是现状也难以为继，一不小心就断送了一个项目、一个企业。

"处事有何定凭，但求此心过得去；立业无论大小，总要此身做得来。"处事并没有什么定规，只要自己心里过得去；立业不论大小，只要自己的力量做得来。

实干还需要自恃。

魏文侯是战国时期魏国的建立者。《父贤不足恃》记叙："魏文侯问孤卷子曰：'父贤足恃乎？'对曰：'不足。''子贤足恃乎？'对曰：'不足。''兄贤足恃乎？'对曰：'不足。''弟贤足恃乎？'对曰：'不足。''臣贤足恃乎？'对曰：'不足。'文侯勃然作色而怒曰：'寡人问此五者于子，一一以为不足者，何也？'对曰：'父贤不过尧，而丹朱放；子贤不过舜，而瞽瞍顽；兄贤不过舜，而象傲；弟贤不过周公，而管叔诛；臣贤不过汤武，而桀纣伐。望人者不至，恃人者不久。君欲治，从身始。人何可恃乎？'"魏文侯问孤卷子说："父亲、儿子、哥哥、弟弟、大臣可以依靠吗？"孤卷子一一给予否定的回答，明确地说不能。魏文侯听后面带愤怒地质问为什么。孤卷子解释说："做父亲的德才，没有超过尧的，而尧的儿子丹朱傲慢不肖，被尧放逐；做儿子的德才，没有超过舜的，而舜的父亲瞽瞍却很愚顽；做兄长的德才，没有超过舜的，可舜的弟弟象却很傲慢；做弟弟的德才，没有超过周公的，可周公的哥哥管叔，因叛乱被周公杀死；臣子的德才，没有超过商汤王、周武王的，可是夏桀、商纣却受到了讨伐。所以寄希望于别人不能达到自己的目的，依赖别人都不会长久。君王要想治理好国家，只能依靠自己的努力，怎么能依赖别人呢？"魏文侯和孤卷子的对话，是在告诫人们，想要在事业上有所成就，都必须自立、自主、自恃，才能实现自强。

《韩非子》记载的"滥竽充数"是说战国时期"齐宣王使人吹竽，必三百人。南郭处士请为王吹竽，宣王说之，廪食以数百人。宣王死，湣王立，好一一听之，处士逃"。看到这则寓言，不禁使人想起现代社会"大锅饭"年代的混混先生，在激烈的市场竞争条件下就会原形毕露，寸步难行。"滥竽充数"从反面教育人们，做人要有真本事、真学问，扎扎实实学点立身的本领。投机取巧、坑蒙拐骗终究不是长久之计。什么时候都不要怕有了本事没处用，怕就怕用时没有真本事。南郭处士的出逃也是从反面说明，做人必须自恃。

"子曰：'君子求诸己，小人求诸人。'"君子有事要求自己，小人有事要求别人。

"故明主者，不恃其不我叛也，恃吾不可叛也；不恃其不我欺也，恃吾不可欺也。"

"夫明君恃己之不可欺，不恃人之不欺己也。"

"恃人不如自恃也，明于人之为己者，不如己之自为也。"

"故用兵之法，无恃其不来，恃吾有以待也；无恃其不攻，恃吾有所不可攻也。"孙子说："用兵的谋略，不是依赖敌人不来进犯，而是要立足于自己有所戒备，常备不懈；不是幻想敌人不进攻，而是要依靠自己无懈可击，不可攻。"

"不可胜在己，可胜在敌。"不可战胜在于自己的实力；可以战胜在于敌人有可利用的薄弱环节。

"夫兵〔不贵胜，而〕贵不可胜。不可胜在己，可胜在彼。"

"敬他人，即是敬自己；靠自己，胜于靠他人。"

唐朝杜牧在《阿房宫赋》中说："灭六国者，六国也，非秦也。族秦者，秦也，非天下也。嗟夫！使六国各爱其人，则足以拒秦；秦复爱六国之人，则递三世可至万世而为君，谁得而族灭也?"消灭六国的，是六国自己，而不是秦国。灭亡秦国的，是秦国自己，而不是天下的民众。唉，要是六国都能爱护自己的人民，那么就完全可以抵抗秦国的侵犯；假如秦国能够爱护六国的人民，那么皇位就可以传到三代，甚至千秋万世都做皇帝，谁还能够消灭秦国呢？

什么事情都是靠他人不如靠自己。只有依靠自己的力量和智慧，发挥自身的优势，挖掘自我潜能，才能办好自己的事情。依赖、等待别人帮助自己，不如自己亲力亲为。

以我为主，自力更生解决好自己工作、生活、事业发展中的难题，也是一个人有志气、有信心、有力量的表现，是一个人立身处事应有的出发点和落脚点。

"胜人者有力，自胜者强。"能够战胜别人的人叫有力量，能够战胜自己的人叫强大。

所谓"自胜"，就是战胜自我，超越自我。战胜一次自我，就是一次进步、一次提高。过去不懂的，现在懂了，过去不会的，现在会了，是自胜。

过去小打小闹，小本经营，现在发展了，规模扩大了，是自胜。这些都可谓是战胜自我、超越自我的成果。

自强不息需要明志。

志者，志向、意志也。志是存在于人的心灵深处，对人的行为具有明确目标指向的思想意念。孟子说："夫志，气之帅也；气，体之充也。夫志，至焉；气，次焉。故曰：'持其志，无暴其气。'"思想意志是意气感情的主帅，意气感情是充满体内的力量。

志气是促使一个人不断努力奋斗的原始动力，是一种支撑生命的精神力量，是使人激奋昂扬的思想源泉，是激励、鞭策人们前行的目标指向。没有志气，就会随波逐流，得过且过，为了活着而活着。有了前进的大目标，才有可能成就大事业。没有前进目标，生活仅仅是虚度时光。卓越都是来自志向明确，精彩也是来自为了实现志向的不懈追求。成功者之所以成功，就在于他们在人生的道路上不仅有了自己选准的前进方向，而且能坚持沿着这个方向积极进取，奋勇拼搏。当一个人准确的志向定位与坚持不懈的努力相结合，就会产生强大的能量，表现出一种超凡的热情，一种拼命的奋斗精神和战胜一切困难的勇气，坚韧不拔的斗志和永不言败的信心。

人在社会中生存，能够体现生命价值的，不是有没有职权，也不是金钱财富，最能决定生命价值的是自己选择的前进方向。有的人只会为已经发生的事情而感叹，为什么会如此呢？有的人却会为未曾有过的事物而设想，为什么不能呢？前者只能认识过往，哀叹既成的事实；而后者却能面向未来，思考开创未来。人的一生会面临许多重大抉择，有的依靠理智，有的全凭感觉，有的可能导致终生遗憾，有的可以引导自己不断发展前行。不同的抉择，不同的志向，决定人生不同的道路；不同的道路，决定着人生不同的前程。前进的方向选准了，你的兴趣，你的爱好，你的特质，你的专长，都可以成为你的资本，发挥出最大效益和能量，为社会进步、人类发展增添一点光和热。志向是自强的思想基础。志向明朗正确，才能走上自强之路；有了清晰正确的志向，就有自强的希望。

改革开放，对于中国的每一个公民来说，是一个自我发展的机遇。在改革开放初期，有的人选择了丢掉"铁饭碗""下海"经商的发展道路，奋斗了几年、十几年，就成了拥有数十万、数百万元资产的富商。当然，下海者未必人人都能成就辉煌，其中也有不少人被海水淹没而淘汰。敢不敢"下海"，无疑是一个决定个人前途命运的重大抉择，要有足够的自信和强烈的自我奋斗精神。下海之后的成功或失败，直接与个人抉择的方向正确与否、个人的奋斗精神和自身素质相关联。没有志向，没有正确前进目标指向的人不能成功；饱食终日无所用心的人不能成功；不肯吃苦，大事做不来、小事不愿做的人不能成功；遭受挫折后害怕风险，畏首畏尾，缺乏坚韧不拔意志的人不能成功。成功只能属于相信自我、充满自信的人；目标明确且能量力而行的人；脚踏实地、勇于拼搏的人；信息灵敏、决策果断的人；业务精通、技高一筹的人；胜不骄傲、败不气馁的人。

"子曰：'三军可夺帅也，匹夫不可夺志也。'"孔子说，一国的军队可以夺去它的主帅，一个普通人却不能强迫他改变自己的志向。

"是以生则不可夺志，死则不可夺名。"活着不能被强迫改变志向，死后不能被剥夺美名。

"有志者事竟成也！"有志气的人事业必定在竞争中获得成功。这是东汉王朝的建立者汉光武帝刘秀在深刻总结自己亲身经历征战经验的基础上，说明志气对事业成功的价值影响。

"有志者，事竟成，破釜沉舟，百二秦关终属楚；苦心人，天不负，卧薪尝胆，三千越甲可吞吴。"清代文学家、《聊斋志异》的作者蒲松龄，则是巧妙运用了历史上的"破釜沉舟""卧薪尝胆"两个著名典故，揭示了一个民族的意志可以决定国家存亡和兴衰的道理。

"儒有今人与居，古人与稽；今世行之，后世以为楷；适弗逢世，上弗援，下弗推，谗谄之民，有比党而危之者，身可危也，而志不可夺也，虽危起居，竟信其志，犹将不忘百姓之病也。"儒者是和现在的人生活在一起，而行为与古人相合；在今世的作为，能被后世当作楷模；如果生不逢时，上面不加取用，下面不加推举，又有谗言取媚的人结党营私加以陷害，但是身体可以加害，而志向不可以强迫改变；即使日常生活受到妨碍，终究要发展自己的志向，依然不忘记百姓的困苦。

苏轼说："古之立大事者，不惟有超世之才，亦必有坚韧不拔之志。"古时候能够成就大事的人，不但有超于世俗的才能，也必有坚韧不拔的意志。

马援说："丈夫为志，穷当益坚，老当益壮。"作为大丈夫的意志，贫困应当更坚定，年老应当更坚强。

"贫不足羞，可羞是贫而无志；贱不足恶，可恶是贱而无能；老不足叹，可叹是老而虚生；死不足悲，可悲是死而无补。"

"志苟不固，则贫贱者汲汲于营生，富贵者沉沦于逸乐。"如果没有坚定的志向，贫穷的人就只会平庸忙乱于应付衣食，富贵的人就只会整天沉沦在安逸享乐之中。

孟子说："富贵不能淫，贫贱不能移，威武不能屈，此之谓大丈夫。"高官厚禄不能扰乱自己的心态，贫贱位卑不能改变自己的志向，威武相逼不能迫使自己屈节，这样的人才能称得上是大丈夫。

古人这些论述，都是告诫人们人当立志，人贵有志。有志才能立业，有志才能成事，有志才能发展。

一个人的心中一旦确立了明确的志向，胸中有了寄托和希望，就会坚守一个信念，激励自己不断前行；就会跳出"死生由命，富贵在天"的天命论观念的影响；就会冲破满足现状、小富即安的小农经济思想的束缚；就会抛弃无所用心、得过且过的自卑自弃思想意识；就会宁静致远，不至于在工作中、事业上表现出急功近利、急于求成、因小失大的短期行为。

一个人的心中一旦确立了明确的志向，鼓足了精气神，就有坚韧不拔的斗志，就有奋发前行的激情，就有战胜一切困难的勇气和力量，不会碰到问题就绕道走、面对困难就低头。没有志向的人，先是被自己打败，然后才被生活打败。志存高远的人，先是战胜自我，然后才战胜生活。

"一心向着目标前进的人，世界也会为之让路。"自己没有志，谁也帮不了；自己明了志，谁也挡不住。

庄子说："夫哀莫大于心死"。一个人要是没有志向，没有抱负，就会平平庸庸，疲惫乏力，打不起精神。人生最大的悲哀就是内心没有愿景，没有希望，没有眷念，没有牵挂，没有寄托。人在生活的旅途中，如果没有一个明确的前进方向，东南西北不知道往哪个方向走，那就只有茫然，只有彷徨。当今有些人感染上了一种流行病：不思进取，不知所向，昏昏然，飘飘然，心高气盛，心浮气躁，物质至上，欲壑难填。这些都是因为志向缺失所引发的精神现象。为理想奋斗，为志向生活，才能宁静致远，才有前进的力量，才有人生的意义，才有成功的希望。

志不同于野心，野心的目的性是自私的，实现目的的手段是靠金钱、权术和欺诈。

三国时期蜀汉政治家、军事家诸葛亮在《诫外甥书》讲到怎样立志的问题。他说："志当存高远。"诸葛亮是主张人的志向要树立得远大一点。为什么要"志当存高远"？西汉时期思想家、文学家、袭父封为淮南王的刘安，在《淮南子·主术训》中为我们做出了很好的解答。

刘安说："凡人之论，心欲小而志欲大，智欲员而行欲方，能欲多而事欲鲜。所以心欲小者，虑患未生，备祸未发，戒过慎微，不敢纵其欲也。志欲大者，兼包万国，一齐殊俗，并覆百姓，若合一族，是非辐辏而为之毂。智欲员者，环复转运，终始无端，旁流四达，渊泉而不竭，万物并兴，莫不响应也。行欲方者，直立而不挠，素白而不污，穷不易操，通不肆志。能欲多者，文武备具，动静中仪，举动废置，曲得其宜，无所（击）戾，无不毕宜也。事欲鲜者，执柄持术，得要以应众，执约以治广，处静［以］持（中），运于璇枢，以一合万，若合符者也。故心小者，禁于微也；志大者，无不怀也；智员者，无不知也；行方者，有不为也；能多者，无不治也；事鲜者，约所持也。"

刘安认为，一般为人处事的要求应该是，考虑问题要细致，处事要谨慎，同时胸襟要开阔，志向要远大，智谋要圆通灵活而品行要端正，才能要广泛多样而处事要简约。所谓心要细，是说在祸害尚未发生或形成之前就要有所预见而加以防备，警惕和谨慎地对待可能会出现的过失及萌芽状态中的危险，不敢放松自己的思想。所谓胸襟开阔，志向远大，是说能兼容所有的诸侯国，统一四方边远的异邦，庇护恩及天下百姓，让他们亲密聚合如同一个家族；无论是和你一致的还是和你不一致的人，都要能将他们团结在你的身边，就像车辐聚合在车毂周围一样。所谓智谋圆通灵活，是说智慧如圆环那样反复运转、始终无端；像江河那样到处奔流，四面畅达；又像深渊泉水那样永不枯竭；这样万物因此兴盛，没有不响应随从的。所谓品行端正，是说站得直、不弯腰屈服，朴素洁白而不受污染；穷困时不改变操守，通达时不放纵自满。所谓才能广泛多样，是说文武俱备，动静符合法度，举止恰如其分，没有阻碍和抵触，没有不完全适宜的。所谓处事简约，是说掌握权柄、运用权术，以简约驾驭烦琐、以少制多，处静执中，如同璇枢掌握斗柄运转一样，以一合众，就像符节相合。所以心细谨慎者就应将错误禁绝于微细萌芽中，胸襟开阔、志向远大者就应无所不容，智谋圆通者就应无所不知，品行端正者必有所不为，才能广泛者必无事不能，处事简约者必持简要原则。

清代王永彬也曾告诫人们："志不可不高，志不高，则同流合污，无足有为矣；心不可太大，心太大，则舍近图远，难期有成矣。"意思是说：志向不能不高远，志向不高远，就不可能超凡脱俗，与低级庸俗之流沆瀣一气而不能有所作为。心气不能太大，心气太大，就不能立足于现实而好高骛远，难有希望取得成功。

"子路曰：'愿闻子之志。'子曰：'老者安之，朋友信之，少者怀之。'"子路有一次问孔子的志向，孔子说自己的志向就是使老年人安逸，使朋友信任，使年轻人怀念。在孔子的志向中，没有一点个人利益的追求，表明了自己要致力于服务社会、关爱他人、诚信律己的无私境界和宽广胸怀，为后人树立了怎样立志的榜样。

孟子曰："古之人得志，泽加于民；不得志，修身见于世。穷则独善其身，达则兼善天下。"孟子倡导有志之士应该是泽加于民，兼善天下。

孔子、孟子都是极力主张志向不应成为个人名利奋斗的目标指向，而应该立志于服务社会、服务民众。

大凡事业上不少成功者，开始也并不是就有一个明确的职业志向，而是在走向社会以后，在复杂多变的环境中，以自己的激情和敏锐捕捉适合自身的发展机会，确定了自己的发展方向，同样是靠着自身的激情和坚韧不拔不断摸索成功的路径，一步一个脚印地前行、奋斗，最后才走向了成功。成功者的快乐和幸福，不仅在明确了志向目标之时，也在为实现志向目标的进程中每个微小的成功和进步；不仅在达到志向目标之际，也在为达到志向目标而走过的全过程。

鲁迅初始的志向是学医，想通过行医治病使国人的身体强健起来。在一次观看教学幻灯片中，众多体格强健、精神麻木的中国人，在大街上淡然地围观自己的同胞被莫须有的罪名屠杀处死的情景，深深地刺痛了鲁迅的神经，他强烈地意识到，精神上的麻木不仁，比身体上的虚弱病痛更加可怕。如果亿万民众的思想不觉醒，即使身体强健，还不是只能被帝国主义列强抓去杀头，还不是只能成为一群麻木不仁围观同胞被害的看客！打碎国人的精神枷锁，引导国人的思想解放，激发国人的爱国情怀，这是拯救积贫积弱的中华民族唯一的希望。于是鲁迅放弃了学医，丢下了手术刀，拿起手中的笔，开始了文学创作的生涯，为赞美正义讴歌，为抨击丑恶怒吼，为民众觉醒呐喊，为民族振兴呼唤。

对于个人的发展志向，不论是学业还是就业，不少人都曾面临一个选择和被选择的问题。参加高考，有的人初始志向是学金融，结果偏偏被调剂到了理科专业。就业也是如此。有的人初始志向是经商，结果被他人或单位推上了从政的道路。当然，被选择的发展方向，你可以放弃，坚守自己原来的理想；也可以顺应被调整的发展方向，学会在实践中逐步适应。因为人的一生并非只有一次选择。没有人一出世就能明确自己的人生目标，也极少有人能坚守少年时代的志向一条道路走到底。否则，社会上就没有那么多人跳槽和改行。社会对人才的需求天天在变，个人对工作的兴趣、爱好也是时时在变。人都需要在社会发展实践的过程中，不断地从社会需求和个人兴趣、爱好的磨合中找准一个结合点，选准适合自己的最佳定位。敢于不断修正自己的人生目标，调整自己的发展方向，也是一种难能可贵的生存智慧。

人生最高境界的自主就是能够追随自己内心确立的志向，在认定自己是正确的之后，能够不被任何人的评论左右自己行为的精神自主。如果我们过于在意别人的想法，听信别人的说三道四，那就很容易失去自我，好像自己的生命不是为了自己而活着，而是为了别人而活着。

志向可以不需用语言来表达，但必须用行动来实践。实现自己心中追逐的理想目标，不仅要有心动，而且更重要的是行动。所以，我们在确定自己人生志向的时候，就要考虑到奋斗目标的现实可行性，既不能好高骛远，可望而不可即；也不能过于急功近利，浅尝辄止，一蹴而就。

人生有了一个明确目标，能够倾心专注，一心一意坚持走下去，这样老天都会帮忙。工匠精神，就是干一行就爱一行、专一行，沉下心来不浮躁，埋头苦干不偷懒，踏踏实实，潜心钻研、精益求精干好手中的一件事，直到极致。有了工匠精神，有了拿手绝技，走到哪里都会受到欢迎。很多失败的人，不是他们不聪明，不是他们不努力，而是朝三暮四、做事不专心。看到别人开餐馆赚钱，就跟着别人开店搞餐饮；看到别人炒房赚钱，又去忙活买房卖房。跟着别人屁股转，等别人的钱赚足到手了，你就只能赶个尾巴赚吆喝。凡人做事，都要首尾不懈，慎始敬终，不可见异思迁，站在这山望那山，做着此事想彼事，人而无恒，必将一无所成。

一个能够始终不渝为自己坚守的志向努力奋斗的人，一定可以化渺小为伟大，化平庸为神奇。

自强不息需要不断改革创新。

《吕氏春秋·慎大览第三·察今》讲述了一个"刻舟求剑"的故事："楚人有涉江者，其剑自舟中坠入水，遽契其舟曰：'是吾剑之所从坠。'舟止，从其所契者入水求之。舟已行矣，而剑不行，求剑若此，不亦惑乎？"这个故事是说楚国有一个乘船渡江的人，上船后不小心把剑掉入江中，于是他就在船舷上刻下一个标记，并且告知自己说："记住，我的剑是从这里掉入江中的。"等到渡船到了对岸停住后，他就急忙从自己刻有标记的地方跳入江中寻剑。其实，船已行走很远，而剑只是停留在江对面的水中，这样寻找失剑的方法，不是非常让人疑惑吗？这个故事说明，用静止、不变的观念去解决不断变化的实际问题，绝对达不到预期的结果。

"宋人有耕者，田中有株，兔走触株，折颈而死，因释其耒而守株，冀复得兔，兔不可复得，而身为宋国笑。"宋国有个种田的农人，田头有棵大树。一次，一只野兔撞到露在地面的树根，折颈而亡。为此，农人放下农具守在树根旁，希望再次捕获野兔。结果野兔没有捕到，而且此事在宋国还被当作笑话传扬。

"刻舟求剑""守株待兔"的故事告诉我们，社会的发展，时局的变迁，要求我们的思想观念也必须随之发展和变化。不断地适应变化的新情况才能不断地自强；不停地根据不断变动的新形势创新自己的思维，找出适应变化的新方略，才能有永恒的发展。

孟子说："山经之蹊间，介然用之而成路。"山沟小溪旁边，当其经常被人践踏就成为路。

《易》曰："穷则变，变则通，通则久。"贫穷就会思变，变革就会通达，通达就能长久。

"及至三王，观时而制法，因事而制礼，法度制令，各顺其宜，衣服器械，各便其用。故治世不必一道，便国不必法古。圣人之兴也，不相袭而王；夏殷之衰也，不易礼而灭。然则反古未可非，而循礼未足多也。"战国时期赵武灵王说："到了夏、商、周三代的圣王，都是观时制法，因事制礼，法令制度都顺应潮流，衣服器械只求使用方便。所以说，治理国家不必只用一种方法，推进国家发展不必效法古代。圣人的兴起，不承袭前世而兴旺；夏、商的衰败，就是因为不变更制度而灭亡。可见反对历史旧俗，不应受到非议；而遵循过时的制度，也不值得赞许。"

《战国策》说："谚曰：'以书为御者，不尽于马之情；以古制今者，不达于事之变。'故循法之功不足以高世，法古之学不足以制今，子其勿反也。"谚语说："照搬书上记载来驾车的人，不能通晓马的习性；用过时的老办法来治理现代社会，是不懂得社会的变化。所以固守旧制不会建立盖世功勋，坚持陈旧理念不能解决当代矛盾，希望你不要反对现时的一些做派。"

"居今之世，志古之道，所以自镜也，未必尽同。帝王者各殊礼而异务，要以成功为统纪，岂可绳乎？"处于当今时代，对于历史经验，只是参照而已，未必完全依照执行。历代帝王制定的制度和处理事务的经验都不一样，目的都是要以成功为纲领，怎么可能相同呢？

"故周失之弱，秦失之强，不变之患也。"周朝的失败在于柔弱，秦朝的失败在于强暴，都是因为不懂变更导致的灾祸。

"夫殷变夏，周变殷，春秋变周，三代之礼不同，何古之从？……知法治所由生，则应时而变；不知法治之源，虽循古终乱。"殷改变了夏，周改变了殷，春秋改变了周，三个朝代的礼制都不相同，有什么历史做法可以遵从呢？懂得法治产生的缘由，就会应时而变；不懂得法治的本源，虽是遵循古制，最终还是会导致动乱的。

"武王先武而后文，非意变也，以应时也。周公放兄诛弟，非不仁也，以匡乱也。故事周于世则功成，务合于时则名立。"周朝武王先武而后文，并不是由于个人的意气变化，而是为了适应形势的发展。周公放兄诛弟，并不是个人的不仁义，而是为了平息当时发生的叛乱。办事顺应时势的变化就功成，实践有利于时代的需求就名扬。

宋朝王安石说："天变不足畏，祖宗不足法，人言不足恤。"天道改变不足以畏惧，传承先辈精神不必模仿过去的做法，他人的批评言论不足以过于忧虑。

"故圣人事穷而更为，法弊而改制，非乐变古易常也，将以救败扶衰，黜淫济非，以调天地之气，顺万物之宜也。"所以圣人在事业遭遇挫折时就会及时改变作为，法令在执行过程中发现弊端就会随时修正，并不是个人喜欢变古易常，而是为了解决矛盾，兴利除害，调理天地之气，促使万物健康发展。

"孟轲守旧术，不知世务，故困于梁、宋。孔子能方不能圆，故饥于黎丘。"孟子因为固守过时的做法，不能适应时务变化，所以被困于梁、宋。孔子因为原则性特强，处事缺乏灵活应变，所以在黎丘挨饿。

物竞天择，适者生存，这是大自然一条不变的法则。在人类社会活动中，也是没有竞争，就没有事业发展；没有改革创新，就没有发明进步。

自强不息需要坚韧。

凡人的一生，必与苦难相伴。只是各人面对的苦难表现形态不同，程度不同而已。生活中的苦难既是对人身体的折磨，更是对人的意志的磨砺、精神的洗礼。苦难能激发人的求生、脱困欲望，会让人更加奋发，更加努力，更加舍命拼搏地改变现状。苦难会使人思想更成熟，毅力更坚强，斗志更坚定。不是一番寒彻骨，怎得梅花扑鼻香。人也是不经冬之寒，就不觉春之暖。出身贫苦，历经磨难，更知穷之忧、困之苦。没有经历过痛苦，就不可能有痛苦之人的感悟。从这个意义上说，经历过苦难，也是人生难得的一笔精神财富。

　　万种艰辛出伟人。孔子自己曾经坦言："吾少也贱，故多能鄙事。"孔子说他小时候穷苦，所以学会许多鄙贱的技艺，能做很多低下的工作。正因为孔子从小也很贫困，为了谋生也曾干过一些简单的粗活，才使得他日后不论是从政还是教学，都没有忘怀曾经亲自感悟到的劳苦大众从事劳动的艰辛，体会到劳动人民身处贱位从事鄙事的生活状况与思想情怀，从而从内心发出了诸如"政者，正也""为政以德""己欲立而立人，己欲达而达人""己所不欲，勿施于人""见贤思齐焉，见不贤而内自省也"等道德良心呼唤，并在执政和教学的实践中践行这些理念，成为中华民族千年敬仰的"圣人"。

　　"昔西伯拘羑里，演《周易》；孔子厄陈、蔡，作《春秋》；屈原放逐，著《离骚》；左丘失明，厥有《国语》；孙子膑脚，而论兵法；不韦迁蜀，世传《吕览》；韩非囚秦，《说难》《孤愤》；《诗》三百篇，大抵贤圣发愤之所为作也。"过去周文王姬昌被商纣王囚禁于羑里，作《周易》；孔子曾被陈蔡大夫徒役围困于陈蔡之间的荒野，不得行，绝粮，成功删修鲁史官所记《春秋》；屈原曾辅佐楚怀王，做过左徒、三闾大夫，后遭谗言所害，被放逐，著有《离骚》；春秋时期左丘明，曾任鲁国太史，左眼失明，著有《左氏春秋》和《国语》；孙膑是孙武的后世子孙，庞涓恐其贤于己，以法刑断其两足。后在齐魏马陵之战，孙膑大败庞涓，以此名显天下，世传其兵法；吕不韦曾任秦相，被秦始皇尊为"仲父"，有宾客三千，编著《吕氏春秋》，后被秦王政放逐迁蜀，忧惧自杀；战国时期韩非在被邀出使秦国时，因李斯陷害，被捕入狱，曾著《说难》、《孤愤》、《五蠹》。《诗》三百篇，大概都是贤圣危困前后的发愤之作。

　　伟人的成长离不开磨难，常人的成功也少不了磨难。在正常生活环境中，吃穿不愁，生活无忧，往往容易使人产生一种惰性，斗志消沉，满足现状，缺乏追求，不想吃大苦，不想担风险，得过且过，这种人是绝对没有什么大作为的。正如孔子所言："饱食终日，无所用心，难矣哉！"整天吃饱了饭，不用一点心思，难得有出息啊！孟子讲："生于忧患，而死于安乐也。"说的也是这个意思。

　　"凡人之情，穷则思变。"按照一般人的情理，穷困就会图变。有些人在遭受穷苦、困难、挫折的时候，只是把这些困苦磨难当作人生旅途中的一个环节、一个起点，相信通过自己的努力、付出，总是会有收获的。拼了命地奋斗，命运总会改变。

面对穷困，有人选择怨天尤人，裹足不前；有人选择勇敢面对，迎难而上。

选择退缩，畏首畏尾，不敢前行，就是安于现状，放弃图变图强的重要时机。其实只要能认真总结经验，经过坚持不懈的努力，就是向着最后摆脱穷困靠近了一步。苦难会给人们带来伤痛，也会给人们带来坚强。挺过了苦难时内心的黑暗，就可以迎来战胜黑暗后内心的曙光。

漂浮在苦海中的人们只有两种选择：要么舍命拼搏，游向就近的岸边，脱离苦海；要么继续在苦海中漂泊，随波逐流，等到灭顶的灾难。

如果我们不想在逆境中沉沦，那么就必须在逆境中抗争。

无论遇到何种困难和挫折，都不要轻言放弃。世上许多事情，都是成于坚持不懈，毁于半途而废。胜利往往就在于坚持一下的努力之中。

我们在工作中、生活上的许多难题，之所以没有能够很好地解决，有时并不是因为问题本身的难度，而是我们把它想象得太复杂、太严重，因而不敢正面应对。当某种事情自己认为是不可为时，就会为自己的不可为编排出诸多正当的理由，从而以这件事情的不可为似乎是理所当然来安慰自己，结果是这件事真的成为自己不可为之事。

在困难和挫折面前，许多人并不全是输给了问题的本身，更多的是输给了自己。因为人们常常低估了自己战胜困难的能力，缺乏战胜困难的勇气和信心，没有最大限度地挖掘出自身的潜能。

人在面对穷苦、困难、挫折、烦恼的时候，都要能"提得起，放得下"。"放不下"今天的痛苦，就"提不起"明天的希望。逆境顺境看襟度，大事难事看担当。面临大事难事，有人选择逃避或退缩；有勇气的人选择的是面对。顺境逆境，人人都会遇到，不可能一辈子都是顺境，也不可能一辈子都是逆境。能不能在顺境时居安思危，未雨绸缪；在逆境中坦然面对，蓄势待发，就能看出一个人的胸怀和气度。

困难像弹簧，看你强不强；你强它就弱，你弱它就强。凡是有所作为、有所成就的人，不是没有遇到过困难和挫折，只是在困难和挫折到来的时候，能够冷静面对，能够千方百计找出战胜的办法，不是向困难和挫折低头，不是缩手缩足，而是表现出一种超强的勇气和力量。

战胜艰难也像打仗一样，在战略上要藐视它，在战术上要重视它。战争中面对敌人首先要有个敢打必胜的信念，要有个敢于亮剑的精神，精气神不能不强。再加上把敌情、我情分析透彻，部署得当，准备充分，战术运用灵活，这个仗就有胜利的希望。我们的导弹上天，蛟龙入海，都是举世瞩目的成就。可这背后，又有多少的艰辛付出？又遇到多少困难和失败？没有挫折和失败，成功是不可想象的。我们的科技工作者，就是有爱国的激情，有敢为人先、敢比人强的志气，有百折不挠的毅力，有科学加拼命的精神，才使得我们的导弹和蛟龙能够走在世界现代科技的前列。

强者不是没有眼泪，而是在困难和挫折面前能够吞下眼泪继续前行。强者的意志是在困苦和挫折的磨炼中铸造的，强者的能力是在困苦和挫折的斗争实践中增长的，强者的经验是在战胜困苦和挫折的过程中积累的，强者的人生价值是在困苦和挫折面前不低头、不退缩的形象中展现的。

富与贵，必以其道得之

孔子说："富与贵，是人之所欲也。不以其道得之，不处也。贫与贱，是人之所恶也。不以其道得之，不去也。"发财和做官，是世人盼望的；不用合理合法的方式去得到它，君子也不干。贫困和下贱，是人人所厌恶的；不用正当的手段去摆脱它，君子也宁可不去摆脱。人们常说，君子爱财，取之有道，说的正是这个意思。

孔子所说的富贵之道，应该包括多重含义：其一是指天道天理，也即客观规律；其二是指道德道义；其三是指法律法规；其四是指优势、专长；其五是指思想方法、工作方法。

人都各有所长，各有所短。在遵从规律、法律、道德和充分发挥个人智商功能的前提下，从自己的性格、爱好、技术专长、从业经验、管理水平、人脉关系发现自身的长处和不足，利用优势，发挥专长，扬长避短，诚心一意，专心致志，敬始慎终，就是践行孔子所说的富贵之道。

"子曰：'富与贵，是人之所欲也。不以其道得之，不处也。'"全面准确地理解孔子所说的富贵之道，应当领悟如下要点。

其一是指天道天理，也即客观规律。

西汉哲学家、今文经学大师董仲舒，专治《春秋公羊传》。他曾对策谏议"独尊儒术"，被汉武帝采纳，使孔子学说成为自汉以后两千余年封建文化的正统。

董仲舒说："道之大原出于天，天不变，道亦不变"。道的本原来自天，天不变，道也不会改变。天道天道，天是道之本源，道是天之灵魂，天与道是紧密联系的。

管仲说："得天之道，其事若自然；失天之道，虽立不安。"顺乎天道，他的事业就会正常发展；丧失了天道，事业虽然成功仍然存在危机，会有得而复失的危险。

刘安在《淮南子》一书中也说："道至高无上，至深无下，平乎准，直乎绳，圆乎规，方乎矩，包裹宇宙而无表里，洞同覆载而无所碍。"道是至高无上、至深无下，包含天地之间的无限空域，其公平像秤一样精准，正直像直绳一样无曲，灵活像圆一样无缺，制约像矩一样横竖分明，包裹宇宙没有内外，穿透覆载没有障碍，使世间万物运行得自然有序，没有任何力量可以阻挡。刘安在这里所说的道的覆盖之广、能量之重、作用之大、功效之强，显然只能是天道才可具有。

"天道论"虽然不是董仲舒的独家之言，其他先贤也有此类不少论述，但是相较而言，董仲舒的"天道论"对后人的影响似乎尤深。

"天地之生万物，圣王之治天下，皆因其自然而顺之，故功无不成。是以黄帝服牛乘马，因其性也；禹浚九川，障九泽，因其势也；后稷播殖百谷，因其时也；汤武帅天下而攻桀纣，因其心也。皆有因则成，无因则败。"天地它生长万物，圣王他治理天下，都是因循客观规律而顺从之，因此没有不见成效的。之所以黄帝服牛乘马，是利用了牲畜的性能；大禹疏浚河道治水，是利用了自然界的地势；后稷种植百谷，是利用了天时、气候的变化；汤武率领百姓而攻桀纣，是顺应了天下民心。世界上的任何事情都是有因则成，无因则败。

"夫物有以自然，而后人事有治也。故良匠不能斫金，巧冶不能铄木，金之势不可斫而木之性不可铄也。埏埴而为器，窬木而为舟，铄铁而为刃，铸金而为钟，因其可也。驾马服牛，令鸡司夜，令狗守门，因其然也。"

万物都有其自然规律，人只有遵循客观规律，才能从事治理。所以优秀的木匠是不能砍斫金属物的，灵巧的冶工是不能熔毁木材的，这是因为金属的特质决定了不能砍斫，木材的特性决定了不能熔毁。调和泥土制成陶器、挖空木头做成舟船、熔化金属铸造刀剑、熔铸金属造成钟，这都是依循它们的物质特性而做成的；驾驭牛马拉车、让公鸡报晓、让狗守门护宅，这都是顺应了生物的本能特性。

"万物之与人也，无私近也，无私远也。巧者有余，而拙者不足。其功顺天者天助之，其功逆天者天违之。天之所助，虽小必大；天之所违，虽成必败。顺天者有其功，逆天者怀其凶，不可复振也。"万物与人的关系，没有与谁近、与谁远。灵巧的人总能利用有余，愚蠢的人却利用不足。一个人的作为，顺应天道规律天就助之；其所作所为逆天之道，上天就会违背他的意志而动。天道所助，事业虽小也能发展到大；违抗天道，事业虽然成功，最终也会失败。

战国时期的蔡泽曾被任为秦相，辞相后被封为"刚成君"，他说了一个人们司空见惯的现象："日中则移，月满则亏。"太阳走到中天的时刻就会偏移，月亮运行到团圆的时候就会逐渐出现亏缺。

唐代诗人许浑在《咸阳城西楼晚眺》一诗中写道："溪云初起日沉阁，山雨欲来风满楼。"在山溪开始升起乌云，夕阳已沉没在山中寺阁背后的时候，山雨将要到来之前，必然是大风骤起，楼阁中满布风声。

战国时期的墨翟说："今鸟闻热旱之忧则高，鱼闻热旱之忧则下，当此，虽禹、汤为之谋，必不能易矣。"天上的飞鸟感受到夏天热浪的忧烦就会向更高的天空飞翔，江河的鱼虾感受到夏天热浪的忧烦就会向江河更深的地方游弋，这个时候就是有禹、汤一样的智慧，必然也不能改变这一现象。

宋代散文家苏洵，与其子苏轼、苏辙合称为"三苏"，俱被列入"唐宋八大家"。苏洵讲："月晕而风，础润而雨，人人知之。"月亮的周围有了昏暗的云象就要刮起大风，房屋的基础出现了潮湿，天空就要降雨，这是人人都知道的自然现象。

古人都是通过对日、月、风、云、鸟、鱼、禽兽诸多变化形态的描述，从其因果的必然联系中告诉人们，自然界的万物都自有其运动规律。地球围着太阳转，月亮围着地球转，这是宇宙运行的规律。冬季寒冷，夏季炎热，四季交替，反复无穷，这是自然界的规律。水往低处流，树往高处长，水到一定的温度就会结冰、汽化，金银铜铁这类金属到了熔点就会改变自身的质地和形态，这是物质运动的规律。规律都是客观存在，不以人的意志为转移。人们只能认识规律、遵循规律、利用规律，而丝毫不能改变规律。

"橐驼非能使木寿且孳也，能顺木之天以致其性焉尔。凡植木之性：其本欲舒，其培欲平，其土欲故，其筑欲密。既然已，勿动勿虑，去不复顾。其莳也若子，其置也若弃，则其天者全而其性得矣。故吾不害其长而已，非有能硕茂之也；不抑耗其实而已，非有能早而蕃之也。""他植者则不然，根拳而土易，其培之也，若不过焉则不及。苟有能反是者，则又爱之太殷，忧之太勤。旦视而暮抚，已去而复顾，甚者爪其肤以验其生枯，摇其本以观其疏密，而木之性日以离矣。虽曰爱之，其实害之；虽曰忧之，其实仇之。故不我若也。吾又何能为哉？"

郭橐驼会种树，长得好。有人问他种树的经验，他说："我郭橐驼并不是能使树木活得久、繁殖快，只是能顺着树木生长的自然规律，让它按照自己的本性成长罢了。大凡植树的规律是，树根要舒展，培土要平匀，土质要用原土，筑土要密实。这样做好以后，不要再去动它想它，离开就不要管了。栽培时要像抚育自己小孩一样细心，栽培好就要舍得放弃，那样就能顺其规律按其本性自然成长。所以我只是不妨害它成长而已，不是有能力使树木长得高大茂盛；只是不抑制不损伤它的果实而已，不是有能力使它的果实长得又早又多。""有的人种树却不是这样，树根卷曲而且换新土，培土不是超过就是不够，即使有的人能反过来不是这样，却又对树爱得过分，担忧太多，早晨跑去看看，下午跑去摸摸，离开了还要再回头观察一下，更有甚者是抓破树皮来检验是活是死，摇动树干去看所培之土是松是紧，这样就是使树木一天天背离其自然成长的本性啊。虽说本意是爱它，其实是害它。虽说是担忧它，实则是仇恨它。所以他们就不如我了，其实我又有什么本事呢？"

柳宗元记叙"郭橐驼种树"的故事，是要告知世人：尊重事物的自然规律，则事成；违背事物的自然规律，则事败。这就是规律不可抗拒的力量所在。

"天有常度，地有常形，君子有常行；君子道其常，小人计其功。"天有其正常的运行法则，地有其正常的表现形态，人有其正常的行为方式。君子讲究按常规常理办事，小人则是不顾一切只想谋其功利。

《左传》说："天反时为灾，地反物为妖，民反德为乱，乱则妖灾生。"天违反时令就现灾难，地违反物性就显妖异，民众违反道德就出祸乱。有了祸乱就有妖异和灾难发生。

《国语》说："夫天之所弃，必骤近其小喜，而远其大忧。"上天所要遗弃的，必然先是给你一些小喜，然后再予以灭顶之灾祸。天要你灭亡，必让你疯狂。

"冬有雷电，夏有霜雪，然而寒暑之势不易，小变不足以妨大节。"冬天有雷电，夏天有霜雪，然而寒暑的大趋势并未改变，偶尔的小变不足以变更冬冷夏热的大规律。

"禹决江疏河，以为天下兴利，而不能使水西流；稷辟土垦草，以为百姓力农，然不能使禾冬生。"禹决江疏河，虽说是为天下百姓办好事，但也不能使水西流；稷辟土垦草，虽说是助力发展农业，但也不能使禾冬生，都是规律所然。

古人的诸多论述都是告诫世人：自然界和人类社会的客观规律都是不可抗拒的，顺之者昌，逆之者亡；它必然决定人类社会各项事业的兴衰成败。

其二是指道德道义。

《大学》说："道得众，则得国；失众，则失国。是故君子先慎乎德。有德此有人，有人此有土，有土此有财，有财此有用。德者，本也；财者，末也。"以道德赢得民众的心，就能得到国家；丧失民众的心，就会丧失国家。所以君子先要谨慎对待自己的德行，有德行就能拥有民众，有民众就能保有国土，有国土就能拥有财富，有财富就能有所享用。德行是根本，财富是末节。

《礼记·乐记》说："君子乐得其道，小人乐得其欲。以道制欲，则乐而不乱；以欲忘道，则惑而不乐。"君子为得到道德修养而欢乐，小人为得到欲望满足而欢乐。以道德抑制欲望，就欢乐而不淫乱；因欲望而遗弃道德，就困惑而不欢乐。

"道德当身，故不以物惑。"道德在身，所以不会为身外物质利益所诱惑。

"富贵之多罪，不如贫贱之履道。"富贵但思想行为丑陋，那就不如贫贱而能履道。

"争之则失，让之则至，遵道则积，夸诞则虚。故君子务修其内而让之于外，务积德于身而处之以遵道。"有些东西，如果一心一意去争夺，结果反而会失掉；如果礼义谦让，结果反而会得到。遵循道德原则行事就会逐步厚德，虚伪欺诈就会使道德日损。所以，君子致力于自己内在的思想修养，在行为上要谦让，致力于自身美德的积聚，遵循道德的原则处理事务。

"君子之于正道，不可少顷离也，不可跬步失也。"君子对于中正之道，不可以顷刻相离，不可以有半步的失足。

遵循道德规范方可确立正确的义利观。

"义者，宜也"，"行而宜之之谓义。"做着适宜道德的事情叫做义。

《中庸》讲的"义者，宜也。"所指何事之宜？应该包括事于道之宜，事于仁之宜，事于礼之宜，事于智之宜，事于诚之宜，事于信之宜。也即做事要宜于道，宜于仁，宜于礼，宜于智，宜于诚，宜于信。符合道的要求，符合仁的要求，符合礼的要求，符合智的要求，符合诚的要求，符合信的要求，方可称之为义。有了义，就能显示道，显示仁、显示礼、显示智、显示诚、显示信。

"子墨曰：'万事莫贵于义。'"世上千事万事没有贵重于义的。

荀子说："水火有气而无生，草木有生而无知，禽兽有知而无义；人有气，有生，有知，亦且有义，故最为天下贵也。"水火有气而无生命，草木有生命而无感知，禽兽有感知而无道义；人有气、有生命、有感知，而且还有道义，所以人是天下最尊贵的。

"先义而后利者荣，先利而后义者辱；荣者常通，辱者常穷；通者常制人，穷者常制于人，是荣辱之大分也。"先义而后利的人荣耀，先利而后义的人耻辱。荣耀的人常常通达，耻辱的人常常穷困。通达的人制人，穷困的人则制于人，这是荣辱的最大区别。

"'为仁不富，为富不仁。'苟先利而后义，取夺不厌。"仁者不富，富者不仁。如果先利而后义，物质上的取夺就没有满足。

"故仁者不以欲伤生，知者不以利害义。"仁义的人不以自己的欲望伤害生命，聪明的人不以谋求利益而损害道义。

"见利而让，义也。"见到利益能够谦让，这是重义的表现。

"君子思义而不虑利，小人贪利而不顾义。"君子思虑的是大义而非利益，小人贪图的是利益而非道义。

"多行不义，必自毙。"干多了不义的坏事，必定是自取灭亡。

"故礼义立则耕者让于野，礼义坏则君子争于朝。"人们确立了正确的礼义观，农民都会礼貌、谦让于田野间；人们的礼义观一旦丧失，文质彬彬的君子都会在朝堂上蛮横争吵。

"义，利之本也。"道义，是利益之本；利益，是道义之末。

古人关于义利方面的论述，都是告诉世人必须见利思义、先义后利，不可见利忘义、先利后义。

道德道义都是立人之本，生财聚财之本。

其三是指法律法规。

"民不能自治，故为法以禁之。"民众不能自己管束自己，所以需要立法限制其行为。

"法者天地大典，……夫国以法理，军以法胜；有恩无威，慈母不能使其子。"法律像是天大地大的制度，所以国家要依法治理，军队要依法取胜。如果只有恩惠没有权威，慈母都不能使唤自己的儿女。

"政之大本，在于刑赏，刑赏不明，政何以成！"理政的根本在于刑罚和褒奖，没有明确的赏罚，哪来理政的成就？

战国时期法学家慎到提出"大君任法而弗躬，则事断于法矣"的法家政治思想，把君主的权势看作行法的力量，认为"贤智未足以服众，而势位足以诎贤者"。有了权，有了法，一个平凡的君主就可以"抱法处势"，"无为而治天下"。他指出："法之功，莫大使私不行；君之功，莫大使民不争。"法律的功效，莫大于使私欲不能横行；君王的功绩，莫大于使民众不发生争斗。

法律是由国家权力机构制定，并以国家强制力保证实施，全体公民必须共同遵循的行为准则。在我国春秋战国时期，就有成文法的出现。秦有《秦律》，楚有《宪令》，齐有《七法》，燕有《奉法》，韩有《刑符》，赵有《国律》，魏有《法经》。社会的文明进步，推动了法治建设的健全发展；法制建设的完善，又进一步保障和促进了社会生产力的提高和国家的稳定繁荣。

一个国家要有一套好的法律；一个企业、一个单位、一个地区，也要有一套好的规章制度。企业内部管理制度的建立和实行，对于有效保证企业生产经营秩序，严格劳动纪律，协调处理好企业内部相互之间的利益关系，激发职工的积极性、创造性，提高经营效益，都会产生重大影响。一个管理松散、制度废弛的单位，绝不会有高效率、高效益。

人们常讲"令行禁止"，就是要做到有令则行，行要行得通；有禁则止，止要止得住。一项规章制度能不能在一个单位、一个地区起到令行禁止的效能作用，关键在于制度本身。好制度才能收到好效果。制度不好，执行不了，等于一纸空文。

要维护法纪的权威，就必须坚持立法的公正和执法的严明。在这方面，古人不仅有很多言论，而且有些人在实践中也是坚持这么做的。

例一：春秋末期，齐国人孙武带着自己所著的兵法见吴王阖闾。吴王说："你的兵法十三篇我全看了，可以试试练兵吗？"孙武说："可以。"吴王说："可试以妇人吗？"孙子说："可以。"于是调出宫中美女一百八十人，孙武把她们分成两队，以吴王的两位爱姬为队长，各人执戟作为武器。孙武三令五申提出了要求后就开始操练。孙武令击鼓号令向右，宫女们个个捧腹大笑。孙武说："约束不明，口令不熟，这是将的过错。"再次三令五申之后，击鼓号令向左，宫女们仍然大笑。孙武说："既然已经明确而不执行，这是带兵人的过错。"于是要杀左右队长。吴王从台上看见要杀爱姬，大为震惊，急忙派人告诉孙武："我已经知道将军能用兵了。我没有这二姬，吃饭都不香甜，希望不要杀了她们。"孙武说："我既然已经受命为将，将在军，君命有所不受。"结果还是斩了这两名队长。又另选两人为队长，重新开始训练。宫女们前后左右跪倒起立，每个动作都能按照要求执行，不敢出声。于是孙武报告吴王，兵已练好，吴王可以指挥看一下，如果吴王想要使用她们，哪怕是赴汤蹈火，都是可以的。于是吴王知道孙武善于带兵，命之为将，西破楚国，夺取楚都郢，北面威镇齐晋，名扬诸侯，孙武是有其大功的。

孙子被称为我国古代的兵圣。《孙子兵法》阐明的谋略思想、治军原则、战略战术享誉古今中外。孙子敢杀违抗军令的吴王爱姬，连吴王说情都没有用，其治军执法严明由此可见一斑。

例二："墨者有钜子腹䵍，居秦，其子杀人，秦惠王曰：'先生之年长矣，非有他子也，寡人已令吏弗诛矣，先生之以此听寡人也。'腹䵍对曰：'墨者之法曰："杀人者死，伤人者刑。"此所以禁杀伤人也。夫禁杀伤人者，天下之大义也。王虽为之赐，而令吏弗诛，腹䵍不可不行墨子之法。'不许惠王，而遂杀之。子，人之所私也。忍所私以行大义，钜子可谓公矣。"

"荆昭王之时，有士焉，曰石渚。其为人也，公直无私，王使为政。道有杀人者，石渚追之，则其父也。还车而反，立于廷曰：'杀人者，仆之父也。以父行法，不忍；阿有罪，废国法，不可。失法伏罪，人臣之义也。'于是乎伏斧锧，请死于王。王曰：'追而不及，岂必伏罪哉？子复事矣。'石渚辞曰：'不私其亲，不可谓孝子。事君枉法，不可谓忠臣。君令赦之，上之惠也。不敢废法，臣之行也。'不去斧锧，殁头乎王廷。正法枉必死，父犯法而不忍，王赦之而不肯，石渚之为人臣也，可谓忠且孝矣。"

例三：春秋战国时期，正当燕晋联合入侵齐国之际，齐景公召见田穰苴，和他谈论用兵打仗的事。谈话之后，齐景公非常高兴，任命田穰苴为将军，带兵抵抗燕晋入侵之师。田穰苴说：我平素位卑，君王把我从底层提拔起来，列位于大夫之上，士卒尚未亲附，也没有取得人民的信任，人品卑微其权不重，希望得到一个君王宠爱的大臣担任监军，国人都很尊敬，这样才好。齐景公答应了穰苴的要求，指派庄贾前往。穰苴辞别景公后，立即与庄贾商定：

明日日中会见于军门。庄贾认为率领本国的军队而且自己又是监军，可以不用那么急，亲友宾客前来送行宴请，他都忙于一一应酬。第二天，夕阳西下的时候，庄贾才到军营。穰苴说："将受命之日就应忘其家，临军约束之时就应忘其亲，临阵闻钟鼓之声就应忘其身。现在敌军深侵，邦域之内人心骚动，军马已经公开集结，君王为此寝不安息、食不甘味。百姓之命都悬系君手，哪还有时间去搞什么迎来送往的客套呢？"于是叫来军法官问道："军法约定的时刻没有按时赶到的人，应当如何处置？"军法官回答说："当斩。"庄贾这时感到害怕，立刻派人报告齐景公求救。报信的人出发后还没来得及返回，穰苴已下令将庄贾斩首，以警示三军。后来穰苴指挥部队击退燕晋入侵之敌，因功被封为大司马，后人尊称其为司马穰苴。

例四：西周初年政治家周旦，亦称周公，曾助武王灭商。武王死后，成王年幼，由周公摄政。其兄弟管叔、蔡叔、霍叔等人不服，联合武庚和东方夷族反叛。周旦为了辅佐成王，率师东征，杀其弟，平定了反叛，为西周政局稳定做出了重大贡献。

孙武训练宫中美人，敢杀吴王爱姬，是执法不避贵；石渚代父受罚，周公为辅成王而诛杀其弟，腹䵍坚持杀子偿命，是执法不徇私；司马穰苴为了严明军纪斩庄贾，是执法不阿近。不避贵，才能做到不论职位高低、身份贵贱，坚持在法律面前人人平等，不搞任何形式的特殊、例外，坚持王子犯法与庶民同罪。不徇私，才能做到不因私情而枉法，不以法纪而谋私。不阿近，才能做到对身边亲近之人的违法行为不袒护、不说情，坚持按照法纪规定办理。

法律法规既是个人和企业正当权利和利益不受侵害的重要保障，也是公民和企业合法经营、公平竞争的行为准则。恪守法律法规经营，依靠法律法规维权，就是我们发展的正道、致富的正道。

其四是指区域优势、个人专长。

区域优势包括：地理方位优势，水陆空交通优势，本地矿产资源、历史文化资源、民俗文化资源的优势，高端科技高等教育的辐射拉动优势，重点工程产业链的带动优势。俗话说靠山吃山，靠水吃水，充分利用好区域优势，无疑是践行孔子所说富贵之道的一个重要条件。

"夫尺有所短，寸有所长，物有所不足，智有所不明，数有所不逮，神有所不通。"尺比寸长，但比丈短；寸比尺短，但比分长。事物总有它的不足，智慧总有它的局限，术数也有弄不清的地方，神灵有时也不灵验。

"弹鸟，则千金不及丸泥之用；缝缉，则长剑不及数分之针。"用弹弓弹鸟，则千金不如普通的小石有作用；缝补衣服，则长剑比不上分寸之针的作为。

《战国策》记叙："鲁连谓孟尝君曰：'猿猕猴错木据水，则不若鱼鳖；历险乘危，则骐骥不如狐狸。曹沫之奋三尺之剑，一军不能当；使曹沫释其三尺之剑，而操铫耨，与农夫居垄亩之中，则不若农夫。故物舍其所长，之其所短，尧亦有所不及矣。'"战国时期，齐国人鲁仲连对孟尝君说：猿猴离开了树木到了水里，就比不上鱼鳖；经历险地和攀登峭壁，骏马就比不上狐狸。鲁国将领曹沫挥舞三尺利剑，一支大军也不能抵挡；假如让他放下武器拿上农具，与农夫同在田地耕作，他就不如农夫。因此一个人舍弃他的长处，使用他的短处，就是像尧那样的圣人也有不如他人的地方啊。

"故善用兵者不以短击长，而以长击短。"善于用兵的人，不是以自己的短处攻击敌人的长处，而是利用自己的优势，以自己的长处攻击敌人的短处。

孔子说："工欲善其事，必先利其器。"工匠要想做好工，一定要先修好他的工具。

"水积而鱼聚，木茂而鸟集。好弋者先具缴与矰，好鱼者先具罟与罛，未有无其具而得其利。"

"短绠不可以汲深，器小不可以盛大，非其任也。"

"力胜其任，则举之者不重也；能称其事，则为之者不难也。"

西汉政论家晁错，文帝时任过太常掌故、太子家令，景帝时又任御史大夫。后吴楚等七国以诛晁错为名发动武装叛乱，他为袁盎等谮，被杀。他说："兵不完利，与空手同；甲不坚密，与袒裼同；弩不可以及远，与短兵同；射不能中，与亡矢同；中不能入，与亡镞同；此将不省兵之祸也，五不当一。故兵法曰：'器械不利，以其卒予敌也；卒不可用，以其将予敌也；将不知兵，以其主予敌也；君不择将，以其国予敌也。'四者，（国）〔兵〕之至要也。"兵器如果不锋利，就像空手一样；盔甲不坚硬，就像袒露身体一样；弓不可以射远，就像短兵相接一样；箭不能射中敌人，就像没有箭一样；射中了而不能进入敌人的身体，就像没有箭头一样，这是为军之将不懂得怎样带兵的危害，五个人也不能当一个。所以兵法上讲，兵器不锋利，是把其士兵送给敌人；士兵不能作战，是把其将领送给敌人；将领不懂带兵，是把其主帅送给敌人；君王不懂选拔将领，是把其国家送给敌人。这四点是军事上至关重要的。不可战胜在于自己，可以战胜在于敌人。

世界上任何事情的成功或失败，关键的起决定作用的因素都是自我。打铁要靠自身硬。有点看家本领，掌握一技之长，就有发展的希望。"积财千万，不如薄伎在身。"金钱再多，用一分就会少一分，总有花完的时候。有了技术，有了专长，就能创造财富，就会不尽财源滚滚来。

铁饭碗的真正含义，不是能在一个单位吃一辈子饭，而是一辈子凭着自己的人格人品、技术专长、领导能力，走到哪里都有饭吃。铁饭碗不是单位、岗位、职位，而是人品、技术、技能、专长、管理领导能力。铁饭碗不是端在别人的手里，而是掌握在自己的手中。

"鲁人身善织屦，妻善织缟，而欲徙于越。或谓之曰：'子必穷矣。'鲁人曰：'何也？'曰：'屦为履之也，而越人跣行；缟为冠之也，而越人被发。以子之所长，游于不用之国，欲使无穷，其可得乎？'"鲁国有个人自己善于编草鞋，妻子善于织生绢。他想迁到越国去，有人告诉他说："你一定会困窘了。"鲁人说："为什么？"这个人说："草鞋是穿在脚上的，但越国人赤脚走路；生绢做帽，是戴在头上的，但越国人披发，不用戴帽。带着你的长处前往用不着它们的地区去营商，想要不困窘，怎么可能呢？"

投资经商都要选准目的地。自己的技术专长如果与目的地不合拍，其后果必然是自毁生计。在商品经济条件下，没有技术专长不行，有了技术专长用之不当也不行。

"桓赫曰：'刻削之道，鼻莫如大，目莫如小。鼻大可小，小不可大也；目小可大，大不可小也。'举事亦然：为其后可复者也，则事寡败矣。"

桓赫所讲是一门雕刻的技艺，但其揭示的道理在于：人们要做好一个产品、一个工艺，都必须考虑"其后可复"，注重工艺流程，先后顺序不能混乱颠倒。"其后可复"才便于深度加工、精益求精。"其后可复"才有此产品与彼产品的前后连贯，做大做长产业链，实现产业的可持续发展。

"其后可复"也是发挥自身优势、专长的必然要求。

在当今激烈的商战条件下，发挥自己的技能专长固然重要，但是，及时发展提升自己的技能专长更重要。商战，就是科学技术的较量，就是品质、品牌的竞争。不可否认，个人的优势、专长，也会随着年龄的增长、阅历的增多、学识的增进而不断发展变化。自然长进这是一方面，但是，激烈的社会竞争还要求我们要有更大的内在动力，促使自身专长的长进更快加速，才能适应社会快速发展。技术不如人会被淘汰；即便是现在比别人技高一筹，如果故步自封、墨守成规，不发展自己的优势专长，别人赶上了，超过了，同样也会被淘汰。

其五是指思想方法、工作方法。

《淮南子》说："三人比肩，不能外出户；（一）〔二〕人相随，可以通天下。"

方式方法与办事效果关系极大。要把好事办好，不仅要有一个好的愿景、好的谋划，创造一个好的条件，而且要在实施的过程中有一套科学合理的好方法。

"计胜欲则从，欲胜计则凶。"智谋超越欲望的追求，欲望的目标就可能实现；欲望的追求超越了智谋的可及，欲望就要变为失望。

"夫纤啬筋力，治生之正道也；而富者必用奇胜。""贫富之道，莫之夺予，而巧者有余，拙者不足。"虽然不吝体力勤劳是人生的正道，但是致富必须要用奇胜。贫富之道，不能依靠掠夺、给予，聪明的人总是衣食有余，愚昧的人总是缺吃少穿。

"胜在于数，不在于欲。"成功在于谋划，而不在于欲望。

"富无经业，则货无常主，能者辐凑，不肖者瓦解。"富裕不分经营的行业，财货没有不变的主人，聪明的人就会使财富聚集，没有贤德的人就会使财富瓦解。

《史记·田单列传》记载："田单乃收城中得千余牛，为绛缯衣，画以五彩龙文，束兵刃于其角，而灌脂束苇于尾，烧其端。凿城数十穴，夜纵牛，壮士五千人随其后。牛尾热，怒而奔燕军，燕军夜大惊。牛尾炬火光明炫耀，燕军视之皆龙文，所触尽死伤。五千人因衔枚击之，而城中鼓噪从之，老弱皆击铜器为声，声动天地。燕军大骇，败走。齐人遂夷杀其将骑劫。燕军扰乱奔走，齐人追亡逐北，所过城邑皆畔燕而归田单，兵日益多。乘胜，燕日败亡，卒至河上，而齐七十余城皆复为齐。"

田单在千余牛的牛角绑刃、牛尾束苇，点火，以排山倒海之势冲向燕军，杀其将骑劫，一鼓作气夺回被燕军占领的七十余城，这是战国时期以智取胜，以奇制胜的一个典型战例。军事上以奇制胜的案例很多，经济上以奇制胜的事例也不少见。秦朝末年宣曲任氏有钱不抢珠宝囤粮粟就是其中一例。

"初，秦之亡也，豪杰争取金玉，宣曲任氏独窖仓粟。及楚汉相距荥阳，民不得耕种，而豪杰金玉尽归任氏，任氏以此起，富者数世。"当初，秦将灭亡的时候，烽烟四起，战乱不停。有钱的豪绅都在市面抢购金银玉器，宣曲任氏却在挖窖大量囤粮。等到楚汉两军聚集荥阳附近，农民不能耕作，市面粮食异常紧缺，豪绅只得抛售金玉买粮度日，宣曲金玉尽归任氏，任氏自此富足数代。

古人所说的"计""术数""奇胜""巧者"，都是讲的思想方法、工作方法，都是涉及致富的途径。

一个人要想把一些事情做好，干出点成效，就方法论的视角而言，必须把握好以下几个方面：

一是要精心谋划，虑在事前。

荀子说："人之所以为人者，何以也？曰：以其有辨也。"

人之所以为人，就是因为人有思想。正因为人有区别于动物的思辨能力，能够思考分析问题，认识把握客观事理；能够寻求主观意志与客观事理的有机统一，才使人们能够实现认识世界、改造世界的目的。

《中庸》讲："凡事豫则立，不豫则废。言前定，则不跆；事前定，则不困；行前定，则不疚；道前定，则不穷。"凡事预先思虑成熟做好准备，就能成功。不预先有所准备，就会失败。讲话前有所思考打好腹稿，就不会出现差错；办事之前想好方案做好准备，就不会遇到困难；行动之前想好策略做好准备，就不会有忧虑；推行原则、执行大的方略之前，想好利弊得失，做好准备工作，就不会碰到干扰和阻断。

"是故事者生于虑，成于务，失于傲。不虑则不生，不务则不成，不傲则不失。"世上的事情都是产生在思虑，成就在操作，失败在骄傲。没有思虑事情就不会发生，没有操作事情就不能做成，没有骄傲事情就不会失败。

"事不豫辨，不可以应卒。内无备，不可以御敌。"事前如果没有考虑好胜败得失的关系，是不可以随便仓促上阵应敌的；自己的军队没有做好充分的准备，就不能有效抵御敌人的进攻。

"三思而后行。"任何行动之前都要三思，考虑清楚之后再行动，这样才能取得行动的成效。

"谋始尽善，克终已稀；始而不谋，终则何有！"思虑、谋定，只是办事成功的基础条件。事前谋划得十分完善，最终成功的也只是可能；事前如果没有思考，成功的结果又从何而来呢？

孔子说："人无远虑，必有近忧。"人如果是没有长远的谋划，得过且过，无所用心，那么烦恼忧愁的事就会近在咫尺。所以孔子总是劝诫人们，凡事都需多思。他说："君子有九思。"对于有道德守礼教的人来说，有九种情况都需要认真考虑。看，要考虑看清楚了没有；听，要考虑听明白了没有；脸色，要考虑是不是温和；态度，要考虑是不是恭敬；说话，要考虑是不是诚实；做事，要考虑是不是认真；有问题，要考虑应该怎样向人请教；生气发怒，要考虑会不会有后患；遇到所得，要考虑是不是应该所得，违背大义，有损道德的利益，就要敬而远之，宁可不要。

"思虑深，避害远。"什么事情，只有事前经过深思熟虑，把各方面的问题都想透彻，才能在实施的过程中远离灾害，避免灾害。

"先虑之，早谋之，斯须之言而足听"。

荀子说："先患虑患谓之豫，豫则祸不生。事至而后虑者谓之后，后则事不举。患至而后虑者谓之困，困则祸不可御。"先于灾祸到来之前就考虑到灾祸发生的可能性及危害，这叫做预测、预想、预先估计。有预先设想，做好事前准备，就可以避免灾祸的发生。等到大事临头再来考虑，这叫滞后思维，滞后思维的人往往措手不及，什么事情都办不成。灾祸发生之后再去想到灾祸，这就叫做困惑。困惑之人六神无主，慌乱拿不出主意，对于面临的灾祸也别想拿出什么有效的办法。

"患至而后忧之，则无及已。"等到灾祸来临了再去忧愁，已经来不及了。

"见其可欲也，则不虑其可恶也者；见其可利也，则不顾其可害也者，是以动则必陷，为则必辱，是偏伤之患也。"看见那可以追求的东西，就必须前前后后考虑一下它可厌的一面；看到那可以得利的东西，就必须前前后后考虑一下它可能造成的危害；两方面权衡一下，仔细考虑一下，然后决定是追求摄取还是舍弃。像这样就往往不会失误了。大凡人们遭遇祸患，往往是片面性害了他们：看见那可以追求的东西，而不考虑考虑它可恶的一面；看到那可以得利的东西，而不顾及它可能造成的危害。因此行动起来就必然失足，必然受辱，这是片面性害了他们而造成的祸患啊。

"权，然后知轻重；度，然后知长短。"称然后才知道轻重，量然后才知道长短。

"民之生，度而取长，称而取重，权而索利。"

民之生计，都会在短期效益和长期效益的比较中，舍弃其短期效益，力争其长期效益；在效益轻重大小的权衡中，舍弃其微利轻利，力争其重利大利；在利弊之间的决策中，争取其弊失最小，力求其盈利最大。

"择福莫若重，择祸莫若轻，福无所用轻，祸无所用重。"选择幸福不如选择最重的，选择灾祸不如选择最轻的；幸福不要选择轻的，灾祸不要选择重的。

"以隋侯之珠，弹千仞之雀，世必笑之，是何也？所用重，所要轻也。"
以无价的珠宝，弹射遥远的山雀，世人必然笑之。为什么呢？因为付出的是
贵重的珠宝，谋求的是价廉的山雀。这叫得不偿失。

"是故有大略者，不可责以捷巧；有小智者，不可任以大功。人有其才，
物有其形。有任一而太重，或任百而尚轻。是故审毫厘之计者，必遗天下之
〔大〕数；不失小物之选者，惑于大数之举。"具有雄韬大略的人，不可以责
怨其小事的技巧；仅有小聪明的人，不可以付以大任。人的才能有大小，物
的形态各有所异。有人负一斤感觉太重，有人负百斤尚觉轻。所以只有小智
小谋的人，不能从大局大势上去抉择，而喜好计较细枝末节的取舍，这样必
然迷惑于重大事务的得失。

三思而后行，谋定而后动，都是讲做事之前要思考，要谋划；不要冲动，
不要蛮干。要善于先患虑患，不可患至而后虑。要全面权衡利弊得失，不可
只见其可欲，不虑其可恶；只见其可利，不顾其可害。不可以隋侯之珠弹千
仞之雀，得不偿失。不仅要深虑想办的事，而且要深虑选好办事的人。

相对某一具体事情而言，在动手之前首先要审慎想清楚这件事要不要干，
能不能干，该不该干，值不值得干；最好的后果是什么，最差的结局会怎样，
有利条件有哪些，不利因素在哪里，可能会出现什么问题，难点自己能不能
解决，胜算有几分。在决定要干的前提下，就要想清楚怎么干，思索一个总
体布局和分步实施方案。力求做到"于利之中则争取大焉，于害之中则争取
小焉"。先干什么，后干什么，先后顺序要安排得有条理，各个方面想周全，
从头到尾想到底，经营成果怎么力争最大化，生产安全怎么保障零伤亡，哪
些方面是薄弱环节，哪些方面是工作重点，人力怎么组织搭配，资金怎么筹
措落实，技术怎么跟进保障，后勤怎么配套服务，真正把这些问题都想清楚
了，干起来就会心中有数，成竹在胸。

二是要目标专一，务戒杂乱。

管仲说："求必欲得，禁必欲止，令必欲行。求多者，其得寡；禁多者，
其止寡；令多者，其行寡。"追求的东西必然就想得到，严禁的地方必然就想
止住，下达的命令必然就想实行。但是，追求多了，其所得就少；严禁多了，
能止住的就少；命令多了，真的实行就少。

孟子说："人有不为也，而后可以有为。"一个人只有对某些事情放弃不
做，而后才可以把某些事情做得更好，有所作为。

"故曰：右手画圆，左手画方，不能两成。"一个人如果想同时用右手画

圆，左手画方，其结果只能是方、圆都不可能画成功。

"不有废也，君何以兴？欲加之罪，其无辞乎？"没有对他人的废弃，君王怎么能够兴起？要想给人治罪，怎么会找不到治罪的托词呢？

"大道以多岐亡羊，学者以多方丧生。"大路因为多岔难以寻找丢失的羊，治学的人因为学科太杂而无成就。

"贾多端则贫，工多技则穷，心不一也。"商人因为什么都想经营就会贫困，工匠因为什么技艺都想学习就会穷苦，原因就是其用心不能专一。

"人性有长短，岂责具美于六涂哉？但当皆晓指趣，能守一职，便无愧耳。"人的兴趣能力有高有低，怎么可以强求各个方面都做得很好呢？只要能对人生基本的方面通晓大意，做好其中的某一个方面，也就无所惭愧了。

"能走者夺其翼，善飞者减其指，有角者无上齿，丰后者无前足，盖天道不使物有兼焉也。古人云：'多为少善，不如执一'。"会走的就缺其翅，会飞的就少其趾，长角的牙不利，后腿肥壮的无前趾，上天就是不能让你两全其美。古人说：做事杂乱，没有章法，能做好的事情就很少，不如集中精力做好一件就行。

《史记·货殖列传》说："田农，掘业，而秦扬以盖一州。掘冢，奸事也，而田叔以起。博戏，恶业也，而桓发用（之）富。行贾，丈夫贱行也，而雍乐成以饶。贩脂，辱处也，而雍伯千金。卖浆，小业也，而张氏千万。洒削，薄技也，而郅氏鼎食。胃脯，简微耳，浊氏连骑。马医，浅方，张里击钟。此皆诚壹之所致。"种田务农是笨重的行业，而秦扬却靠它成为一州的首富。盗墓本来是耻辱的勾当，而田叔却靠它起家。赌博本来是不善的行径，而桓发却靠它致富。行走叫卖是男子汉的下贱行业，而雍乐成却靠它发财。贩卖油脂并非光彩的行当，而雍伯靠它挣到了千金。卖水浆本是小本生意，而张氏靠它赚了千万钱财。磨刀本是小手艺，而郅氏靠它富到列鼎而食。卖羊肚本是微不足道的事，而浊氏靠它富至车马成行。给马治病是浅薄的小术，而张里靠它富到击钟佐食。这些人都是由于心志专一而致富的。司马迁这段表述的意思就是说明，不论是在何种行业，只要诚心一意地钻研，专心致志地从业，都能干出成果，都能发家致富。

军事上打仗强调打歼灭战，不能打击溃战。伤其十指，不如断其一指。集中兵力打歼灭战的作战原则，同样适用于经济战线。发挥优势，要学会各个击破，战线不能拉得太长，摊子不能铺得过大，经营的项目不能过杂。吃饭只能一口一口地吃，建设只能一个项目一个项目地完成。否则，项目太多，力不从心，资金供应不足，队伍分散难管，贪多嚼不烂，只能丢下一个个的烂尾工程，半途而废。

三是要抓住关键，举纲张目。

"故通于本者不乱于末，睹于要者不惑于详。"精通根本的人不乱于细枝末节，注重要害之处的人，不会被微小问题所迷惑。

"夫言有宗，事有本。失其宗本，技能虽多，不若其寡也。"说话要有宗旨，做事要抓根本。丢掉宗旨根本，方法虽多，不如其少。

"是以欲致其高，必丰其基；欲茂其末，必深其根。"想要修建高大的建筑，必须使其基础厚实；想要使植物枝叶茂盛，必须深植其根。

"浑沌之原，无皎澄之流；毫厘之根，无连抱之枝。"源头浑浊，就无清澈流水；细短的树根，长不出合抱的枝干。

"夫养生者先须虑祸，全身保性，有此生然后养之，勿徒养其无生也。"注重养生的人，必须先要考虑自己选用的养生物品、养生方法，有没有什么副作用，有没有什么危害，我们只有在保全身体自然机能不受伤害的前提下，然后再着手于滋养体质，切勿空养其无生之躯。

"皮之不存，毛将焉附？"

"其本乱而末治者，否矣。其所厚者薄，而其所薄者厚，未之有也。"

"本必先颠而后枝叶从之。"

"根本既倾，枝叶安附？"

"根浅则末短，本伤则枝枯。"

"夫壅水者先塞其原，伐木者先断其本；本原尚在而攻其末流，终无益也。"

"伐木不自其本，必复生；塞水不自其源，必复流；灭祸不自其基，必复乱。"

"夫表曲者景必邪，源清者流必洁"。

"故心哀而歌不乐，心乐而哭不哀。"

"君，源也；臣，流也；浊其源而求其流之清，不可得矣。君自为诈，何以责臣下之直乎！"

"故曰：'虎狼当路，不治狐狸。'先除大害，小害自己。"

"不去庆父，鲁难未已。"

"善闭者无关键而不可开也，善结者无绳约而不可解也。"

《韩非子》记叙："公仪休相鲁而嗜鱼，一国尽争买鱼而献之，公仪子不受。其弟谏曰：'夫子嗜鱼而不受者，何也？'对曰：'夫唯嗜鱼，故不受也。夫即受鱼，必有下人之色；有下人之色，将枉于法；枉于法，则免于相。虽嗜鱼，此不必致我鱼，我又不能自给鱼。即无受鱼而不免于相，虽嗜鱼，我能长自给鱼。'此明夫恃人不如自恃也，明于人之为己者不如己之自为也。"

公仪休从献鱼与任官的关联中，清醒地懂得"本"与"末"、"主"与"次"、"重"与"轻"的道理。因为你任鲁国之相，别人才会送鱼；有了相位，自己也有条件买鱼；如果收了别人送的鱼，枉法免了相，别人就不会再送鱼，自己也没有条件再买鱼；长居相位，就能长久吃鱼。相位是"本"，吃鱼是"末"，舍"本"求"末"，必然是本末皆失，主次全丢，重轻都无。

根本是决定事物成败的关键。抓住根本，就是要求人们在办事的时候，不要眉毛胡子一把抓，要分清本末、主次、轻重、多少、大小的关系。牵牛要牵牛鼻子，打蛇要打蛇七寸。要害抓住了，主要矛盾解决了，其他次要问题就会迎刃而解。

四是要先易后难，循序渐进。

西汉政论家、文学家贾谊说："安者非一日而安也，危者非一日而危也，皆以积渐然，不可不察也。"

《老子》说："图难于其易，为大于其细。天下难事，必作于易；天下大事，必作于细。"要想成就一番艰难的事业，必须从其简易的方面着手；要想成就一项宏大的工程，必须从其细小之处起步。天下难事，必然是先作于易；天下大事，必然是始作于细。

"合抱之木，生于毫末；九层之台，起于累土；千里之行，始于足下。"双手合抱的树木，是从毫末逐年生长而成；九层高的楼台，是由土石累积而就；千里之遥的行程，始于脚下一步一步的行走。

"跬步而不休，跛鳖千里；累土而不辍，丘山崇成；……道虽迩，不行不至；事虽小，不为不成"半步也不停歇，跛鳖可以至千里；堆土而不停止，可以垒筑成山丘；路途虽然很近，不行走也不可能到达；事情虽然很小，不干也不能成功。

"舍近谋远者，劳而无功；舍远谋近者，逸而有终。"丢弃眼前的事情不做而去好高骛远，就会劳累也没有收获；脚踏实地从眼前的小事情做起，就可以轻轻松松获得结果。

战国时代的尹文，著作有《尹文子》，列名家。他说："数，十百千万亿，亿万千百十，皆起于一"。任何数字，都是从一起步。一是十百千万亿的开始，有了一，才有十百千万亿。十百千万亿，都是在一的基础上发展壮大起来的。没有一，也就没有十百千万亿。

"夫君子能勤小物，故无大患。"君子能勤于细小的事情，所以才不会有大的过错。

"事之成败，必由小生，言有渐也。"任何事情的成功或失败，都是从细微之处发展起来，说的是都有一个渐进积累的过程。

"夫建大功于天下者，必先修于闺门之内；垂大名于万世者，必先行之于纤微之事。"

"故积土而为山，积水而为海"。

"丘山积卑而为高，江河合水而为大。"

"太山不让土壤，故能成其大；河海不择细流，故能就其深；王者不却众庶，故能明其德。"泰山不舍弃土壤，所以才能成就其高；河海不拒绝细流，所以才能成就其深；君王不嫌弃百姓，所以才能彰显其道德。

"有形之类，大必起于小；行久之物，族必起于少。故曰：'天下之难事必作于易，天下之大事必作于细。'是以欲制物者于其细也。故曰：'图难于其易也，为大于其细也。'千丈之堤，以蝼蚁之穴溃；百尺之室，以突隙之烟焚。故曰：'白圭之行堤也塞其穴，丈人之慎火也涂其隙，是以白圭无水难，丈人无火患。'此皆慎易以避难，敬细以远大者也。"

"扁鹊见蔡桓公，立有间。扁鹊曰：'君有疾在腠理，不治将恐深。'桓侯曰：'寡人无疾。'扁鹊出。桓侯曰：'医之好治不病以为功。'居十日，扁鹊复见曰：'君之病在肌肤，不治将益深。'桓侯不应。扁鹊出。桓侯又不悦。居十日，扁鹊复见曰：'君之病在肠胃，不治将益深。'桓侯又不应。扁鹊出。桓侯又不悦。居十日，扁鹊望桓侯而还走，桓侯故使人问之。扁鹊曰：'病在腠理，汤熨之所及也；在肌肤，针石之所及也；在肠胃，火齐之所及也；在骨髓，司命之所属，无奈何也。今在骨髓，臣是以无请也。'居五日，桓侯体痛，使人索扁鹊，已逃秦矣。桓侯遂死。故良医之治病也，攻之于腠理。此皆争之于小者也。夫事之祸福亦有腠理之地，故（曰）圣人蚤从事焉。"

战国时期的韩非说：有形的这类物体，大都是从小起步发展过来的；能够保存长久的物质，大多都是由少逐渐聚积而成为多的。所以说，天下的难事必然从其容易的方面开始，天下的大事必然从其细小的方面起步，想要成功做好一件事情，就必须从小的方面着手。因此可以说，想要做成一件比较困难的事情，必须着眼于简易；想要干成大点的事业，必须从小处做起。千丈长的河堤，可以因蚂蚁之穴而溃倒；百尺宽的房屋，可以因蹿出缝隙的火苗而焚毁。因此传说战国时期的水利专家白圭巡察河堤时很注意堵塞蚁穴，有经验的老人防火非常注重烟囱的细小缝隙。所以白圭治水就能杜绝水患，有经验的老人防火就能避免火灾。这都是谨慎地从容易忽略的方面防范灾难，戒慎细微之处以避灾患。

名医扁鹊一次在觐见蔡桓公时，站立不久就对桓公说："您有病在皮肤，不及时治疗将会愈加严重。"桓公回答说，"我没有病。"扁鹊离开后，桓公说，"医生就是喜欢把没病的人说成有病，好表明自己有功。"过了十天，扁鹊又见到桓公，说："您的病在肌肉，不及时治疗将会愈加严重。"桓公没有搭理，扁鹊就离去了。桓公又不高兴。过了十天，扁鹊再次见到桓公，说："您的病在肠胃，不及时治疗将会愈加严重。"桓公还是不搭理，扁鹊只好离去。桓公又是不高兴。过了十天，扁鹊见到桓公扭头就走。桓公派人询问什么原因，扁鹊说："病在表皮，用药热敷就可以了；在肌肉，用针灸处理就可以了；在肠胃，用火罐调理就可以了；在骨髓，就只能看自己的命运。医生是只能治病不能治命，没有什么办法了。现在桓公病已到了骨髓，臣是不需要再去关照了。"过了五天，桓公感觉病痛难忍，派人寻找扁鹊，扁鹊已经跑到秦国去了，桓公不久就病死了。所以，医术好的医生治病，都是着手于病态初发之时，把问题解决在微小萌芽之中。凡人之祸福，都有其萌芽的状态，所以圣人理事，都是在事发的初始阶段就开始着力，从尽早尽小抓起。

人们常说："天下之势，以渐而成；天下之事，以积而固。""冰冻三尺，非一日之寒。""三年不为礼，礼必废；三年不为乐，乐必坏。""绳锯木断，水滴石穿"；只要功夫深，铁棒磨成针；愚公能移山，精卫敢填海。只要有信念，有决心，坚持不懈，世界上就没有干不成的事情。

泰山、庐山是由抔土堆积而成其高，东海、南海是由滴水汇积而成其深，长城是一砖一砖的拼砌而显其长，长征是红军将士一步一步地行走而致其远。众少成多，聚小成巨。大树是由小苗长成，大事是由小事累积。没有小事的成功，就不能成就大事业。干大事必须从小事做起，积累经验，积累才干，积累资本，才能逐步由少变多、从小到大、由弱到强。

五是要戒急戒躁，欲速不达。

孔子说："无欲速，无见小利。欲速，则不达；见小利，则大事不成。"不要急于求成，不要顾及小利益。想要快，超越事物发展的规律，就反而不能达到自己的预期目的。顾及小利益，就办不成大事。

　　孟子曾讲过一个妇孺皆知的"揠苗助长"的故事："宋人有闵其苗之不长而揠之者，芒芒然归，谓其人曰：'今日病矣，予助苗长矣。'其子趋而往视之，苗则槁矣。天下之不助苗长者寡矣。以为无益而舍之者，不耘苗者也。助之长者，揠苗者也，非徒无益，而又害之。"意思是说，宋国有个人，嫌他家的禾苗长得太慢，便跑在田里将禾苗一棵棵拔高，然后非常疲劳地回到家里，对家人说："今天可把我累坏了，我帮助禾苗拔高了一截！"他儿子听到这话后跑到田里一看，禾苗都已枯死了。其实天下不帮助禾苗生长的人是很少的，以为养护没有益处而放弃不干的，是种庄稼不锄草的懒汉。违背规律去帮助它生长的，就是拔苗助长的人。这种拔苗助长的行为，不但没有益处，反而会伤害禾苗的正常生长！孟子讲述的这个揠苗助长的故事，正是孔子所说"欲速则不达"最有说服力的诠释。

　　"其进锐者，其退速。"凡是生长太快、发展太快的事物，其衰败、灭亡得也会很快。

　　"夫物暴长者必夭折，功卒成者必亟坏。"暴长的植物必然很快夭折；仓促成功的物品，其损坏也快。

　　"夫物速成则疾亡，晚就而善终，朝华之草，夕而零落，松柏之茂，隆寒不衰"。快速生成的事物其消亡也快，较长时间成熟的事物，往往结果更好。早上开放的花草，傍晚就会落败；几十年长成的松柏的繁茂，严冬都不会衰变。

　　"粟米布帛生于地，长于时，聚于力，非可一日成也。"人们吃的粮食用的布匹，都是生之于土地，长之于时间，聚之于人力，不是一天就能成就的。

　　《韩非子·喻老第二十一》记载："楚庄王莅政三年，无令发，无政为也。右司马御座而与王隐曰：'有鸟止南方之阜，三年不翅，不飞不鸣，嘿然无声，此为何名？'王曰：'三年不翅，将以长羽翼；不飞不鸣，将以观民则。虽无飞，飞必冲天；虽无鸣，鸣必惊人。子释之，不榖知之矣。'处半年，乃自听政。所废者十，所起者九，诛大臣五，举处士六，而邦大治。"楚庄王登位执政已经三年，没有颁发一道王令，没有处理一件政事。一天，右司马在宫中侍坐，隐喻地对庄王说：有一只鸟停息在南方的山上，时过三年，不展翅，不飞腾，不鸣叫，默默无闻，不知道这是叫一种什么鸟。庄王回话说：三年不展翅，是为了让羽翼长得丰满，不飞不鸣，是细心观摩民情事理。这鸟虽然未飞，一飞必定直冲云天；虽然未鸣，一鸣必定惊人。你可放心，你的意思我知道了。半年后，庄王就开始听政治国，废除了十条旧规，兴立了九件新政，诛杀了五个不法大臣，起用了六位贤德隐士，自此楚国大治。

"众少成多，积小成巨，故圣人莫不以晻至明，以微至显。是以尧发于诸侯，舜兴乎深山，非一日而显也，盖有渐以致之矣。"

"盖以为天地之功不可仓卒，艰难之业当累日也。"

"缓事宜急干，敏则有功；急事宜缓办，忙则多错。"

古今中外有不少著名人士是少不得志，但能坚持努力，终大器晚成。周朝时期的吕尚，人称姜子牙，早年屠牛于朝歌，妻子都未得其利，后来又以垂钓谋生，直到八十岁发迹，任太师，助武王伐纣，完成兴周大业。三国时期的诸葛亮，开始只是隐居深山，后经刘备三顾茅庐，出山从政，成就其名扬天下。众多大器晚成者的经历告诉我们："伏久者，飞必高；开先者，谢独早。"大器晚成的必要条件是早有所备。没有长期坚持不懈的学习、积累、提高，也不可能有大器晚成。楚庄王为了把楚国治好，即位后不去仓促应付朝廷政务，而是用了三年时间调查研究，初步形成了一套完整的治国理念和方略，这才开始有条不紊地大破大立，言有道，行有规，终究一飞冲天，一鸣惊人，使楚国大治。

六是要见微知著，防微杜渐。

宋代苏洵在《辨奸论》一文中指出："事有必至，理有固然。惟天下之静者，乃能见微而知著。月晕而风，础润而雨，人人知之。"事物的发生发展有其必然的演变趋势，道理有其固有的思维逻辑。只有思想敏锐怡静的人，才能够从事物细微之处，发现、认识它的发展变化，预见到未来的结果。月亮的四周有了晕态，就要起风，房屋的基础潮湿了就要下雨，这是一个人人都懂的自然规律。

司马光在《资治通鉴》中记叙了唐代由盛而衰的历史过程，评论说："《易》曰：'履霜坚冰至。'为国家者，防微杜渐，可不慎其始哉！"《易经》中说，踏上寒霜，预示着冰天雪地的严冬不久就要到来。担当治理国家重任的人，都应该防止细微事态演变的不良后果，怎么可以不谨慎对待各种突发事件的初始阶段呢！

"事未有不生于微而成于著。圣人之虑远，故能谨其微而治之；众人之识近，故必待其著而后救之。治其微，则用力寡而功多；救其著，则竭力而不能及也。"任何事物没有不是由小发展到大的。圣人能够思虑深远，所以能够从细小之处谨慎治之；一般人的目光看得比较近，所以一定要等到问题相当严重的时候，才去采取措施挽救。能够把矛盾解决在星星之火之际，就会用力少而功效多；等问题发展到燎原之势再去解决，就会竭尽全力也达不到预期的目的。

"君子以思患而豫防之。"君子临事都是首先想到危害，然后采取措施加以预防。

"未乱易治也，既乱易治也。有乱之萌，无乱之形，是谓将乱。将乱难治：不可以有乱急，亦不可以无乱弛。"没有变乱的时候，是容易治理的；已经发生了变乱，也是容易治理的。有变乱的萌芽迹象，但还没有变乱的情形，这就叫做将要发生变乱。将要发生变乱，是比较难以治理的，因为既不能够以治乱的手段而急迫采取措施，也不能够以无乱的心态而松懈必要戒备。

"子曰：'知几其神乎？君子上交不谄，下交不渎，其知几乎？几者，动之微，吉凶之先见者也。君子见几而作，不俟终日。'"孔子说，知道事情发生的预兆，是很神奇的事吧？君子与上司交往不谄媚，与下级交往不轻慢，大概是知道某些预兆。预兆是事物变化的细微动态，是吉凶的先期显现。君子看到预兆马上行动，不会等到第二天。

"夫功之成，非成于成之日，盖必有所由起。祸之作，不作于作之日，亦必有所由兆。"凡是成功的事业，都不是成在成功的时候，必定有个成功的原因而引起；灾祸的出现，不是发生在灾祸出现的日子，也必定有个造成灾祸的预兆。

"夫将者，必独见独知。独见者，见人所不见也；独知者，知人所不知也。见人所不见谓之明，知人所不知谓之神。"古人对带兵打仗将帅的要求是必须具有独知独见的素质条件，要有强人一等的见识，高人一筹的智慧。在现实社会生活中，具有先知先觉的敏锐，同样也能洞察别人没有发现的问题，发现别人尚未涉足的商机，找到别人还没解决问题的诀窍。无论做什么事情，只要能先人一步、快人一步、高人一步，就可以步步掌握先机、步步赢得主动。

《资治通鉴》记述了这样一个故事："客有过主人者，见其灶直突，傍有积薪，客谓主人：'更为曲突，远徙其薪，不者且有火患！'主人嘿然不应。俄而家果失火，邻里共救之，幸而得息。于是杀牛置酒，谢其邻人，灼烂者在于上行，余各以功次坐，而不录言曲突者。人谓主人曰：'乡使听客之言，不费牛酒，终亡火患。今论功而请宾，曲突徙薪无恩泽，焦头烂额为上客邪？'主人乃寤而请之。"一天，客人路过主人的家门口时，看见主人家中煮饭灶的烟囱直立突出房外，灶旁又堆放了许多柴草，于是就对主人说，要把烟囱改为弯曲形状，柴草堆放也要离灶台远一点，不然的话就会发生火灾。主人听了只是嘿然一笑，没有应答。然而家中果然失火，周围邻居一起跑来灭火，幸喜还是扑灭了。于是主人又是杀牛又是买酒，酬谢邻居。邀请皮肤烧伤的人坐了上位，其余的客人按照救火中表现功绩也都依次而坐。酒席宴上反而没有请到劝其改建烟囱的客人，这时，就有人对主人讲，如果当初听了客人的劝说，也就不要再费这些酒肉，可以避免这场火灾。今天办了这桌酒席答谢客人，怎么没有感谢劝说曲突徙薪的人，反而只有救火的人成为座上宾呢？主人于是醒悟，专程请来了这位劝其改灶的客人。

劝人曲突徙薪的过客，懂得居安思危，懂得直突积薪必然导致火灾，事实证明了其预见、判断的正确性。任何事物都有其发生、发展的必然规律。灾害的发生，一般都有前期预兆显现。只要我们能够见微知著、防微杜渐，切切实实把各项防范的工作落到实处，就可以防患于未然，很多人为的灾害都是可以避免的。

七是要持之以恒，敬始慎终。

荀子说："骐骥一跃，不能十步；驽马十驾，功在不舍。锲而舍之，朽木不折；锲而不舍，金石可镂。"像骐骥这样的良马一跃，也不可能超过十步；劣马十驾，其功能在于能够不停地奔驰。放弃了做工，朽木都不会折断；不停地雕刻，金石这样坚硬的东西都可以雕刻成各式各样的图案花纹。

"《书》曰：'慎始而敬终，终以不困。'"谨慎开始并且不怠慢结尾，结果就不会困窘。

"慎终如始，则无败事。"像开始一样谨慎坚持到最后，就没有失败的事情。

"《诗》云：'靡不有初，鲜克有终。'《易》曰：'狐濡其尾。'此言始之易，终之难也。"《诗经》上说：万事都有开头，但很少能够有始有终。《易经》上说：小狐渡河，沾湿尾巴，终难渡过。这话是说凡事开头容易，善终艰难。

"为山九仞，功亏一篑。"为山已经垒到九仞之高，可惜就差一筐土而没有最后完成。

"《诗》云：'行百里者，半于九十。'此言末路之难。"行走百里之路，九十里只算到了一半，这话是说什么事情坚持到最后都是很艰难的。

"夫忧所以为昌也，而喜所以为亡也；胜非其难者也，持之其难者也。"忧能使人为昌，喜能使人为亡。取得一次阶段性的胜利并非十分困难，而要坚持取得最后胜利，才是艰难的。

"祸福之来，皆起于渐。" "慎终如始，犹恐渐衰，始尚不慎，终将安保！"

"百年成之不足，一旦败之有余。"

"'非知之难，行之惟难；非行之难，终之斯难。'所言信矣。"古话说，不是了解它有困难，而是实行它才会有困难；不是实行它有困难，而是坚持到底才有困难，这话说得可信实在啊。

"行万里者不中道而辍足，图四海者不怀细以害大。"行走万里的人，不会中途而停脚；志图四海的人，不会因为细小的阻碍而影响大谋。

"魏征曰：'自古帝王，莫不得之于艰难，失之于安逸，守成难矣！'上曰：'玄龄与吾共取天下，出百死，得一生，故知创业之难。征与吾共安天下，常恐骄奢生于富贵，祸乱生于所忽，故知守成之难。'"魏征说："自古帝王没有不是得之于艰难，失之于安逸，守成难啊。"李世民说："房玄龄与我共夺天下，百死一生，所以知道创业难。魏征与我共同安定天下，经常害怕骄奢生于富贵，祸乱生于所忽，所以知道守成的艰难。"

任何事物的成长都会有一个过程，不可能一蹴而就。每一项事业的发展，都是一个递进的过程，是一个势能逐渐积累的结果。从量变到质变，需要逐步转化，每一个阶段性的胜利，都是为最终的胜利铺垫；每一步的前行，都是一个新的向上的起点。

滴水穿石，主要不是靠强力，而是靠持久。任何事情成功的要素都有很多，但持之以恒却是必不可少的一条。恒心和毅力是事业成功的必要条件。坚持虽然不能百分之百保证事情的成功，但是不坚持就只有百分之百的半途而废。一个在事业上成功的人，必然要有永不放弃、永不言败、持之以恒、坚持到底的素质。

列御寇，战国时期郑国人，被道家尊为前辈。他在《列子》中讲了一个愚公移山的故事，具有很强的思想性、教育性，流传甚广。故事说："太行、王屋二山，方七百里，高万仞，本在冀州之南，河阳之北。北山愚公者，年且九十，面山而居。惩山北之塞，出入之迂也，聚室而谋曰：'吾与汝毕力平险，指通豫南，达于汉阴，可乎？'杂然相许。其妻献疑曰：'以君之力，曾不能损魁父之丘。如太行、王屋何？且焉置土石？'杂曰：'投诸渤海之尾，隐土之北。'遂率子孙荷担者三夫，叩石垦壤，箕畚运于渤海之尾。邻人京城氏之孀妻，有遗男，始龀，跳往助之。寒暑易节，始一反焉。河曲智叟，笑而止之，曰：'甚矣，汝之不惠！以残年余力，曾不能毁山之一毛，其如土石何？'北山愚公长息曰：'汝心之固，固不可彻！曾不若孀妻弱子。虽我之死，有子存焉；子又生孙，孙又生子；子又有子，子又有孙。子子孙孙，无穷匮也；而山不加增，何苦而不平？'河曲智叟亡以应。操蛇之神闻之，惧其不已也，告之于帝。帝感其诚，命夸娥氏二子负二山，一厝朔东，一厝雍南。自此，冀之南、汉之阴，无陇断焉。"

愚公移山是现代中国人耳熟能详的一个故事，主要是因为毛泽东在中共七大闭幕词中讲述了这个寓言，要求共产党人学习愚公移山的精神，为推翻帝国主义、封建主义这两座压在中国人民头上的大山，"下定决心，不怕牺牲，排除万难，去争取胜利"。在党的七大路线指引下，中国人民经过艰苦努力，艰难奋斗，付出艰苦卓绝的牺牲，最终赢得了新民主主义革命的胜利，创建了新中国。愚公移山的精神，就是坚守信念、坚韧不拔、坚持不懈、坚定到底的奋斗精神。

八是要失之东隅，收之桑榆。

《韩非子》说："天下有信数三：一曰智有所不能立，二曰力有所不能举，三曰强有所不能胜。""故势有不可得，事有不可成。"天下有三种定数：一是智者也有办不成的事情，二是力士也有举不起的物件，三是勇士也有战不胜的对手。所以时势总有不具备的，事情总有办不成的。

"凡不求而自得，求而不得者，焉可胜算乎！"有些事偏偏就有不求自得、求而不得的时候，这并不是仅靠胜算就能解决的问题。

明代方孝孺说："虑天下者，常图其所难，而忽其所易；备其所可畏而遗其所不疑。然而祸常发于所忽之中，而乱常起于不足疑之事。岂其虑之未周与？盖虑之所能及者，人事之宜然；而出于智力之所不及者，天道也。虑切于此而祸兴于彼，终至乱亡者，何哉？盖智可以谋人，而不可以谋天。良医之子，多死于病；良巫之子，多死于鬼。岂工于活人而拙于谋子也哉？乃工于谋人而拙于谋天也！"

"失之东隅，收之桑榆"，东隅是指太阳升起的地方，桑榆是指太阳西下的地方。语出汉光武帝的玺书。

东汉建武三年，汉朝征西大将军冯异与赤眉交战，初为赤眉所败，死伤者三千余人。后又与赤眉约期会战，使壮士变服与赤眉同，伏于道侧。清晨，赤眉使万人攻异前部，异少出兵以救之。赤眉兵见异部势弱，遂悉众攻异，异乃纵兵大战。战到太阳偏西，赤眉兵势气衰，异军伏兵突然出阵，大破赤眉于崤底，俘众八万人。汉光武帝闻讯，传送玺书慰劳冯异说："始虽垂翅回溪，终能奋翼渑池，可谓失之东隅，收之桑榆。方论功赏，以答大勋。"

"失之东隅，收之桑榆"，我们可以理解为：始虽彼时彼地有失利，终能此时此地得补偿。尽管前期失利受到挫折，终将还有东山再起、再创成就的希望。

"事不两兴，须有进退。"

"知进而不知退，知存而不知亡，知得而不知丧，其唯圣人乎？"知进退存亡而不失其正者，其唯圣人乎？

"见可而进，知难而退，军之善政也。"

"知难而退，不亦善乎！"

"事当难处之时，只让退一步，便容易处矣；功到将成之候，若放松一着，便不能成矣。"

执着追求和果断放弃都是走向成功之路的重大抉择。不执着，追求的目标容易半途而废；遇到不可跨越的障碍，不放弃，不拐弯，看清楚了坚持就会得不偿失，这就需要果断放弃。

碰到智所不能立、力所不能举、强所不能胜的事情，能不能果断决定、果断放弃、果断转向，既考验一个人的智慧和才干，也考验一个人的魄力和担当。

行车走到断头路就必须调向，做事也不能一根筋走到黑。此处不留人，自有留人处；这事干不来，换个事情可能就出彩。跳出此时的黑暗，缓一口气，也可能找到另外一片光明的境地。

总而言之，致富之道应该是多方面、多角度、多层次、多形式的，但基本的也就那么几条。客观规律是根本。不管什么行业，不管多大规模，都是尊重客观规律者赢，违背客观规律者败。这是一条铁律，谁也改变不了。道德和法律都是致富的保障，是生产经营的规范。违反道德，触犯法律，必然受到应有的惩罚，不可能取得长期稳定的经济成效。利用专长，发挥优势，这是生财之道的立足点、出发点。只有扬长避短，依靠自身的力量，踏踏实实地付出，才会有硕果累累的回报。思想方法、工作方法是讲生财聚财的技巧，掌握了一套适合自己的生财之道，有一手独技、独能、独招，人无我有，人有我优，也可以收到事半功倍的成效。专一守恒，诚心一意，这是生财之道的必要条件。朝三暮四，干一行丢一行，做事没有恒心，没有毅力，没有坚持，也不可能取得好的经济收益。

人各有所长，各有所短。在遵从规律、法律、道德和充分发挥个人智商功能的前提下，悉心从自己的性格、爱好、技术专长、从业经验、管理水平、人脉关系等方面发现自身的长处和不足，利用区域优势，发挥个人专长，扬长避短，诚心一意，专心致志，敬始慎终，就是践行孔子所说的富贵之道。

不失其时，其道光明

时势造英雄，是说一个人才的成长，一项事业的成功，除了自身的素质条件和努力程度外，还有其特定的历史条件、特定的机遇、特定的发展平台。善于捕捉机遇，抓住机遇，才能成就英雄。

《周易》说："时止则止，时行则行，动静不失其时，其道光明。"时宜止则止，时宜行则行；行止不失其时，则其前进的道路就会光明。

"君子进德修业，欲及时也，故无咎。"君子致力于道德修养，增进学业，发展事业，及时抓住机会全力以赴，所以没有灾难。

"圣人不能违时，亦不可失时也。"

"不务天时则财不生，不务地利则仓廪不盈。"

"大禹圣人，乃惜寸阴；至于众人，当惜分阴，岂可但逸游荒醉！"

"凡营衣食，以不失时为本。"

"故圣人论世而立法，随时而举事。"

"夫武王先武而后文，非意变也，以应时也。"

这里所说的及时、务时、应时、违时、失时，都是说把握时机的重要性，是说时机是决定事业成败、人生祸福的重要因素。

《荀子》记叙曰："孔子南适楚，厄于陈蔡之间，七日不火食，藜羹不糁，弟子皆有饥色。子路进而问之曰：'由闻之：为善者天报之以福，为不善者天报之以祸，今夫子累德、积义怀美，行之日久矣，奚居之隐也？'孔子曰：'由不识，吾语女。女以知者为必用邪？王子比干不见剖心乎！女以忠者为必用邪？关龙逢不见刑乎！女以谏者为必用邪？吴子胥不磔姑苏东门外乎！夫遇不遇者，时也；贤不肖者，材也；君子博学深谋不遇时者多矣！由是观之，不遇时者多矣！何独丘也哉？且夫芷兰生于深林，非以无人而不芳。君子之学，非为通也，为穷而不困，忧而意不衰也，知祸福终始而心不惑也。夫贤不肖者，材也；为不为者，人也；遇不遇者，时也；死生者，命也。今有其人，不遇其时，虽贤，其能行乎？苟遇其时，何难之有？故君子博学深谋、修身，端行以俟其时。'"

孔子向南到楚国去，被困在陈国、蔡国之间，七天没吃熟食，野菜羹中没有掺一点米，随行弟子们都有饥饿的表情。子路上前问孔子说："我听说对于行善的人，上天就赐给他幸福；对于作恶的人，上天就降灾祸给他。现在，老师积累功德，奉行道义，具有各种美德，这样做的日子已经很久了，为什么还会有这样窘境呢？"孔子说："仲由你不知道，我告诉你。你以为有才智的人就一定会被任用的吗？王子比干不是被剖腹挖心了吗！你以为忠诚的人就一定会被信任的吗？关龙逢不是被桀杀了吗！你以为劝谏的人就一定会被相信吗？伍子胥不是被碎尸姑苏城外了吗！能不能得到君主的赏识，这要靠机遇；有没有德才，这要看各人的资质了。君子之中博学多识而能深谋远虑，却没有遇上被重用机会的人，多着呢！由此看来，不被社会赏识的人，哪里只是我孔丘呢？况且，白芷兰草长在深山老林之中，不是因为没有人赏识就不香了；君子的学习，并不是为了显贵，而是为了受到困窘的时候而不感到困顿，遭受忧患的时候而意志不衰退，懂得祸福死生的道理而思想不动摇。有没有德才，在于资质；做还是不做，在于人的决定；得到还是得不到赏识，在于时机；是死还是生，在于命运。现在有的人没有遇上机遇，即使贤能，他能有所作为吗？如果遇到时机，那还有什么困难呢？所以君子要广博地学习，谋虑深远，修养心身，端正品行，等待时机的到来。"

"孟子曰：'舜之居深山之中，与木石居，与鹿豕游，其所以异于深山之野人者几希。及其闻一善言，见一善行，若决江河，沛然莫之能御也。'"当初舜居住深山之中的时候，与草木土石为伍，和麋鹿野猪相伴，几乎和山里的野人没有多少区别。但他后来遇到时机，走出深山，历尽千辛万苦的磨砺步入政坛之后，就展现出超凡的统帅才干。听到一句好话，看到一种好的行为，推行起来像江河决口，汹涌澎湃，没有任何力量能够阻挡。

数千年以来，中国的社会经济基本上都是以农牧业为主。农业必须靠天吃饭，耕耘收藏事事都要讲究天时。"春耕、夏耘、秋收、冬藏，四者不失时，故五谷不绝，而百姓有余食也"。

孟子曾经说过："不违农时，谷不可胜食也。数罟不入洿池，鱼鳖不可胜食也。斧斤以时入山林，材木不可胜用也。"孟子认为，治理国家的人只要不去剥夺农民耕种的时间，耽误农时，这样粮食就吃不完。不用过密的渔网连续到池塘里去捕捞，那么池塘的水产也会吃不完。大小斧子按照一定的时间才可以进山砍伐林木，该封山时就封山，那么山里的木材也会用不完。

《国语·鲁语上》记叙："古者大寒降，土蛰发，水虞于是乎讲眾罶，取名鱼，登川禽，而尝之寝庙，行诸国，助宣气也。鸟兽孕，水虫成，兽虞于是乎禁罝罗，猎鱼鳖以为夏槁，助生阜也。鸟兽成，水虫孕，水虞于是乎禁罝䍡，设阱鄂，以实庙庖，畜功用也。且夫山不槎蘖，泽不伐夭，鱼禁鲲鲕，兽长麑麇，鸟翼鷇卵，虫舍蚔蝝，蕃庶物也。古之训也"。

古时候，要等大寒转暖之后，冬眠在土中的虫类苏醒振动起来了，管理河水的官才让人整理网钩，捕捉大鱼，捞取鳖蜃，拿到宗庙里举行祭祀，再叫百姓也照着去做，这是帮助阳气的上升。等到鸟兽怀孕，水生物已经长成，掌管山林的官就要禁止上山网罗鸟兽，只刺取鱼鳖，做成夏天食用的干鱼，这是为了帮助鸟兽繁殖。等到鸟兽已经成长，水生物正在怀孕，掌管河水的官就要禁止小网下水，只设陷阱捕捉禽兽，拿来祭祀祖宗，款待宾客，这是为了保护鱼鳖，以备国家积蓄需用。并且，山上不砍重生的嫩条，湖泽里不采伐还没有长成的嫩草；捕鱼禁捕小鱼，要让小鹿等幼兽好好成长；这就保护了小鸟、鸟卵，杀虫不要把有益于人类的幼虫全部杀掉。这都是为了使自然界的万物繁殖生长，是古人留给我们宝贵的经验教训。

"举事而不时，力虽尽其功不成"。

"如以予人财者，不如无夺时；如以予人食者，不如毋夺其事，此谓无外内之患。"

《吕氏春秋》也讲到："圣人之见时，若步之与影不可离。故有道之士未遇时，隐匿分窜，勤以待时。时至，有从布衣而为天子者，有从千乘而得天下者，有从卑贱而佐三王者，有从匹夫而报万乘者，故圣人之所贵唯时也。水冻方固，后稷不种，后稷之种必待春，故人虽智而不遇时无功。……事之难易，不在小大，务在知时。"圣人观察捕捉时机，就像影子追随脚步一样，形影不离。所以有抱负和道德学问的人，在没有遇到时机的时候，也只能是隐匿于平民之中，流窜于四方各地，做好准备，等待时机。时机一到，就有人从平民变为天子，有人从地方小官变为统治天下的大人物，有人从社会底层变为高高在上的当权者，有人从普通百姓变为位高权重的贵族。所以圣人视为最贵重的东西，唯独只有时机。冬天冰天雪地的时候，后稷是不会播种的，后稷播种必然要等待春天的来临。所以人虽聪明智慧，但是没有遇到时机，同样也是做不成大事，不能成功立业。世事的难和易，并不在于事情的大小，而关键在于是不是懂得把握时机。

时势造英雄，是说一个人才的成长，一项事业的成功，除了自身的素质条件和努力程度外，必然还有其特定的历史条件、特定的机遇、特定的发展平台。善于捕捉机遇，抓住机遇，才能成就英雄。

唐太宗李世民成功的一个重要原因，就是善于抓住时机。

第一次，是李世民在隋朝政治腐败、危机四伏的关键时刻，虽然并不具备独树一帜的政治力量，但仍然敢于抓住这个重要的历史机遇，借用了父亲李渊的势力，取得举兵反隋的胜利。

隋朝末年，政治极端腐败，民不聊生，反隋斗争此起彼伏。据史书记载，隋末之时已是"民外为盗贼所掠，内为郡县所赋，生计无遗；加之饥馑无食，民始采树皮叶，或捣蒿为末，或煮土而食之，诸物皆尽，乃自相食"。"世民聪明勇决，识量过人，见隋室方乱，阴有安天下之志。"他洞察时局，便向李渊进言："今主上无道，百姓困穷，晋阳城外皆为战场；大人若守小节，下有寇盗，上有严刑，危亡无日。不若顺民心，兴义兵，转祸为福，此天授之时也。"但当时，李世民只不过是职任河东讨捕使李渊属下的一个名不见经传的小字辈。但他坚信隋朝必亡，反复劝说其父李渊兴兵反隋。在李世民多次极力劝导下，李渊终于"帅甲士三万发晋阳，立军门誓众。"和众多的农民起义军一道，举起了反隋的义旗。后经李氏父子率军南征北战，队伍迅速壮大。公元618年，攻下隋都长安，李渊登上王位，建立了唐王朝，改隋义宁二年为唐武德元年。

第二次，在李渊当了皇帝后，李氏兄弟激烈争权的关键时刻，李世民发动了"玄武门之变"，杀死了同胞兄弟李建成和李元吉，为自己继承皇位扫除了障碍。

唐公李渊生四男一女，唐王朝建立后，长子李建成被立为太子，李世民被封为秦王，李元吉被封为齐王。天下平定不久，李氏家族围绕权力争斗日益激化，李建成、李元吉两人联手多次密谋陷害、诽谤、暗杀李世民。

"齐王元吉劝太子建成除秦王世民"，"建成使元吉就图世民"，"建成夜召世民饮酒而鸩之，世民暴心痛，吐血数升，淮安王神通扶之还西宫"。"建成、元吉与后宫日夜谮诉世民于上，上信之，将罪世民。陈叔达谏曰：'秦王有大功于天下，不可黜也。且性刚烈，若加挫抑，恐不胜忧愤，或有不测之疾，陛下悔之何及！'上乃止。元吉密请杀秦王，上曰：'彼有定天下之功，罪状未著，何以为辞？'元吉曰：'秦王初平东都，顾望不还，散钱帛以树私恩，又违敕命，非反而何！但应速杀，何患无辞！'上不应。"

正当李建成、李元吉剑拔弩张的危急时刻，李世民策划发动了"玄武门之变"，杀死了太子李建成和齐王李元吉。不久，李世民被更立为太子，后又继承了皇位，改武德九年为贞观元年。

第三次，在李世民继承皇位后，紧紧抓住"积敝之后，易致中兴"的历史发展机遇，改革朝政，励精图治，开创了历史上闻名的"贞观之治"。

李世民在皇位期间，大力发展科举制度，大量选拔任用治国安邦的人才。他知人善任，虚心纳谏，任用选拔上来的能人改革朝政。兴利除弊，完善和推行均田制、租庸调法、府兵制，倡导兴修水利，鼓励发展农业生产。继续扩展"丝绸之路"，促进中外经济文化交流，唐代经济文化事业发展空前繁荣。

"功难成而易败，机难得而易失"。这正是李世民对自己奋斗一生，成就帝业的最深刻、最重要的人生总结。

"智者善谋，不如当时。精时者，日少而功多。……是以圣王务具其备，而慎守其时。以备待时，以时兴事。"管仲的这段话是在告诫人们，聪明的人善于谋划，也不如遇到适当的时机。能够精准把握时机的人，就会事半功倍，用时少功效大，所以圣明的君王总是在时机到来之前先做好必要准备，谨慎地守候时机的到来。待时机到来的时候，就紧紧抓住时机，成就自己的事业。

"难得而易失者，时也。"此一时，彼一时；时乎时，不再来。时机只能是可遇不可求，稍纵即逝，错过了就不再复返，不是总有也不是总能碰到的，总是会有也就显示不出时机的重要和宝贵了。在我国改革开放初期，大改革、大开放、大发展出现了一个大高潮。建材、煤炭、钢铁一下子就成了紧俏商品，价格一涨再涨，这三大行业的发展迎来了大好时机。过了一段时期后，出现了煤炭、钢铁的产能过剩、产品积压、市场滞销，虽然政府出台了一系列调控政策，限产能，调结构，但是建材、煤炭、钢铁行业发展的机遇期还是一去不复返了。

能不能在机遇到来之时抓住时机发展自我，关键在于在机遇到来之前是不是做好了准备。"以备待时"就是告诉人们在某一事物的发展时机尚未成熟、尚未到来之际，不能只是消极观望、等待，而是应该以积极的态度做好必要准备，迎接机会的到来。就像军事上打仗一样，一个战役、一次战斗，战前准备工作十分重要。准备工作做好了，枪炮一响就很顺利。军事上讲不打无把握之仗，不打无准备之仗。把握的大小就在于战前准备工作的好坏。一切准备工作都做好了，胜利就有希望。

《列子》中记述了一个时机决定一个人的前途命运的故事，读来颇受启发。"鲁施氏有二子，其一好学，其一好兵。好学者以术干齐侯，齐侯纳之，以为诸公子之傅。好兵者之楚，以法干楚王，王悦之，以为军正。禄富其家，爵荣其亲。施氏之邻人孟氏，同有二子，所业亦同，而窘于贫，羡施氏之有，因从请进趋之方。二子以实告孟氏。孟氏之一子之秦，以术干秦王。秦王曰：'当今诸侯力争，所务兵食而已。若用仁义治吾国，是灭亡之道。'遂宫而放之。其一子之卫，以法干卫侯。卫侯曰：'吾弱国也，而摄乎大国之间。大国吾事之，小国吾抚之，是求安之道。若赖兵权，灭亡可待矣。若全而归之，适于他国，为吾之患不轻矣。'遂刖之，而还诸鲁。既反，孟氏之父子叩胸而让施氏。施氏曰：'凡得时者昌，失时者亡。子道与吾同，而功与吾异，失时者也，非行之谬也。且天下理无常是，事无常非。先日所用，今或弃之；今之所弃，后或用之。此用与不用，无定是非也。投隙抵时，应事无方，属乎智。智苟不足，使君博如孔丘，术如吕尚，焉往而不穷哉？'"

这个故事是说，鲁国一个姓施的人有两个儿子，一个学文，一个习武。学文的儿子到了齐国，齐侯录用他为朝廷贵族子女的教师。学武的儿子到了楚国，楚国的国王晋升他为一个治军的将领。从此施家富有金钱，在乡里也享有荣贵。施家有个邻居姓孟，同样也有两个儿子，而且所学也和施家两个儿子一样。由于家里生活贫困，羡慕施家富有，因此向施家请教两个儿子的晋升途径和门道。施家的两个儿子于是就把真实的情况告诉了孟家。孟家学文的儿子到了秦国，向秦王讲述了自己学术的情况，秦王听了之后就说："当今诸侯战争不断，国家抓的大事就是军事和粮食。如果仅用仁义道德治理我们国家，那是一条灭亡之路。"就把这个儿子处以宫刑而放之。另一个习武的儿子到了卫国，见到卫侯后讲述了自己的学业情况，卫侯听了之后就说："我们是个弱小的国家，是在大国的夹缝中生存，对于大国只能顺命听从，对于小国也是相互安抚，这是求得自身安全的唯一之路。如果要使用军事强力，卫国的灭亡那就指日可待了。"卫侯心想假如你要能全身而归，投奔了其他国家，对我卫国就是一个不小的危害。于是命令手下砍掉其脚再放其回到了鲁国。两个儿子回家后，孟家父子气愤至极，就和施家争吵，姓施的人说："凡事逢遇时机就成功，丧失时机就失败。你家儿子与我儿子学业相同，结果与我家儿子不一样，是时机不对，并不是所学的错误。一个人以前喜欢用的东西，今天就可能舍弃不用了；今天舍弃不用的，往后说不定又会捡起来再用。这其中用与不用，并没有一个确定的、一成不变的标准。根据时势变化，适应时宜潮流，这是聪明智慧的表现。如果临事没有一个适宜时势变化的应变能力，即便是学术渊博像孔子、武艺高强像姜太公，那也是无济于事，怎么会不穷困呢？"

《国语·越语下》记叙："时将有反，事将有间，必有以知天地之恒制，乃可以有天下之成利。事无间，时无反，则抚民保教以须之。"天时有其反转的时刻，人事有其间隙可乘的时候，只有懂得天地之常道，才能获得天下有利的成果。如果人事暂时没有间隙可乘，天时尚无转机可用，那么就只能抚恤、保护、教育人民，以备待时。

机遇并不会偏爱某些特定的人群，相对每个人都是公平的。许多事业的成功者，他们所经历的磨难和困苦，遭遇的坎坷和挫折，面临的考验和挑战，其实并不会少于一般人。常人按常理常规办常事，遇到的是常态。企业家要出大成果、大业绩，就必须突破常态闯出一条别人没有走过的路，所历风险，所经艰难，所承压力，都是常人不可想象的。成功者的成功，仅仅是由于他们能够以备待时，常备不懈，一旦机遇到来的时候，他们已是早有精心准备，而不是仓促应对，立即表现出自身的洞察力、判断力，展现出自身超人的能力、品质和意志，创造出超出常人的光辉业绩。

时与势，通常人们都是把它们联系在一起，合称为时势。势因时而变，机因势而定；局势会因为时间的推移而不断变化，时机因为局势的变动而生成和确定。"明者因时而变，知者随世而制。"聪明的人都会根据时势的变化而改变自己的谋划，有智慧的人会随着世事的变更而变化自己的策略。

时机的出现，有的是必然的，也有的是偶然的。按照规律发展出现的时机，是必然的。譬如，某种商品在市场上稀缺、紧俏，这种商品的生产、营销，必然应有一个良好的发展机遇期。某种商品滞销，市场供应饱和、过剩，这种商品的生产就会减速、停滞。全社会众多行业的商品普遍滞销，就是经济危机。正常情况下，会有预兆显现，有迹可循。这种按照规律正常运行的情况下的发展机遇，是可以预见的，可以把握的。

地震、水灾、风灾、旱灾等自然灾害，突发社会事变，例如动乱、瘟疫和战争，都是偶然发生、不期而遇，具有突发性和极大的破坏性等特征。在这些突发性事件出现之前，常人是难以预料、难以把控的。应对突发性灾难的机遇，是偶然的。同样也是不可预见、不可把握的。

世界的事物是多样的，各种事物发展的机遇也就具有多样性；区域的发展是不平衡的，具有明显的差异性。各个区域的发展时机，同样具有差异性。所以，不论何时何地，没有此机遇必然有彼机遇。发展的机遇随时随地都是绝对的存在，问题仅仅在于能不能发现、能不能认识、能不能抓住而已。

年年岁岁花相似，岁岁年年人不同。天地有万古，人生只百年。一寸光阴一寸金，寸金难买寸光阴。金钱买不到时间，金钱买不到生命。懂得珍惜生命、珍惜时间的人，才能活出人生的价值。珍惜生命、珍惜时间，就要珍惜做人、珍惜做事。平平庸庸是一生，建功立业也是一生。为了人生更出彩，就要努力奋斗，不要轻易荒废生命中短暂的时光。在既有的社会定位中，在现有的条件下，及时抓住此时此地的发展机遇，尽力创造多点业绩、多点辉煌，为自己的人生之路多增一点价值的闪亮。

刚柔相济，贵处中庸

孔子把中庸上升到道德的层次，就是要求人们在社会生活各个领域，秉持中正的道德原则，认识和处理社会生活中的一些问题。如果仅仅把中庸看作一种思想方法、工作方法，这是不全面的、不完整的。

各个领域都有各自的中正之道。领域不同，其中正之道也不相同。各个领域的中正之道，不能错位，不能走偏。道德承认战争具有正义和非正义之别。进行正义战争的将士，在战场上的杀敌和缴获，是符合军事领域中庸规范的道德原则，是中正之道；而社会领域所讲的杀人、抢劫，并没有正义和非正义之说，统统都是非正义的犯罪，所以，是违反社会领域中庸规范的道德原则，偏离了中正之道。所以我们不能把军事领域的中正之道错位运用到社会领域中去；同样，社会领域的中正之道也不能滥用到军事领域中来。这就是中庸的道德原则。

邓小平以政治家的敏锐提出的"两手抓"和"一个中心""两个基本点"（以经济建设为中心，必须实行改革开放、必须坚持四项基本原则），就是教育人们要恰当地调整好在改革开放的新时期出现的经济领域和思想文化领域观念上的对撞，防止各个领域的中正之道错位、走偏。既要坚持发展是硬道理，以经济建设为中心；又要坚持社会主义道路，坚持党的领导，坚持法治建设，坚持思想道德教育，按照经济领域的中正之道发展经济，按照社会领域的中正之道抓好社会发展。

《周易》讲："中行无咎。"是说践行中正之道，人们就能避免灾祸。

"仲尼曰：'君子中庸，小人反中庸，君子之中庸也，君子而时中。小人之反中庸也，小人而无忌惮也。'"孔子说："君子言行奉行不偏不倚的中庸之道，小人就做不到这一点。君子保持中庸之道，所以君子时刻能够做到不偏不倚；小人违反中庸之道，所以小人无所顾忌和畏惧。"

中庸就是指把握事物发展度的原则，把事情做到恰到好处。中者，中正之谓也，不偏之谓中。庸，常也，中和可常行之谓也。中庸就是寻求事物发展变化永远处于一种相对平衡、和谐的状态，防止极端、防止片面性。

《论语》记载了孔子与子贡这样一段对话："子贡问：'师与商也孰贤？'子曰：'师也过，商也不及。'曰：'然则师愈与？'子曰：'过犹不及。'"意思是说，子贡问孔子："颛孙师和卜商哪一位表现好些？"孔子说："颛孙师做事总是有些过头，卜商做事又有些不到位。"子贡说："这么看来，颛孙师会比卜商好一点吗？"孔子说："不，过犹不及。过了头也是等于不到位。"孔子与子贡的这段对话，是对中庸最具体最有说服力的注解和说明。

五行说较早的资料主要保存在《左传》《国语》和《尚书·洪范》等书中。五行说认为，世界上的任何事物都是相生相克，"木生火，火生土，土生金，金生水，水生木"，"水胜火，火胜金，金胜木，木胜土，土胜水"。相生意味着相互促进生长。胜，即克。相克意味着互相排斥。五行说是我们的祖先告诉世人如何认识世界、如何认识世界上各种事物相互联系的一个基本理念，充满着朴素的唯物论和辩证法的基本要素。五行说告诉我们，人类社会和自然界的万事万物虽然千差万别，矛盾交织，却能共生共荣，表现出一种复杂的平衡，实现多样性的统一，和谐相处。世界上的任何事物，都被其他事物所生，又被其他事物所克；同时，任何事物本身每时每刻也在生着或克着另外的事物。人从出生到幼年、到青壮年、到老年、到死亡，就是一个人的生命期。人在生长的同时，又在不停地孕育着死亡的因素。在青壮年时期，人能生儿育女，繁衍后代。这就是两个成年男女的结合，可以孕育一个新人的诞生。人们最熟悉的变化还有蚕。蚕是从卵变成的，到了一定的时候，蚕又变成蛾，蛾又产卵，就这样周而复始地一物生着另一物。人是男女两个生命繁育另一个新的生命，蚕是从一种生命形态演变成另一种生命形态。

所谓一物生一物，一物降一物，必须符合中庸的原则，也是有个度的界限。水生木，是说树木花草的成长需要水的滋养。没有水，树木花草就会枯萎旱死。水分太多，把树木花草天天浸泡在水中，也会被水浸死，这就不是水生木而是水克木了。土克水，用土筑成堤坝，可以控制水的流向、流量；用土不够，反过来，水就可以把土坝冲垮。这就不是土克水，而是水克土了。大鱼吃小鱼，小鱼吃小虾，这是自然界的生物链，也是万事万物相生相克原理的一种展现。

五行说中所蕴含的中庸思想给人们的启示是很深刻的。因为任何事物都是相生相克，物极必反。所以，世界上没有任何一种事物或力量能够永久凌驾于一切事物和力量之上而独霸天下。

"罪至重而刑至轻，民无所畏，乱莫大焉。""杀人者不死，伤人者不刑，是惠暴而宽恶也。"《汉书》以上论述，是在告诫人们要以中庸之道的原则治理家国，否则，就会"乱莫大"。

《左传》记叙："仲尼曰：'善哉！政宽则民慢，慢则纠之以猛。猛则民残，残则施之以宽。宽以济猛，猛以济宽，政是以和。《诗》曰：'民亦劳止，汔可小康。惠此中国，以绥四方。'施之以宽也。'毋从诡随，以谨无良。式遏寇虐，惨不畏明。'纠之以猛也。'柔远能迩，以定我王。'平之以和也。又曰：'不竞不绿，不刚不柔。布政优优，百禄是遒。'和之至也。"孔子说："好啊！施政宽大民众就怠慢，怠慢就要用严厉的手段加以纠正。严厉了民众就会受到伤害，伤害了民众就要施行宽大政策。用宽大来调节严厉，用严厉来调节宽大，政事因此调和。《诗经》说：'民众已很辛劳，乞求稍稍安康，赐恩给中原各国，用以安抚回方。'这是施政宽大。'不要听从狡诈欺骗人的话，以便小心提防恶人。应当制止掠夺残暴的人，他们从来不怕法度。'这就要用严厉来纠正。'安抚边远亲善近邦，用来安定我们国王。'这是用和睦来使国家平安。又说：'不争竞不急躁，不刚猛不柔弱。施政温和宽厚，百种福禄聚集。'这是和谐的顶点。"

诸葛亮说："宠之以位，位极则贱；顺之以恩，恩竭则慢。所以致弊，实由于此。吾今威之以法，法行则知恩；限之以爵，爵加则知荣。荣恩并济，上下有节，为治之要，于斯而著矣。"如果以官职作为恩宠的手段，官当大了就会令人感受不到宠爱；如果有人想要什么你就恩赐什么，给多了也会叫人怠慢起来。治理上之所以出现问题，实际都是由此而产生。我现在以法制的权威告之于世，按照法令行赏，就会使人感觉到恩惠；对各种官职明确提升的条件、要求，晋升一人就会让人感受到是一种荣耀。恩威并施，上下都有操守，这是治军治国非常重要的原则。做到这样就能取得显著的治理成效。

孔子、诸葛亮讲的宽猛相济、恩威并施，都是引导人们要在治国理政这个涉及国计民生的问题上，要坚守中庸之道。

"子曰：'中庸之为德也，其至矣乎！民鲜久矣。'"孔子认为，中庸作为一种道德，这是最高尚的。大家已经长久缺乏了，现在很少可以见到。孔子把中庸上升到道德的层次，就是要求人们在社会生活各个领域秉持中正的道德原则，认识和处理社会生活中的一些问题。如果仅仅把中庸看作一种思想方法、工作方法，这是不全面的、不完整的。

《韩非子》记叙："宋襄公与楚人战于涿谷上。宋人既成列矣，楚人未及济。右司马购强趋而谏曰：'楚人众而宋人寡，请使楚人半涉未成列而击之，必败。'襄公曰：'寡人闻君子曰：'不重伤，不擒二毛，不推人于险，不迫人于厄，不鼓不成列。'今楚未济而击之，害义。请使楚人毕涉成阵而后鼓士进之。'右司马曰：'君不爱宋民，腹心不完，特为义耳。'公曰：'不反列，且行法。'右司马反列，楚人已成列撰阵矣，公乃鼓之。宋人大败，公伤股，三日而死。"宋襄公与楚人交战于涿谷。宋军的队伍已摆列整齐，楚人尚未过河。右司马购强向宋襄公建议："楚军兵多，我宋的兵少，乘楚人尚未过河完毕，还没有摆好作战阵势时，我军击之，彼必败。"襄公回答说："不可，我听有圣道的人说，不伤害二次负伤的人，不擒拿胡须花白的老人，不推人于险，不迫人于困，不打没有列好阵的队伍。现在，楚人尚未过河完毕，你去打他，有损仁义。待楚人过河完毕并摆好了阵势后再击鼓发动进攻。"右司马说："这样做，君是不爱惜宋国百姓，不顾宋国的根本利益，只追求一个虚假的道义名信罢了。"襄公命令购强立即返回到队伍里去，不然按军法处置。右司马返列。楚军已摆好阵势了，襄公命击鼓。结果宋军大败，襄公腿受伤，三日后死去。

打仗对敌人讲仁义，把对自己军队的仁爱错误用到对敌斗争上，就是严重违犯了军事领域中庸之道的原则。宋军之败，就是败在宋襄公不懂中庸之道的错误上。

"用兵之道，抚士贵诚，制敌尚诈。"带兵打仗的方法，在队伍内部，对自己人的管理教育，实施奖罚，必须讲仁爱，讲诚恳；对付敌人，则需要用诡道，用欺诈。如果用对付敌人的手段对付自己人，或者用对自己人的举措来对付敌人，都是一种道德错位，违反了中庸的道德原则。

懂得这个道理，我们就不难理解，经济领域的金科玉律在思想文化领域、社会领域，并非全是真理。人们通常所讲的利润至上、效益最大化、适者生存、弱肉强食、价值原则，这些观念在经济领域应该都是正常的。但是，把这些观念扩大到思想文化领域、社会领域，问题就来了。把利益至上价值原则搬到思想文化社会领域，就会变为一切都要"向钱看"，人们的一切行为、活动、成果都会变为标价买卖，甚至包括人体自身。功利主义、个人主义、享乐主义、金钱至上就会堂而皇之到处泛滥。人与人之间论价行事，今天你对他有使用价值，今天他就和你交往；明天对他没有使用价值，明天就利空人散。亲情被扭曲，仁义被贬值，诚信被抛弃，人格、道德被遗忘。公权力、法律甚至都会成为金钱的俘虏。

"搞四个现代化一定要有两手，只有一手是不行的。所谓两手，即一手抓建设，一手抓法制。"邓小平以政治家的敏锐提出的"两手抓"和"一个中心""两个基本点"（以经济建设为中心，必须实行改革开放、必须坚持四项基本原则），就是教育人们要恰当地调整好在改革开放新时期出现的经济领域和思想文化领域观念上的对撞，防止各个领域的中正之道错位、泛滥。既要坚持发展是硬道理，以经济建设为中心；又要坚持社会主义道路，坚持党的领导，坚持法治建设，坚持思想、道德教育。按照经济领域的中正之道发展经济，按照社会领域的中正之道抓好社会发展。

唐代政治家、被太宗李世民任为谏议大夫的魏征，曾向李世民上谏："见可欲则思知足，将兴缮则思知止，处高危则思谦降，临满益则思挹损，遇逸乐则思撙节，在宴安则思后患，防壅蔽则思延纳，疾谗邪则思正己，行爵赏则思因喜而僭，施刑罚则思因怒而滥，兼是十思，而选贤任能，固可以无为而治。"如果见到自己喜欢的东西，就要想到有一个知足的心情来警诫自己；将有作威作福的事情，就要想到有一个知止的心情来安逸众人；想到位高权重就有危险，就要谦和冲虚涵养自己；想到满盈溢出，就要效法江海容纳百川；快活打猎，就要想网开一面当作法度；忧虑懈怠，就要始终谨慎；恐怕上下信息堵塞，就要做到虚心静气容纳人言；畏惧谗邪的人，就要做到正心修身驱除恶类；实施奖赏，就要想到不能为了一时高兴去胡乱赏赐；惩罚于人，就要想到不能为了一时的愤怒而滥施刑罚。兼顾这十思，并且选贤任能，就可以无为而治。

魏征提出的"十思"，条条都能折射出中庸思想原则的精神光芒，归结"十思"的精髓，实则就是谏议李世民要以中庸之道的精神治理国政。

在我们现实生活中，中庸之道涉及社会生活的方方面面，可以说是无处不在，无时不有。

"治性之道，必审己之所有余，而强其所不足。盖聪明疏通者戒于大察，寡闻少见者戒于壅蔽，勇猛刚强者戒于大暴，仁爱温良者戒于无断，湛静安舒者戒于后时，广心浩大者戒于遗忘。必审己之所当戒，而齐之以义，然后中和之化应"。匡衡说，修炼个人性格的方法，必须要审视自己个性偏重的方面而加强不足方面的锻炼。聪明会交际的人，要警惕对他人过于苛求，孤陋寡闻的人要警惕信息闭塞，脾气刚烈的人要警惕过于暴躁，仁爱温顺的人要警惕优柔寡断，生活平静安逸的人要居安思危，性格粗犷的人要警惕忘心过重。匡衡，西汉经学家。元帝时曾任丞相。封乐安侯。《汉书》记叙的匡衡这段论述中所说有"有余"和"不足"，正是与孔子所讲的"过"和"不及"相呼应，是在告诫人们要以中庸之道的精神来解决个人性格修炼的问题。

《中庸》说："喜怒哀乐之未发，谓之中；发而皆中节，谓之和。中也者，天下之大本也；和也者，天下之达道也。致中和，天地位焉，万物育焉。"喜怒哀乐还没有激发出来时，就叫做"中"；激发出来而都合乎礼节的，就叫做"和"。中，就是天下事物的根本；和，就是天下通行的原则。达到中和，天地就安居其位，万物就生长发育。

"'峣峣者易折，皎皎者易污。'阳春之曲，和者益寡，盛名之下，其实难副。"脆硬的物品容易缺断，雪白的物品容易脏污。高端难唱的乐曲，附和的人必少；极高名望的人，实际表现难以相符。

"太刚则折，太柔则卷，圣人正在刚柔之间，乃得道之本。积阴则沉，积阳则飞，阴阳相接，乃能成和。"过于刚硬容易折断，过于柔软容易卷曲。圣人的性格在刚柔之间，这才是修炼得法的根本。积聚内向就会过于深沉，积聚鲜明就会过于张扬。阴阳中和，才能和顺。

《中庸》《后汉书》《淮南子》的这些论述，也是强调要用中庸的原则调整个人性格修养。

"躬自厚而薄责于人，则远怨矣。"多责备自己，而少责备别人，就不致招来怨恨了。

"水至清则无鱼，人至察则无徒。"水太清纯就没有鱼虾，人太苛求就没有朋友。

"多言而不当，不如其寡也"。对人说话不宜多，话多必失。说多了必有错话，还不如少讲一点好。

孔子、管仲、东方朔的这些论述，都是劝导人们在人际交往过程中，要坚守中庸之道的原则，话不要说过头，事不要做过头，对他人的要求严格也不要太过头，处处严以律己，事事宽以待人，自然就会朋友遍天下。

中国人传统文化中讲的"天人合一"，讲的是天人融合一体，相互共存。因为在世界上的万事万物中，唯独人具有天赋的灵性，能够通达明了天道，并在社会实践中有可能按照天道揭示的规律，实现人与自然的和谐生存。中庸之道对于我们正确认识和处理人与自然的关系，维护人与自然的和谐，同样具有十分重要的指导意义。

人类的生存发展丝毫离不开自然界，除了自然界是我们别无选择的赖以生存的空间外，还需要自然界给我们提供保质保量的阳光、空气和水。不止如此，我们日常生活中天天需要的粮食、棉花、蔬菜、水果、木材，是利用自然界的土壤、阳光、空气和水，才能生长出来；石油、煤炭是自然界的珍藏，是从地层深处开采出来的；钢铁、水泥，是利用自然界的矿石冶炼而成的。人类从生活、生产到社会发展，没有哪一点是可以离开自然界。人类必须利用自然、开发自然，才能维系人类社会的生存和发展。

人类利用开发自然，必须无条件实践中庸之道的原则，严格控制在自然条件允许、维持生态平衡的范围之内，必须是在维护人与自然和谐的前提下，适可而止，适度为止。孔子所说的"过"和"不及"，用现代人的话说，就是控制事物发展变化的"关节点"，把握量变、质变过程中的"度"。大自然虽然没有思想，没有语言，但是它有规律，有对人类违犯规律的行为惩罚的手段。人类如果违背中庸之道的理念，"过度"对自然利用开发，超越了"关节点"，破坏了"平衡度"，忽略、蔑视生态平衡，不尊重人与自然的和谐，自然界就会对人类处以重罚。

环境保护是个历史话题。

早在几千年前，我们的祖先就有人提出："焚林而猎，愈多得兽，后必无兽。""竭泽而渔,岂不获得?而明年无鱼。焚薮而田,岂不获得?而明年无兽。"用烧毁山林的办法捕猎,怎么不可以捕获野兽呢?采用这种赶尽杀绝的办法捕猎,获得的野兽自然很多,但是明年可就无猎可捕了。把沼泽的水全部放干了捕鱼,大大小小一个不剩,怎么不会捞到鱼呢?但是到了明年,鱼已绝种,也就无鱼可捞了。"焚林而猎","竭泽而渔",都是犯了孔子所说的"过"的错误。使用一种极端绝对的手段去达到自己的目的,就是违反了中庸之道的原则。我们的先辈在科技文化不发达的远古年代,尚且能意识到保护生态平衡的意义。正因为我们的前辈经过世世代代的努力,不仅守住了这片养育中华民族赖以生存的国土完整,而且守护了这片国土的纯净与美丽,给我们留下了一个山清水秀、空气清新的美好江山。吃水不忘挖井人。我们永远不能忘怀先辈们守土爱土的教诲,不能忘却先辈们守土护土的历史功绩,应该怀着一颗感恩的心,倍加精心地呵护好先辈们留下的珍贵遗产——我们中华民族共有的家园。

环境保护也是一个世界话题。

恩格斯在《自然辩证法》一书中写道:"我们不要过分陶醉于我们对自然界的胜利。对于每一次这样的胜利,自然界都报复了我们。每一次胜利,在第一步都确实取得了我们预期的结果,但是在第二步和第三步却有了完全不同的、出乎意料的影响,常常把第一个结果又取消了。美索不达米亚、希腊、小亚细亚以及其他各地的居民,为了想得到耕地,把森林都砍完了,但是他们梦想不到,这些地方今天竟因此成为荒芜不毛之地,因为他们使这些地方失去了森林,也失去了积聚和贮存水分的中心。阿尔卑斯山的意大利人,在山南坡砍光了在北坡被十分细心地保护的松林,他们没有预料到,这样一来,他们把他们区域里的高山畜牧业的基础给摧毁了;他们更没有预料到,他们这样做,竟使山泉在一年中的大部分时间内枯竭了,而在雨季又使更加凶猛的洪水倾泻到平原上。"

在 2016 年 5 月第二届联合国环境大会上,联合国环境规划署发布的报告称:每年因环境恶化而过早死亡的人数比冲突致死的人数还高 234 倍。在 2012 年,大约 1260 万人由于环境原因死亡,占总死亡人数的 23%。每年有 700 万人死于室内和室外空气污染引起的非传染性疾病。这是一组触目惊心的数据。为了解决这一全球性的难题,在 2015 年 12 月巴黎气候变化大会上有近 200 个缔约方就《联合国气候变化框架公约》达成《巴黎协定》,联合国已宣布《巴黎协定》于 2016 年 11 月 4 日正式生效。相信随着《巴黎协定》的实施，世界环境总会逐步有一定程度的好转。

环境保护既是治国理政的国家大事，也与百姓日常生活息息相关。防治空气污染、水体污染、土壤污染、食品污染、环境污染，都是关乎百姓健康与生命的头等大事。树立环保意识，就是社会成员应有的觉悟。

环保是一项普惠全民的"公共产品"，也需要全民共同的责任担当。一度电、一滴水、一张纸，件件关乎环保；随地乱扔垃圾，乱砍滥伐山林，践踏城市绿地，事事涉及环保。努力了，这些举手之劳的小事人人都可以做得好。人心齐，泰山移。只要齐心协力，人人参与，人人动手，解决中国环保的难题就不难了。

居安思危，有备无患

"居安思危"的理念，源自"泰极而否""盛极而衰""物极必反""乐极生悲"的变易思想。安与危，是一正一反，既对立又统一。对立的双方，各自都在不停地变化，始终处于此消彼长的变化之中。矛盾双方相互交替转化，安可以转化为危，危可以转化为安。中国人正是基于对这种对立统一规律思想的认知，产生了"居安思危"的理念。

我们祖祖辈辈正是秉持安危相易的理念，在太平盛世能够居安思危、安不忘危，维持社会的稳定发展；在民族面临危难关头，懂得及时化险为夷、转危为安，使中华民族能够延续几千年，生生不息，连绵不绝。

"书曰：'居安思危。'思则有备，有备无患。"处于安乐要想到危险，想到了危险就会有所防备，有了防范准备就会避免忧患。

《周易》说："安而不忘危，存而不忘亡，治而不忘乱，是以身安而国家可保也。"在安乐之时不忘危机的出现，在生存之际不忘消亡的可能，在世治太平之际不忘动乱的发生，这样就可以使个人安全无忧，国家稳定发展。

"兴必虑衰，安必思危。"兴盛之时必须想到衰败的危险，安宁之处必须想到动乱的危机。

《史记》说："国虽大，好战必亡；天下虽平，忘战必危。"国家虽大，好战必然灭亡；天下虽然太平，淡忘战备必然出现危险。

"兵可千日而不用，不可一日而无备。"军队宁可千日不用，不可一日松懈战备。

《墨子》说："仓无备粟，不可以待凶饥；库无备兵，虽有义不能征无义；城郭不备全，不可以自守；必无备虑，不可以应卒。"仓库没有储备的粮食，不可以应付饥荒；兵库没有充足的兵器，正义之师也不能讨伐罪恶之敌；城防工事设置不全，面对来犯之敌就不能自守；有了和平麻痹思想，就不能有效应对各种突发事变。

"战战兢兢，如临深渊，如履薄冰。"戒慎恐惧，战战兢兢，如同面对万丈深渊，如同脚踩薄薄河冰。

《周易·系辞下传》指出："危者使平，易者使倾，其道甚大，百物不废。惧以终始，其要无咎，此之谓《易》之道也。"知道危惧的人能获得平安，掉以轻心的人必致倾覆，《易》所蕴含的哲理极为深博，可以使万物赖以生存不废。自始至终戒惧谨慎，其要者在于慎求"无咎"。这就是《易》的道理。

《周易》被推崇为群经之首、大道之源，对我国的哲学、史学、文学、天文、兵法都曾产生巨大的影响，是我国古代一部重要的文化典籍。

"居安思危"的理念，源自《周易》"泰极而否""盛极而衰""物极必反""乐极生悲"的变易思想。安与危，是一正一反，既对立又统一。对立的双方，各自都在不停地运动，始终处于此消彼长的变化之中。矛盾双方的主导方面和被主导方面相互交替转化，安可以转化为危，危可以转化为安。中国人正是基于对这种对立统一规律思想的认知，产生了"居安思危"的理念。

我们祖祖辈辈正是秉持安危相易的理念，在太平盛世能够居安思危，安不忘危，维持社会的稳定发展；在民族面临危难关头，懂得及时化险为夷、转危为安，使中华民族能够延续几千年，生生不息，连绵不绝。

"履虎尾，愬愬，终吉。"跟在老虎后面行走，虽然神经十分紧张、害怕，但是只要时刻保持高度警惕，最后仍会吉祥无害。

敌存灭祸，敌去招过。有一个强大的对手站立面前，就会使自己时刻保持高度警惕，不敢松懈自己的战斗意志，如履薄冰，如临深渊，每件事都做得小心谨慎，不敢懈怠，避免出错。这样会使自己的事业做得更好。如果没有一个敌对势力的存在，没有压力感、紧迫感、危机感，思想麻痹懈怠，反而会出乱子。

居安之所以要思危，因为在安乐之时，如果丧失了警惕，乐极就会生悲，安乐就会转化为忧患、危机。反之，在危难、危险之际，能够保持应有警惕，采取恰当措施，也会转危为安，绝地逢生。《周易》中说"履虎尾，愬愬，终吉"，是个例证；战国时期勾践兵败会稽之后，卧薪尝胆，励精图治，最终继而"吞吴"，也是一个很好的说明。

越王勾践在一次兴师伐吴的作战中，被吴王"悉发精兵击越，败之夫椒。越王乃以余兵五千人保栖于会稽，吴王追而围之"。"勾践乃以美女宝器令种间献吴太宰嚭。嚭受。""大夫种行成于吴，膝行顿首曰：'勾践请为臣，妻为妾。'"于是吴王赦越，"罢兵而归"。"吴既赦越，越王勾践反国，乃苦身焦思，置胆于坐，坐卧即仰胆，饮食亦尝胆也。曰：'女忘会稽之耻邪？'身自耕作，夫人自织，食不加肉，衣不重采，折节下贤人，厚遇宾客，振贫吊死，与百姓同其劳。"十几年后，越国已经日渐强盛，而吴国连年忙于齐晋战争，损兵折将，元气大伤。越王勾践抓住这一时机，再次伐吴，"吴士民罢弊，轻锐尽死于齐晋。而越大破吴，因而留围之三年，吴师败，越遂复栖吴王于姑苏之山。遂自杀"。勾践会稽之败，历经二十二年之后，反败吴王夫差于姑苏之山，迫其自杀，灭吴。前后两次吴越战争，相隔二十二年。这二十二年，是勾践卧薪尝胆、忍辱负重，苦心积虑、蓄势待发的二十二年；是勾践"身自耕作，夫人自织，食不加肉，衣不重采"，艰苦奋斗、富民强兵的二十二年；是折节下贤、厚遇宾客，韬光养晦，励精图治的二十二年；是艰难困苦、玉汝于成，绝地反击、转危为安的二十二年。二十二年的苦苦修炼，使越国转危为安、转败为胜，成就了勾践历史永驻的辉煌。

"居承平之世，不知有丧乱之祸；处庙堂之下，不知有战阵之急；保俸禄之资，不知有耕稼之苦；肆吏民之上，不知有劳役之勤，故难可以应世经务也。"处在累代太平之世，不知道有丧乱之祸；身在朝廷之上，不知道有战阵之急；保有俸禄供给，不知道有耕稼之苦；纵肆吏民头上，不知道有劳役之勤：这样就很难应付时世和处理事务了。

荀子说："今人之生也，方知畜鸡狗猪彘，又畜牛羊，然而食不敢有酒肉；余刀布，有囷窌，然而衣不敢有丝帛；约者有筐箧之藏，然而行不敢有舆马。是何也？非不欲也，几不长虑顾后而恐无以继之故也。于是又节用御欲、收敛蓄藏以继之也，是于己长虑顾后，几不甚善矣哉！"

荀子这句话大意是现在人们活着，知道畜养鸡狗猪，又畜养牛羊，但是平常吃饭时却不敢有酒肉；钱币充足有余，粮仓地窖又贮藏大量的粮食，但是衣饰却不敢穿绸缎；节约的人拥有一箱箱的积蓄，但是出行却不敢用车马。这是为什么呢？这并不是人们不懂享受生活，而是不敢铺张啊！是因为他们为了长远打算、顾及以后而怕没有什么东西来继续维持生活的缘故。于是他们又节约费用、抑制欲望、收聚财物、贮藏粮食以便继续维持以后的生活。这种为了自己的长远打算、顾及今后生活，岂不是很好的吗？

战国时期的思想家荀况这段总结民众生活规律的重要论述，深刻揭示了中国人之所以具有注重节俭这个崇高美德，是因为他们懂得生活就必须深谋远虑、居安思危这一平凡而又伟大的思想理念。

"常将有日思无日，莫把无时当有时。"

"处富贵之时，要知贫贱的痛痒；值少壮之日，须念衰老的辛酸。"

"贫家而学富家之衣食多用，则速亡必矣。"贫穷之家学着富裕人家比吃穿，只会使自己陷入更大的困境。

居安思危主要是强调一个家庭、一个企业、一个民族、一个国家，处于太平盛世要有忧患意识，克服和平麻痹思想，扎扎实实做好应对突发事变和自然灾害的各种准备，防患于未然。一旦遇到危难，就能处变不惊，果断应对，动员、聚集一切可以动员的力量，利用一切可以利用的资源，争取一切可以争取的时间，坚持不懈努力，变被动应付为积极抗争，促使危难向着平安的矛盾转化。

我们把居安思危的理念推而广之，运用到促进事业发展、家国福祉方面，就应该做到居富思贫、居强思弱、居丰思歉、居盈思亏、居乐思悲、居健思病、居生思亡，增强各个方面的忧患意识，时刻不忘古人"多难兴邦""生于忧患而死于安乐"的教诲，才能永葆事业顺利发展、生活日益康乐幸福。

积力篇

积力之所举，则无不胜；
众智之所为，则无不成

办大事，干大事业，都必须依靠众人的智慧和力量。独根琴弦不能弹奏《韶》《夏》之类高低和谐的音调，单色丝线难以绣成衮服上瑰丽多彩的蛟龙，一种食材烹煮不出香甜的美味，独棵树木构成不了成片森林的繁茂。

现代经济社会，企业的规模越做越大，产品的结构越来越复杂，科学技术的含量越来越高。国内国外的交流合作成为常态，"闭门造车"已经成为历史。"他山之石，可以攻玉""和羹之美，在于合异"，借力合力才能做大做强，已经成为工商精英的共识和基本经验。

"故积力之所举，则无不胜也。众智之所为，则无不成也。"积聚大家的力量，托举一个事物，就会无往而不胜。集中众人的智慧，谋划一件事情，就必然会成功。

"举事以为人者，众助之；举事以自为者，众去之。众之所助，虽弱必强；众之所去，虽大必亡。"一个人，一件事，如果能够得到众人的帮助支持，虽然暂时弱小也会发展变得很强大；有些事，如果引起大家反对，离心离德，虽然现在貌似规模很大，最终必然还是要失败。

西汉时期思想家、文学家刘安，汉高祖刘邦之孙，袭父封为淮南王。曾招致宾客方术之士数千人，集体编写《鸿烈》，后称《淮南子》，又称《淮南鸿烈》。刘安在政治上主张无为而治，后以谋反自杀。以上两句话就是出自《淮南子》，以精练的论述告诉人们"众人拾柴火焰高"，积力才能谋生发展这个既普通而又常见的道理。

积力的初衷是创造人类生存条件。

"粟，稼而生者也；若布与帛，必蠶绩而后成者也，其他所以养生之具，皆待人力而后完也，吾皆赖之。然人不可徧为，宜乎各致其能以相生也。""任有大小，惟其所能，若器皿焉。""一身而二任焉，虽圣者不可为也。"

韩愈说，粮食，是靠人们种植才能生长出来的。至于布匹、丝绸，一定要靠养蚕、纺织才能制成。其他用来维持生活的物品，也都必须靠人们的劳动然后才能完成，我都是依赖这些东西才能生存。然而人们不可能样样物品都靠自己去制造，最合适的做法就是形成一个完整系统的生产链，各尽所能，会生产劳动工具的就生产劳动工具，会耕种田地的就耕种田地，会深度加工的就把农民耕种收获的粮食、棉花加工成大米、棉纱，会纺织的就把棉纱织成布、制成衣，只有这样相互协作配合，才能共同求得生存。才能有大有小，只要充分发挥自己的才智就好，就像盛物的器皿，虽然大小不一，但都各有各的用途。

韩愈提出的衣食住行各项"养生之具""人不可徧为，宜乎各致其能"，不仅过去的人类是如此，当今社会是如此，而且将来必然亦如此。分工协作，各尽所能，相互配合，积力谋生，这是人类生存的永恒规律，千年万古永不变更。

"人各任其能，竭其力，以得所欲。"

"中人以上，迭有所长，苟区别得宜，付授当器，各适其性，各宜其能，及乎合以成功，亦与全才无异。但在明鉴大度，御之有道而已。"唐代翰林学士、中书侍郎陆贽说：在一个人才聚集的地方，所有人员都是各有所长，如果区别得当，赋予合适权限，利用各人特性，发挥各人才能，用以成就一件大事，也与用了全才没有差异。关键在于明鉴各人大节，管理有方而已。

"冠虽敝，必加于首；履虽新，必关于足。"帽子虽旧只能戴于头，鞋子虽新必然只可穿于足。

"虽鞭之长，不及马腹。"再好的工具也有不能发挥作用的地方。

"故常欲耕而食天下之人矣，然一身之耕，分诸天下，不能人得一升粟，其不能饱可知也；欲织而衣天下之人矣，然一身之织，分诸天下，不能人得尺布，其不能暖可知也。"想靠耕种而食天下之人，然而一人耕作的粮食分给天下，不能人得几粒粟，其不能饱可想而知；想靠织布而衣天下之人，然而一人织的布匹分给天下，不能人得寸纱，其不能暖也是可想而知的。

《尹文子》说："独行之贤，不足以成化；独能之事，不足以周务；出群之辩，不可为户说；绝众之勇，不可与征阵。"行为独贤，不足以教化万民；做事独能，不足以周全各项事务；论辩超群，不可能做到家喻户晓；个人勇敢无比，不可能上阵与众敌应战。

"故虽有尧之智而无众人之助，大功不立"。即使具有尧一样的智慧，如果没有众人相助，也不能建立功勋。

"夫乘众人之智，则无不任也；用众人之力，则无不胜也。"人多力量大，柴多火焰高。三个臭皮匠，也能顶个诸葛亮。

"独任之国，劳而多祸。"单靠一人掌管国家，那就会既劳累又多祸。

"人众者胜天"。办大事，干大事业，都必须依靠众人的智慧和力量。

《抱朴子》说："单弦不能发《韶》《夏》之和音，子色不能成衮龙之玮烨，一味不能合伊鼎之甘，独木不能致邓林之茂。"独根琴弦不能弹奏《韶》《夏》之类高低和谐的音调，单色丝线难以绣成衮服上瑰丽多彩的蛟龙，一种食材烹煮不出伊尹鼎中的美味，独棵树木构成不了成片森林的繁茂。

现代农业、现代工业、现代商业、现代文化产业、现代科技产业，都有其各自环环相扣、紧密连接的产业链。每个生活在社会中的个体人，都只能在某一产业链的某一环节干点力所能及的事情。完成一个完整的产品，则需要靠千万人的协同合作。一个单位众多员工各有所长，同在某一个生产环节上共同研制某一产品的部件，只有"付授当器，各适其性，各宜其能"，通力合作，才能成功。鞭虽长，但不可触及马腹。纵有尧舜之智，而无众人之助，同样不能办好任何一件事情。衣食住行所有"养生之具"，必待他人的力量而后完也，"吾皆赖之"，所以，任何人的生存发展都必须靠众人积力。

积力的关键是齐心。

《资治通鉴》记叙：南北朝时期，吐谷浑威王阿柴有子二十人。他在病重临危之际，把二十个儿子全部叫到身边，"命诸子各献一箭，取一箭授其弟慕利延使折之，慕利延折之；又取十九箭使折之，慕利延不能折。阿柴乃谕之曰：'汝曹知之乎？孤则易折，众则难摧。汝曹当勠力一心，然后可以保国宁家。'言终而卒。"吐谷浑威王阿柴有二十个儿子，病重之时，他把二十个儿子叫到身边，让每个儿子拿出一支箭，取出其中一支叫其弟折之，其弟接过箭后把箭折断。然后又拿出剩下的十九支箭，放在一起让其弟再折，这次其弟怎么也折不断。阿柴于是就对二十个儿子说，你们知道吗？孤则易折，众则难摧。你们应当竭尽全力，团结一心，这样才可以保国宁家，守卫国土完整，维护家庭的幸福安宁，说完就辞世而去。阿柴临终教子的遗训，《资治通鉴》予以录载，也是告知世人，要懂得"团结就是力量"这个颠扑不破的真理。

"有子曰：'礼之用，和为贵。'"实践礼的要求，以和顺最为可贵。

"师克在和，不在众。"军队打胜仗的关键，在于军心上下一致，而不在于将士的多少。

"故千人同心，则得千人力；万人异心，则无一人之用。"一千个人如果同心协力，就可以得到一千个人合作的力量；一万个人如果各人想法都不同，心志各异，那就没有一个人的力量可以用得着。

"《泰誓》曰：'纣有臣亿万人，亦有亿万之心。武王有臣三千而一心。'故纣以亿万之心亡，武王以一心存。"纣王有臣民亿万之人，但是人心不齐，亿万之人也有亿万个心愿；武王的臣民仅有三千，但三千个人却能一心一意。所以，纣王有亿万之心而亡，武王臣民团结一心则存。

《周易》说："二人同心，其利断金；同心之言，其臭如兰。"两人同心，犹如利刃可以切断金器；同心人的语言，就像兰草一样芳香。

"孟子曰：'天时不如地利，地利不如人和。三里之城，七里之郭，环而攻之而不胜。夫环而攻之，必有得天时者矣。然而不胜者，是天时不如地利也。城非不高也，池非不深也，兵革非不坚利也，米粟非不多也，委而去之，是地利不如人和也。'"孟子说：得天时不如得地利，得地利不如得人和。譬如有一座城邑，它的内城三里，外城七里，敌人包围攻打它，却无法取胜。敌人既然来围攻，一定是挑选了有利于战斗的日子来攻打，可是却无法取胜，这正说明得天时不如得地利。又譬如有一座城邑，它的城墙不是不高，护城河挖得不是不深，士兵的武器和盔甲不是不坚利，粮食也不是不多，可是当敌人来进犯时，士兵却弃城而逃走，这足以说明得地利不如得人和。

"故良将之用卒也，同其心，一其力；勇者不得独进，怯者不得独退；……夫五指之更弹，不若卷手之一挃；万人之更进，不如百人之俱至也。"优秀将领的用兵之道，就是要聚集军心，上下团结一致，集中力量放在一个点上发力，进退有序不乱。勇敢的士兵不能让他脱离群体单独冒进，胆小的士兵也不能让他逃离集群畏战退却。就像一只手有五指，一个指头一个指头交替出击，不如把五个指头弯曲捏拢形成一个拳头打出去的力量。万人的分散出击，不如百人集中起来进攻有效果。

众必须和，和才聚力，聚力则胜。不和则人心涣散，犹如一盘散沙，人心散则衰，衰则亡。"礼之用，和为贵""师克在和，不在众""千人同心，则得千人力""纣以亿万之心亡，武王以一心存""二人同心，其利断金""天时不如地利，地利不如人和""五指之更弹，不若卷手之一挃，万人之更进，不如百人之俱至也"，都是讲人多必须强调"和"与"同心"。"和"与"同心"，才能聚力；聚力就可以"断金"。人心齐，泰山移。聚力就可以无坚不摧，无往不胜。人多心不齐，内乱、就会发生内战，力量内耗，不但成就不了什么事业，而且对外则授人以柄，让人有可乘之机；对内则破坏团结，给事业造成损害。"骨肉之战，愈胜愈酷，捷则非功，败则有丧，劳兵损义，亏失多矣。"

"合羹之美，在于合异；上下之益，在能相济。"合羹的美味，在于把多种不同食材混合煮在一起；上级与下级协调的能量功效，在于上下级之间能够融洽配合。

"走不以手，缚手，走不能疾；飞不以尾，屈尾，飞不能远。物之用者，必待不用者。故使之见者，乃不见者也；使鼓鸣者，乃不鸣者也。""是故大鹏之动，非一羽之轻也；骐骥之速，非一足之力也。"人走路虽然不是用手，但是把手捆绑起来，也走不快；鸟的飞翔虽然不是用鸟尾，但是把鸟尾束缚起来，鸟也飞翔不远。表面能够发挥作用的东西，其实还得靠内里看似没有作用的东西配合。所以，能够看得见的事物功能，有看不见的事物在起作用。使鼓能够发出响声的，却是不能发出响声的鼓槌的作用。大鹏的飞动，并不是仅靠羽毛的轻便，骐骥能够跑得快，也不是仅靠腿的力量。

世界上的任何事物都不是孤立存在，都有其内在和外在的多种联系。一个人的成长进步，固然主要是靠自身素质和努力的作用，但也离不开生活在自己身边的人群教育帮助。一个团队的成长发展同样也离不开团队的内部和外部各种力量的相互配合和支持。团结就是力量，合作才能发展。所以，大权在握的领导者，要学会尊重、关心下属，发挥属下所有人员的积极性、创造性。要有整体意识，学会弹钢琴。防止唯我独尊、偏信偏爱、顾此失彼。功成名就的幸运者，要懂得自己取得的成就同时也饱含着他人的智慧和汗水，任何科研成果、工作业绩，都是集体智慧和力量的结晶，个人没有任何可以值得骄傲自大的理由。干平凡小事，当配角，也要认清这是发挥一个单位整体功能的必需，主角功能正常发挥不能没有配角的鼎力支持，主角的成功也是配角的光彩，没有必要自卑自弃，因为"和羹之美，在于合异"。

积力的目的是构建发展的平台。

《淮南子》记载："人或问孔子曰：'颜回何如人也？'曰：'仁人也，丘弗如也。''子贡何如人也？'曰：'辩人也，丘弗如也。''子路何如人也？'曰：'勇人也，丘弗如也。'宾曰：'三人皆贤夫子，而为夫子役，何也？'夫子曰：'丘能仁且忍，辩且讷，勇且怯，以三子之能易丘一道，丘弗为也。'孔子知所施之也。"

有人问孔子说："颜回是什么样的人啊？"孔子说："仁义之人啊，我不如他。""子贡是什么样的人呢？"孔子说："思维敏捷善辩，我不如他。""子路是什么样的人呢？"孔子说："勇敢，能够舍生忘死。我不如他。"客人说："三人都比你强，而又服从你的教诲，为什么呢？"孔子说："孔丘能仁又能容忍，能辩又能木讷，能勇又能畏怯，以三人之能换取孔丘这一道，孔丘是不愿为的。"孔子是知道为人用人的方略啊。

《管子·小匡第二十》记叙：管仲任相三月，就百官任免事宜向桓公谏言："升降揖让，进退闲习，辩辞之刚柔，臣不如隰朋，请立为大行。垦草入邑，辟土聚粟多众，尽地之利，臣不如宁戚，请立为大司田。平原广牧，车不结辙，士不旋踵，鼓之而三军之士视死如归，臣不如王子城父，请立为大司马。决狱折中，不杀不辜，不诬无罪，臣不如宾胥无，请立为大司理。犯君颜色，进谏必忠，不辟死亡，不挠富贵，臣不如东郭牙，请立以为大谏之官。此五子者，夷吾一不如；然而以易夷吾，夷吾不为也。君若欲治国强兵，则五子者存矣；若欲霸王，夷吾在此。"桓公曰："善。"

管仲向桓公进谏说："升降揖让有礼，进退熟悉礼节，说词刚柔有度，我不如隰朋，请封他为'大行'。开发荒地使之成为城邑，开辟土地使之增产粮食，增加人口，尽土地之利，我不如宁戚，请封他为'大司田'。在平原广郊之上，使战车不乱，战士不退，鼓声一起而三军视死如归，我不如王子城父，请封他为'大司马'。审判案件，调解纷争，不妄杀无辜的人，不妄诬无罪的人，我不如宾胥无，请封他为'大司理'。敢于冒犯君主的颜色，进谏必忠，不怕死，不贪图富贵，我不如东郭牙，请立他为'大谏'。这五个人，我一个都比不上；但是用来同我管夷吾去换，我是不干的。君上您想要治国强兵，有此五人就够了；若想图霸王之业，则有管夷吾在此。"桓公说："好啊！"

《汉书》记载：汉朝刘邦在总结战胜项羽的历史经验时曾对大臣们说："夫运筹帷幄之中，决胜千里之外，吾不如子房；填国家，抚百姓，给饷馈，不绝粮道，吾不如萧何；连百万之众，战必胜，攻必取，吾不如韩信。三者皆人杰，吾能用之，此吾所以取天下也。"

刘邦说："出谋策划于帷帐之中，决胜于千里之外，我不如张良。治理国家，安抚百姓，供给粮饷，不绝粮道，我不如萧何。指挥百万大军，战必胜，攻必取，我不如韩信。这三者都是人中之杰，能为我所用，这就是我能夺取天下的原因。"

孔子作为千年传颂、万代敬仰的儒家名师,得益于学用颜回的仁、子贡的辩、子路的勇,是教学相长的结果。

管仲作为辅佐桓公使齐国在春秋初期称霸的名相,得益于隰朋、宁戚、王子城父、宾胥无、东郭牙的扶持,是他们在自己构建的平台上共同理政的成果。

刘邦作为创立大汉王朝的一代名皇,得益于张良、萧何、韩信各尽其职,历尽战争磨难,击败西楚霸王项羽,是君臣在他们自己构建的平台上拯救百姓于水火,才能缔造出一个新王朝。

我们从孔子、管仲、刘邦对于他们自己回顾创业历程的评述中可以清晰看出:一个杰出人才的出彩,必然有一个杰出团队的支撑。杰出人才的成长,离不开有一个适宜自己展示才能、充分表演的杰出平台。

平台的质量决定了表演的成败和优劣。

搭造一个好的平台,既要靠自己精心设计,也要靠身旁所有合作伙伴的倾心尽力。平台层级高低、质量优劣,取决于所有参与平台设计、施工的人。

平台的搭建要靠伙伴,平台上的演出也不能是独角戏,而是群英会。

平台越高大,吸引的观众就越多。平台上的演出越精彩,形成的影响就越久远。

《吕氏春秋》说:"汤尝约于郼薄矣,武王尝穷于毕裎矣,伊尹尝居于庖厨矣,太公尝隐于钓鱼矣,贤非衰也,智非愚也,皆无其具也。故凡立功名,虽贤必有其具然后可成。"汤曾经在郼受穷苦,武王曾经在毕、裎受困窘,伊尹曾经在厨房里当仆隶,太公望曾经隐居钓鱼。他们的贤德并不是衰微了,他们的才智并不是愚蠢了,都是因为"皆无其具"。所以凡是建立功名,即使具有高尚的贤德,也必定要具备条件,创造一个能够充分发挥自己聪明才智的平台,然后才可以成功。

汤、武王、伊尹、太公,也都曾有过凡人的经历,他们在尚未出名显达之时,"贤非衰","智非愚",皆因平台尚未建成。一旦平台建好,立马贤达显于世。

"昔穆公求士,西取由余于戎,东得百里奚于宛,迎蹇叔于宋,来丕豹、公孙支于晋。此五子者,不产于秦,而穆公用之,并国二十,遂霸西戎。孝公用商鞅之法,移风易俗,民以殷盛,国以富强,百姓乐用,诸侯亲服,获楚魏之师,举地千里,至今治强。惠王用张仪之计,拔三川之地,西并巴蜀,北收上郡，南取汉中，包九夷，制鄢郢，东据成皋之险，割膏腴之壤，遂散六国之从，使之西面事秦，功施到今。昭王得范雎，废穰侯，逐华阳，强公室，杜私门，蚕食诸侯，使秦成帝业。此四君者，皆以客之功。"

秦穆公、秦孝公、秦惠王、秦昭王正是因为他们懂得聘请杰出人才参与平台演出的极端重要性，极力招引天下贤达之士，共同努力奋斗，才使秦国一步步走上强盛之路。

南朝宋国的建立者、宋武帝刘裕，幼年贫穷，曾贩履、种地、捕鱼。后来从军当过东晋北府兵将领。义熙元年击败桓玄掌握东晋大权。出兵灭南燕，回师击败卢循，西攻谯纵，收巴蜀。继而出兵关中，消灭后秦，官至相国，封宋王。元熙二年代晋称帝，立国号宋。刘裕结合自己南征北战的作战经历，深有感悟地总结出了六个字："猛虎不如群狐。"虽然狐狸相对猛虎比较弱小，但是群狐抱团聚力，猛虎再威猛，也斗不过群狐全力而攻之。刘裕所说的"猛虎不如群狐"同样是强调构建平台的极端重要性。

现代经济社会，企业的规模越做越大，产品的结构越来越复杂，科学技术的含量越来越高。有些产品，都是几十几百甚至成千上万个企业合作而为。国内国外的交流合作成为常态，"闭门造车"已经成为历史。"他山之石，可以攻玉""和羹之美，在于合异"，借力合力才能做大做强，已经成为工商精英的共识和基本经验。现代所有成功企业的发展历程，不仅充分显示了公司内部团结的力量，而且显示了公司与外部合作共赢的强大力量，显示了只有组建一个优秀的合作平台才能共赢的现代经济普遍规律。

君子之交淡若水

交结朋友，就可以相互学习，取长补短，相互促进，共同提高。"三人行，必有我师焉。"一个好的朋友圈，就是一个好的学习小环境。天天见"忠信敬让之行"，天天听"尧舜禹汤之道"和"胜读十年书"的话语，不想上进、不想提高都是不可能的。

人吃五谷杂粮，身体才更健康；善与各色人群交往，思路才更开阔，眼睛才更明亮，脚下的路子才有更多的选择，手中的事业才会展现更多的精彩。

　　庄子用水比喻君子之交，说明君子之间的交往像水一样清淡纯真，没有铜臭的味道；像水一样纯洁，没有功名利禄的肮脏杂质；像水一样透明，公正无私；像水一样万古流长，经得起时间的考验，而且时间愈长，相互之间的情感会愈深厚、愈亲和。

　　世上所有人都是生长在社会的人群中，不可能孤立地生活在这个世界上。读书有同学为伍，工作有同事相伴。不论是在城市，还是在农村，居住的地方都会有左邻右舍。上学、上班、就医、购物、旅游，天天都要和人打交道。人际交往事事关联不断，时时割舍不开，处处相依相靠。每个人从出生到终老，天天都是与人同居一个家园，共享一片阳光。善于交往者，处处都有朋友相逢一笑，礼貌相待；不善交往者，事事都遇他人横眉冷对，嗤之以鼻。

　　古人讲同师曰朋，同志曰友，后人就泛把交往较密、感情较深的人称为朋友。朋友相交，没有性别、年龄、职业之分，棋友、牌友、球友、戏友，这是以性格爱好结交的朋友。工友、农友、战友、学友，这是以职业、学业为基础结交的朋友。朋友相交是比一般人际交往更高的档次，比一般的人际交往关系更密切，往来更频繁，影响更深远。

　　《庄子·山木第二十》讲了一个"林回弃璧"的故事："子独不闻假人之亡与？林回弃千金之璧，负赤子而趋。或曰：'为其布与？赤子之布寡矣；为其累与？赤子之累多矣。弃千金之璧，负赤子而趋，何也？'林回曰：'彼此利合，此以天属也。'夫以利合者，迫穷祸患害相弃也；以天属者，迫穷祸患害相收也。"你难道没有听说过假国人逃亡的故事吗？有一个名叫林回的人，在逃亡途中，丢弃了价值千金的玉璧，却背负着一个婴儿匆匆赶路。有人见后疑惑议论："是为了钱财吗？婴儿相比玉璧的价值少多了；是甩掉累赘吗？婴儿相比玉璧的负担要大多了，这个人弃璧负婴究竟是为了什么呢？"林回说："我与玉璧的关系，那纯属一种利益的关联，我与婴儿的关系，却是天道人情的联系。仅以利益相关联的，一旦遇到祸患危急的时刻，就会舍得抛弃所有利益而自保其身；有关天道人情联系的人际关系，越是在面临祸患危急的时刻，就会越是倍加感觉需要相互关爱，抱团取暖，患难与共，相依为命。"

　　"林回弃璧"这个典故深刻地告诉人们：在我们生活的这个人类社会，必然是珠宝有价真情无价。人与人的仁爱友情，什么时候都是无价之宝。在日常的生活中有了人与人的友情关爱，可以相互给予生活的温暖、欢愉的心情、生存的动力。在艰难困苦的环境下，有了人与人的友情关爱，可以给人以战胜困难的勇气和智慧，增强在困境中重生的自信和力量。"只要人人都献出一点爱，世界将变成美好的人间。"

《列子·力命第六》记叙："管夷吾、鲍叔牙二人相友甚戚，同处于齐。管夷吾事公子纠，鲍叔牙事公子小白。齐公族多宠，嫡庶并行，国人惧乱。管仲与召忽奉公子纠奔鲁，鲍叔奉公子小白奔莒。既而公孙无知作乱，齐无君，二公子争入。管夷吾与小白战于莒，道射中小白带钩。小白既立，胁鲁杀子纠，召忽死之，管夷吾被囚。鲍叔牙谓桓公曰：'管夷吾能，可以治国。'桓公曰：'我仇也，愿杀之。'鲍叔牙曰：'吾闻贤君无私怨，且人能为其主，亦必能为人君。如欲霸王，非夷吾其弗可。君必舍之！'遂召管仲。鲁归之，齐鲍叔牙郊迎，释其囚。桓公礼之，而位于高国之上，鲍叔牙以身下之，任以国政，号曰仲父。桓公遂霸。管仲尝叹曰：'吾少穷困时，尝与鲍叔贾，分财多自与，鲍叔不以我为贪，知我贫也。吾尝为鲍叔谋事而大穷困，鲍叔不以我为愚，知时有利不利也。吾尝三仕，三见逐于君，鲍叔不以我为不肖，知我不遭时也。吾尝三战三北，鲍叔不以我为怯，知我有老母也。公子纠败，召忽死之，吾幽囚受辱，鲍叔不以我为无耻，知我不羞小节而耻名不显于天下也。生我者父母，知我者鲍叔也！'此世称管鲍善交者，小白善用能者。"

管仲与鲍叔牙的关系，是古代朋友相交的一个典范。管仲之所以能够成为齐国一代名相，首先是得到了鲍叔牙无数次在关键时刻给予的真诚无私的鼎力帮助。所以管仲在谈及两人深厚的友情时情意真切地感叹说："生我者父母，知我者鲍叔也。"

"独学而无友，则孤陋而寡闻"。独自学习而没有学友，就会孤陋寡闻。

"子曰：'三人行，必有我师焉。择其善者而从之，其不善者而改之。'"孔子说："三个人一道行走，其中一定有可以做我老师的人。我选择他们的长处跟着学习，对他们的缺点，我就自我检查，加以改正。"

"闻道有先后，术业有专攻。"领悟道理有先后，学问也是各有专长。

"是故无贵无贱，无长无少，道之所存，师之所存也。"不论地位高低，不分年龄大小，道在谁的身上体现，谁就是当然的老师。

"故善学者，假人之长以补其短。"善于学习的人，能够学习别人的长处，用来弥补自己的短处。

"孟子曰：'人之患，在好为人师。'"

"得贤师而事之，则所闻者尧、舜、禹、汤之道也；得良友而友之，则所见者忠信敬让之行也。"能够在贤德的老师门下求学，就会使你听到的都是尧、舜、禹、汤的道理；能够和善良的朋友交往，就可以让你看到忠实、诚信、尊重、谦让的行为。

"天下无粹白之狐，而有粹白之裘，取之众白也。"天下没有一色纯白的狐狸，但是有一色纯白的皮衣，这是因为取了众多狐狸的白色皮毛而制成的。

"共君一席话，胜读十年书。"与你交谈一番话，胜似读了十年书。

芸芸众生，茫茫人海，在聚散离合的人生旅途中，各自经历不同的生命轨迹，能够走到一起，彼此相遇，相互欣赏，相互尊重，相互理解，相互关照，的确是一种缘分，是一种幸运。

有了朋友，就可以相互学习，取长补短，相互促进，共同提高。"尺有所短，寸有所长"。凡人都有优点和缺点，金无足赤，人无完人。"桀有得事，尧有遗道，嫫母有所美，西施有所丑。故亡国之法有可随者，治国之俗有可非者。"桀虽然是个暴君，但也有其成功的事情；尧虽然是个贤君，但也有其失道的行为；嫫母虽然长相很丑，但也有其美丽可人的地方；西施虽然长得很美，但也有其丑陋的方面。所以亡国之法也有可以借鉴之处，治理卓有成效的国家也有弊端可指。

"粹白之裘"之所以美丽，就是因为它取了众狐之白。人要完美、成熟，也必须学习众人之长，补己之短。同时必须"毋以己之长而形人之短，毋因己之拙而忌人之能"。"三人行，必有我师焉。"一个好的朋友圈，就是一个好的学习小环境。天天见"忠信敬让之行"，天天听"尧、舜、禹、汤之道"和"胜读十年书"的话语，不想上进、不想提高都是不可能的。

特别是在当今信息时代，信息的价值重千金。一个重要信息可以改变人生，改变命运，决定一个企业的成败。互联网已是帮助人们了解社会、认识社会的重要渠道。但是互联网每天的海量信息，就个人而言，只能是接触其冰山一角。有了朋友，通过短信、微博，把许多经过删选的重要信息传送给你，就让你多了几双眼睛、几双耳朵，使你了解的信息更广泛。朋友圈越大，就可以使你的视野越开阔，听觉越宽广，适应社会的生存能力、发展能力就越强。

庄周，战国时期哲学家。宋国蒙人。做过蒙地方的漆园吏。家贫，但拒绝了楚威王的厚币礼聘。他继承和发展老子"道法自然"的理念，否认有神的主宰。著作有《庄子》。庄周在其所著《庄子》中记叙了孔子与子桑雽的对话："且君子之交淡若水，小人之交甘若醴。君子淡以亲，小人甘以绝，彼无故以合者，则无故以离。"君子之间的交往清纯得像流水，小人之间的交往甘甜得像美酒。君子之间把名利看得淡泊，但情感很亲和；小人之间的交往是因名利而结交，但总会席终人散，利尽而疏远绝往。"君子之交淡若水"，水是纯洁、明净、无杂质，万古流长。庄子用水比喻君子之交，说明君子之间的交往像水一样清淡淳真，没有铜臭的味道；像水一样纯洁，没有功名利禄的肮脏杂质；像水一样透明，公正无私；像水一样万古流长，经得起时间的考验，而且时间愈长，相互之间的情感也会愈深厚、愈亲和。

人际交往要注重所染。

"蓬生麻中，不扶自直；〔白沙在涅，与之俱黑。〕"蓬草生长在黄麻地里，不用人工扶持也会垂直向上生长；白沙埋在乌泥里，也会与乌泥一样成为黑色。

"橘生淮南则为橘，生于淮北则为枳，叶徒相似，其实味不同。所以然者何？水土异也。"橘树生长在淮南结出的果实就是橘，生长在淮北结出的果实就是枳，虽然枝叶长得很像，但实际口感味道却不相同。这是什么原因呢？问题就在于两地的水土有差异。

《吕氏春秋》说："墨子见染素丝者而叹，曰：'染于苍则苍，染于黄则黄，所以入者变，其色亦变，五入而以为五色矣。'故染不可不慎也。"

"舜染于许由、伯阳，禹染于皋陶、伯益，汤染于伊尹、仲虺，武王染于太公望、周公旦。此四王者所染当，故王天下，立为天子，功名蔽天地。"

"夏桀染于干辛、歧踵戎，殷纣染于崇侯、恶来，周厉王染于虢公长父、荣夷终，幽王染于虢公鼓、祭公敦。此四王者所染不当，故国残身死，为天下僇。"

墨子见到染坊染素丝的染工，深有感触地说："染于青色就变青，染于黄色就变黄，因为放进染缸的染色改变，所染的素丝颜色也会变，五次进染缸就成了五种颜色，所以要染成什么颜色，必须事先就慎重想好。舜受到许由、伯阳的影响，禹受到皋陶、伯益的影响，汤受到伊尹、仲虺的影响，武王受到太公望、周公旦的影响，这四个王者因为所受影响都是积极正面的，所以能够统治天下，稳居天子之位，功名广播天地之间。夏朝桀受干辛、歧踵戎的影响，殷朝纣受到崇侯、恶来的影响，周朝厉王受到虢公长父、荣夷终的影响，幽王受到虢公鼓、祭公敦的影响。这四个王者因为所受影响都是消极负面的，所以其结果就是国破身亡，为天下人所侮辱耻笑。"

"《传》曰：'生而富者骄，生而贵者傲。'生于富贵而能不骄傲者，未之有也。"生在富裕家庭的子女就娇气，生在贵族家庭的子女就傲气，生长在富贵家庭而不骄傲的人，这是从来没有的。

孟子说："富岁子弟多赖，凶岁子弟多暴。非天之降才尔殊也，其所以陷溺其心者然也。"丰收之年，少年子弟多懒惰；灾荒之年，少年子弟多强暴。这并不是天生的禀赋不同，是客观环境影响了内心而造成的。

"夫民劳则思，思则善心生；逸则淫，淫则忘善，忘善则恶心生。沃土之民不材，淫也；瘠土之民莫不向义，劳也。"民众劳苦了就会思考期盼正义，思考期盼正义善心就会发生；安逸就会使人放纵，放纵起来就会忘善，忘了善心那么就要生出恶心了。土地肥美地方的百姓成才的人少，就是放纵的缘故。土地贫瘠的地方百姓没有不向往正义的，这就是劳苦的缘故。

"且又处墝则劳，劳则不学清而清至矣；居沃则逸，逸则不学奢而奢来矣。清者福之所集也，奢者祸之所赴也。"居住在土地贫瘠地方的百姓就会勤劳，勤劳的人不学节俭而节俭的品德也会到来；居住在肥沃土地的百姓都会安逸，安逸不学奢侈而奢侈也会自来。节俭的人幸福就会聚集，奢侈淫逸的人则灾祸必赴。

《战国策》说："夫贵不与富期而富至，富不与粱肉期而粱肉至，粱肉不与骄奢期而骄奢至，骄奢不与死亡期而死亡至。累世以前，坐此者多矣。"战国时期，平原君赵胜对平阳君说："人尊贵了，不追求富裕，富裕也会到来；富人不去追求美味，美味也会到来；享用美味的人不去追求骄奢，骄奢也会到来；生活骄奢的人不想死亡，死亡也会到来。以前的世世代代就这样毁掉的太多了。"简而言之，权力会带来财富，财富会带来美食，美食会带来骄奢，发展下去，漫无止境，就会送掉性命。

《汉书》在总结汉代皇家子孙骄淫失道导致衰败危亡的历史经验时指出："昔鲁哀公有言：'寡人生于深宫之中，长于妇人之手，未尝知忧，未尝知惧。'信哉斯言也！虽欲不危亡，不可得已。是故古人以宴安为鸩毒，亡德而富贵，谓之不幸。汉兴，至于孝平，诸侯王以百数，率多骄淫失道。何则？沈溺放恣之中，局势使然也。"鲁哀公曾经说过："我是生于深宫之中，长于妇人之手，未曾知忧，未曾知惧。相信这是真心的话。虽然也曾想到不能危亡，但是结果还是不得已，未能如愿。所以古人把生活奢侈视为鸩毒，无德而福贵称为不幸。汉朝从建国到孝平年间，王子王孙数以百计，大多数都是骄淫无道，这是什么原因呢？根本在于这些人长期沉溺于肆意骄奢放纵的生活环境。"

"善人同处，则日闻嘉训；恶人从游，则日生邪情。"善良的人们相处在一起，可以经常听到正面引导和善意批评；和心怀叵测的人玩在一起，就会产生邪恶的念头。

"故君子居必择乡，游必就士，所以防邪僻而近中正也。"善良正直的人居住必然挑选合适的地方，出门游览也要选择同行的伙伴，这是为了提防与邪恶之人接近，而想和正直老实的人生活在一起。

"故世治则小人守政，而利不能诱也。世乱则君子为奸，而法弗能禁也。"社会风气好小人也会守法，不受物质利益诱惑；社会风气不好，正人君子也会做出邪恶之事，制定法律也不能禁止。

"君不闻海大鱼乎？网不能止，钩不能牵，荡而失水，则蝼蚁得意焉。"您没听说过海中大鱼吗？网打不上，钩钓不着，一旦游荡离开了水，蚂蚁都可以戏弄蚕食它。

"故舜耕于历山，恩不及州里，太公屠牛于朝歌，利不及妻子，及其见用，恩流八荒，德溢四海。"

外部自然环境条件可以影响植物的生长，导致"蓬生麻中，不扶自直"，"橘生淮南则为橘，生于淮北则为枳"。社会政治生态也可以决定和影响人才的成长，影响权威的建立及功能的发挥。舜、禹、汤、武王，因其"所染当"才使"功名蔽天地"；桀、纣、厉王、幽王，因其"所染不当"，才使"国残身死"。

"益者三友，损者三友。友直，友谅，友多闻，益矣。友便辟，友善柔，友便佞，损矣。"孔子说："交结朋友，有益的朋友有三种人，有害的朋友也有三种人。与正直的人为友，与诚实的人为友，与博学的人为友，是有益的。与阿谀奉承的人为友，与阳奉阴违的人为友，与华而不实的人为友，是有害的。"近朱者赤，近墨者黑。人在一起，相互接触，就会有模仿、有比照，有影响、有感染。不仅流行性病毒会在接触中相互感染，性格、爱好、气质、人品、生活习惯，也会在接触中相互影响和感染，有潜移默化的影响作用。与智人为伍，就像玉石经过高人琢磨，发光闪亮；与愚人为伴，就像金子埋在污泥中，暗淡无光。所以，人们在结交朋友的过程中，必须有选择。人们都说，跟好学好，跟坏学坏。选对朋友受益一生，选对事业幸福一世。所以我们在选择朋友的时候，要切记《吕氏春秋》给大家的启示："染不可不慎也。"

人际交往要选择同道。

"子曰:'道不同,不相为谋。'"孔子说:"所走的道路方向不同,所持的道义观念不同,就没有商量问题的共同语言。"

司马光说:"夫君子小人之不相容,犹(水)〔冰〕炭之不可同器而处也。故君子得位则斥小人,小人得势则排君子,此自然之理也。然君子进贤退不肖,其处心也公,其指事也实;小人誉其所好,毁其所恶,其处心也私,其指事也诬。公且实者谓之正直,私且诬者谓之朋党"。君子与小人之间的不相容,就像冰和炭不可能同处于一个容器里。所以君子有了权位就会排斥小人,小人有了势位就会排斥君子,这是自然的道理。然而君子有了权位选用贤能之士而辞退品行不好的人,所据的想法很公正,采取措施也有事实根据;小人则是赞誉个人所喜欢的,诋毁个人所厌恶的,处理问题也是采取诬陷的手段。出于公正而且根据事实办事叫做正直,出于私心和采取诬陷的手段办事,叫做结党营私。

北宋文学家、史学家欧阳修,进士出身,曾任枢密副使、参知政事。是北宋古文运动的领袖,被列为"唐宋八大家"之一,曾与宋祁合修《新唐书》,并独撰《新五代史》。

欧阳修在《朋党论》一文中指出:"大凡君子与君子,以同道为朋;小人与小人,以同利为朋。此自然之理也。然臣谓小人无朋,惟君子则有之。其故何哉?小人所好者,利禄也;所贪者,货财也。当其同利之时,暂相党引以为朋者,伪也;及其见利而争先,或利尽而交疏,则反相贼害,虽其兄弟亲戚,不能相保。故臣谓小人无朋,其暂为朋者伪也。君子则不然:所守者道义,所行者忠信,所惜者名节。以之修身,则同道而相益;以之事国,则同心而共济,终始如一,此君子之朋也。"大体上凡是君子与君子,是因道义相同而成为朋党,小人和小人是因利益相同而成为朋党,这是自然的道理。但是,欧阳修认为小人没有朋友,只有君子才有。这其中的缘由是什么呢?因为小人所喜欢的是名利,所贪婪的是货财。当他们利益相同的时候,暂且相互接触,其实这很虚伪,是假的。等到见了利益,就争先抢夺,或者利益穷尽就会断绝交情,甚至反目成仇,相互残害,哪怕是兄弟亲戚关系,也不能相互保护,没有例外。所以欧阳修说小人没有朋友。他们暂时成为朋党,也是虚伪不稳固的。君子却不是这样,他们所坚守的是道义,所践行的是忠信,所珍惜的是名节,用这些修身便是道义相同相互得益;用这些服务国家,便能同心共济、终始如一，这就是君子的朋友。

司马光、欧阳修的论述，为我们深刻揭示了道不同为何不相为谋的道理。志同道合，首先是志同方能道合。唐宪宗时曾任宰相的裴度就曾说过："方以类聚，物以群分，君子、小人志趣同者，势必结合。君子为徒，谓之同德；小人为徒，谓之朋党。外虽相似，内实悬殊。"万方以各类相聚，万物以群属区分。君子和小人都是志向兴趣相同的人，必然就会结合在一起。君子相聚，称之为同德；小人相聚，称之为朋党。外在形式似乎相同，内在实质存在根本区别。

"适心者交浅而爱深，忤神者接久而弥乖。是以声同则倾盖而若昵，道异则白首而无爱。"内心相合的人，交往的日子虽短但感情也会深；精神相抵触的人，交往接触日久但感情相距更远。因此如果心声相同，那么初次交往也会相处亲昵；如果遵从的思想不同，那么相识到老也没有感情。

"志合者不以山海为远，道乖者不以咫尺为近。"

《抱朴子》指出："世俗之人，交不论志，逐名趋势，热来冷去；见过不改，视迷不救；有利则独专而不相分，有害则苟免而不相恤；或事便则先取而不让，值机会则卖彼以安此。凡如是，则有不如无也。"世俗的人，人际间的交往首先不是看志向是不是高尚，而是一味追求名利趋向权贵，当面热情洋溢，事后冰冷无情。发现过错也不劝人悔改，看到他人困苦也不援手相助；有了利益就独吞独享不与人相分，碰到危机就躲在一旁而不体恤他人的难处，有好事就先急着争抢到手而不谦让，在关键时刻出卖他人保全自己。凡是这样的人，则有还不如没有的好。

同道不是没有原则，而是和而不同。

同道之人走在一起，也要讲原则，同道并不是同流合污。东汉唯物主义哲学家王充在自己所著《论衡》中就曾指出："道虽同，同中有异；志虽合，合中有离。"

《抱朴子·外篇·交际卷》告诫人们："善交狎而不慢，和而不同，见彼有失，则正色而谏之；告我以过，则速改而不惮。不以忤彼心而不言，不以逆我耳而不纳，不以巧辩饰其非，不以华辞文其失，不形同而神乖，不匿情而口合，不面从而背憎，不疾人之胜己，护其短而引其长，隐其失而宣其得，外无计数之净，内遗心竞之累。"

善于与人交往的态度，应该是相互亲近而不傲慢，和谐相处而能坚持原则。发现他人过失，就应严肃认真地规劝；他人指出自己的过错，则应迅速改正而不畏惧。不以担心违背他人心愿而不言语，不以不顺我耳而听不进他人的忠告，不以巧言辩解自己的错误，不以华丽的言辞掩饰自己的过失，不外在表现一致而内心存有抵触，不隐匿个人情感而求得话语一致，不在表面顺从而背地怀恨在心，不怀恨他人胜过自己而袒护自己的缺点宣扬自己的长处、遮掩自己所失而张扬自己所得，对外看似没有算计他人的直言，内心却存有与人竞争高下的心结。

《抱朴子》的这段论述，正是告诫人们，在与人交往过程中，坚持做到"和而不同"应该持有正确的态度。

"子曰：'君子和而不同，小人同而不和。'"君子讲究互相协调，而不盲目随从；小人则盲目随从，而不讲究协调。

汉代刘梁说："得由和兴，失由同起，故以可济否谓之和，好恶不殊谓之同。春秋传曰：'和如羹焉，酸苦以剂其味，君子食之以平其心。同如水焉，若以水济水，谁能食之？琴瑟之专一，谁能听之？'"

"和如羹""同如水"，这个比喻非常贴切、深刻。一锅美羹，荤素搭配，营养中和；颜色匹配，色泽协和；酸辣混配，口味平和；丝片杂配，形象匀和，色香味样样俱全，观感口感皆美。一锅水中加水，寡淡无味谁能食之？琴瑟一音，没有节律，没有高低起伏，谁能听之？

公元前 522 年冬，有一次齐景公打猎归来，晏子正在一旁侍候，突然梁丘据也驱车匆匆忙忙赶了过来。此时景公对晏子说："梁丘据与我真是和谐啊。"晏子说："你们之间是'同'，不是'和'。"景公随口又问："难道'同'与'和'还有什么区别吗？"晏子回答说："当然有区别。'和'就像厨师做羹汤一样，用油、盐、酱、醋和水烹调鱼肉，用火慢慢烧开煮熟，这样吃起来才会津津有味，有益健康。君臣关系也是这样，君主认为是正确的，如果意见中还有不正确的成分，臣下就应该及时提出自己的见解，使君主合理的意见更加完善；被君主否定的东西，也可能是正确的，臣下就应该陈述肯定的理由，帮助君主纠正他的错误决定，这样才能使君主减少失误。梁丘据对君主只会一味迎合，随声附和，君主认为是错的，他就说不对；君主认为是正确的，他就连声说是。这就好比是水里加水，没有一点别的味道，这不是只有'同'没有'和'吗？"

人与人相处，为了同一事业，能够"和"之，就是一种机缘，就可能聚力共同发展。如果大家走在一起只有"同"，听不到不同意见，万马齐喑，就没有生气，没有活力，这种"同"也必然是同不久的。朋友之间、单位的同事之间、上下级之间，只有敢于发表不同意见，互补长短，相得益彰，才能实现真正的和谐。上下级关系中的唯唯诺诺、盲目顺从保持一致，其结果必然就是表面看来好像一致，实则却是同而不和。

人际交往要懂得成人之美。

"君子成人之美，不成人之恶。小人反是。"君子成全别人的好事，不促成别人的坏事。小人和这相反。

成全别人好事，帮助别人成功，同情别人不幸，解救别人困苦，这是一种情怀、一种美德、一种乐善助人的崇高境界。

成人之美，必须有爱人敬人的品德。

"古之为政，爱人为大。""是故，君子兴敬为亲；舍敬，是遗亲也。弗爱不亲，弗敬不正。爱与敬，其政之本与？"孔子说：古时候实行政治，爱人是最重要的。君子以恭敬表现亲爱，离开了恭敬，就是遗弃亲爱。不爱就不亲，不敬就不正。爱和敬，不就是政治的根本吗？

"仁者爱人，有礼者敬人。爱人者，人恒爱之。敬人者，人恒敬之。"仁德的人爱护别人，有礼的人尊敬别人；爱护别人的人，别人也常常爱护他；尊敬别人的人，别人也常常尊敬他。

"宽以爱人则得众，悦以使人则下附。"宽泛地关爱别人就会得到众多人的支持，亲切和蔼地管理部属就能得到下属的亲附。

"君子崇人之德，扬人之美，非谄谀也；正义直指，举人之过，非毁疵也。"君子崇尚他人的道德，褒扬他人的品行，并不是谄媚奉承；坚守正义，直面批评，说出他人的过错，并不是吹毛求疵。

成人之美，要有一个同情他人不幸，帮助解救他人困苦的精神。

"君子见人之厄则矜之，小人见人之厄则幸之。"君子看见他人的困苦危难，那么就同情怜悯他；小人看见他人的困苦危难，那么就幸灾乐祸。

"君子不乘人于利，不迫人于险。"君子不会乘人之危而谋己之利，不迫使他人面临危险的境地。

成人之美，要有一个先人后己、躬自厚而薄责于人的胸襟。

社会生活中人与人的关系，不是排除自己，冷眼看待他人与他人的关系，更多的是讲处理好自己与他人的关系。严以律己，宽以待人；"己所不欲，勿施于人"；不以能力大小、水平高低而"病人""愧人"；"不失足""不失口"于人。都是古人在长期社会生活中总结出来的处理人际关系的一些重要原则。

"君子贵人而贱己，先人而后己。"君子为人是尊重别人而将自己看得很轻，处事是先考虑别人，最后考虑自己。

"躬自厚而薄责于人，则远怨矣。"多责备自己，而少责备别人，就不致招来怨恨了。

"子贡问曰：'有一言而可以终身行之者乎？'子曰：'其"恕"乎！己所不欲，勿施于人。'"子贡问孔子："有没有一句可以终身奉行的话呢？"孔子说："大概是恕吧！自己所不想要的，就不要强加于别人身上。"

"子曰：'是故君子不以其所能者病人，不以人之所不能者愧人。'"君子不以自己所能做到的事去责备别人，也不以别人做不到的事而让人感到惭愧。

"子曰：'君子不失足于人，不失色于人，不失口于人。是故君子貌足畏也，色足惮也，言足信也。'"君子的举止对人不会失体面，表情对人不会失体面，言谈对人不会失体面。所以君子的仪表是足以令人敬畏，表情足以令人感到威严，言语足以令人信服。

多元化的社会必然产生多色彩的人群。人上一百，形形色色，孔子就曾把社会上的人群分为四等："生而知之者，上也；学而知之者，次也；困而学之，又其次也；困而不学，民斯为下矣。"生下来就知道的人是上等，学了才知道的人是次等，遇到困难不得不学的人又次一等，遇到困难仍不学习，这种人是最下等的了。只会与清一色的人打交道，与同一等的人相接触，就只会孤立自己，不可能全面正确了解社会、认识社会、服务社会。

人与人相处，没有天生的朋友，需要彼此在接触中相互尊重、谦让、包容、改变。历经风风雨雨的磨合，改变着彼此的不适，共同点就会越来越多，差异就会日益减少。

西汉文学家东方朔，武帝时任太中大夫。他指出："水至清则无鱼，人至察则无徒，……明有所不见，聪有所不闻，举大德，赦小过，无求备于一人之义也。"水太清就没有鱼虾，人太精明就没有朋友。眼睛很明亮也有看不见的东西，耳朵很灵敏也有所听不到的声响。抓住道德这个人生的大事，不要过于计较生活中的一些细枝末节的过失，不要求全责备一个人德义的完美。

"天下之人，材德各殊，不可以一节取也。俭素过中，自以处身则可，以此格物，所失或多。……夫立教观俗，贵处中庸，为可继也。"天下之人，才能道德各有差异，不能只有一个标准衡量。节俭朴素的要求，严苛超越了适中的标准，自己处身则可，以此作为硬性规范约束众人，抵制、不满的人可能不少。制定规章，贵在不偏不倚，居中可行，才能贯彻持久。

在与人交往的过程中，你只能做该做与可能做的事，不应该为了不可能实现的狂想而麻烦他人。你可以为自己做事树立超高的标准，不允许犯错；但你不能以个人信奉的超高标准来要求别人、规范别人、指责别人，不允许别人在工作中出半点差错。你愿意用崇高理念、崇高道德水准要求自己，作为做人的准则；但你没有权利、没有必要，以崇高理念、崇高道德为根据而漠视身边普通人的正当利益、正常生活。你必须承认自然界和人类社会的多样性，大狗活得好也要允许小狗活命，银杏可以风光千年，也要允许小草一岁一枯荣。

稻谷熟了会弯腰，智者遇事少计较；常人行走人世间，宽容为人较为好。

人吃五谷杂粮，身体才更健康；善与各色人群交往，思路才更开阔，眼界才更明亮，脚下的路才有更多的选择，手中的事业才会展现更多的精彩。

诚信之道，不可斯须而去身

心贵在诚，言贵在信。诚信，对于个人而言，是一种思想品德，是一种力量自信，是一种意气勇敢，是一种责任担当。

诚信就是要做老实人、说老实话、办老实事，就是要内不欺己、外不欺人、上不欺天。

诚信是个人安身立命的根本，是企业生产经营的原则，是维护社会正义的基础。个人没有诚信，难以安身立命；企业没有诚信，难以发展生存；社会没有诚信，就会充满邪恶；政府没有诚信，则会权威丧失。在现代市场经济条件下，诚信就是无形资产，就是生产力，就是财富。诚是信之本，信是利之源。诚信是金。

诚，真心实意之意。真诚、坦诚、诚恳、诚实，是讲开心见诚，无所隐伏。信，守信、信用，是讲遵守诺言，说到做到。诚信就是讲诚实，不欺。诚是表里如一，信是言行一致。

《中庸》讲："自诚明，谓之性；自明诚，谓之教；诚则明矣，明则诚矣。"唯天下至诚，为能尽其性；能尽其性，则能尽人之性；能尽人之性，则能尽物之性；能尽物之性，则可以赞天地之化育；可以赞天地之化育，则可以与天地参矣。""诚者，非自成己而已也，所以成物也。成己，仁也；成物，知也；性之德也，合外内之道也，故时措之宜也。"

《中庸》认为：由诚心而达到明白，叫做天性；由明白而达到诚心，叫做教化。诚心就会明白，明白就会诚心。只有天下最为诚心的人，才能够完全发挥自己的本性；能够发挥自己的本性，就可能激扬发展别人的本性；能够激扬发展别人的本性，就可能发扬事物的本性；能够发扬事物的本性，就可以帮助天地的演化和养育万物，可以和天地配合成事了。诚的心性，并不是自己修成以后就结束了，还要用来成就万物的。成就自己，是仁德；成就万物，是智慧；作为天生的德行，是综合内外的原则，所以随时施行都是适应的。

孟子说："是故诚者，天之道也；思诚者，人之道也。至诚而不动者，未之有也；不诚，未有能动者也。"孟子认为，诚是天道的原则，追求诚是做人的原则。极端诚心还不能感动别人，这是天下还没有的事情，不诚心是不会感动别人的。

"所谓诚其意者，毋自欺也。"所谓心意诚实，就是不要自己欺骗自己。

荀子说："天地为大矣，不诚则不能化万物；圣人为知矣，不诚则不能化万民；父子为亲矣，不诚则疏；君上为尊矣，不诚则卑。夫诚者，君子之所守也，而政事之本也。"天地虽然为大，但不诚也不能养育万物；圣人虽然为智，但不诚也不能教化万民；父子虽然为亲，但不诚就会丧失亲情而感情疏远；君王虽然为尊，但不诚就会得不到敬重而显其卑贱。所以，诚，是君子必须坚守的，而且是治国理政的根本。

唐代陆贽说："人君临下，当以诚信为本。……唯信与诚，有失无补。一不诚则心莫之保，一不信则言莫之行。……若诚不尽于己而望尽于人，众必怠而不从矣。不诚于前而曰诚于后，众必疑而不信矣。是知诚信之道，不可斯须而去身。"君王立朝面临天下，应当以诚信为本。人世间唯独只有诚信，丧失了就无法弥补。一旦不诚，民心就守护不住；一旦失信，君令就难以畅达践行。如果自己不诚实而指望别人诚实，民众就会怠慢而不顺从了。不诚于当前而说诚于今后，民众必然怀疑而且不相信。应该懂得，诚信的原则，不可以片刻而离身。

魏征说："为国之基，必资于德礼；君之所保，惟在于诚信。诚信立则下无二心，德礼形则远人斯格。然则德礼诚信，国之大纲，在于君臣父子，不可斯须而废也。……文子曰：'同言而信，信在言前；同令而行，诚在令外。'然则言而不行，言无信也；令而不从，令无诚也。不信之言，无诚之令，为上则败德，为下则危身。虽在颠沛之中，君子之所不为也。"魏征说："治理国家的基础，一定要依靠德行和礼义；国君应该坚守的，只在于诚实信用。诚实信用树立以后，臣子对国家就没有二心；德行礼义形成后，边远的人民就会前来归正。既然如此，德行、礼义、诚实、信用，就是国家的纲领贯穿于君臣、父子之中，不可片刻废弃。文子说：'同样的话语被人信任，那是因为信任建立在话语的前面；同样的法令可以贯彻实行，那是因为诚信在法令之外。'如果话语说出后却不实行，是言而无信；法令制定了却不被服从，是因为在法令发布前就已在民众中丧失了诚意。不被民众实行的言语，没有诚意的法令，对国君来说会败坏道德名声，对百姓来说会招致杀身的危险。即使在颠沛流离的环境中，有德有才的君子也不会那样做。"

《论语》中有一段孔子与子贡的对话，讲到信的重要性："子贡问政。子曰：'足食，足兵，民信之矣。'子贡曰：'必不得已而去，于斯三者何先？'曰：'去兵。'子贡曰：'必不得已而去，于斯二者何先？'曰：'去食。自古皆有死，民无信不立。'"这段话是说子贡在请教孔子如何治理国家的问题时，孔子说：粮食充足，军备充足，民众对政府的信赖。"子贡说："如果迫不得已要在粮食、军备、民众信任这三者之中去掉一项，那么先去哪一项？"孔子说："不要军备。"子贡说："如果迫不得已要在粮食和民众信任这两者之中去掉一项，那么，先去掉哪一项呢？"孔子说："不要粮食。自古以来，谁都免不了一死，做人一旦失去了信任，也就不能安身立命。政府一旦失去了民众的信任，政府便也站立不稳。"

"言必信，行必果。"说话一定要讲信用，办事一定要坚决果断。

被汉武帝任为丞相，封为平津侯的公孙弘曾指出："臣闻上古尧舜之时，不贵爵赏而民劝善，不重责罚而民不犯，躬率以正而遇民信也；末世贵爵厚赏而民不劝，深刑重罚而奸不止，其上不正，遇民不信也。夫厚（当）赏重刑未足以劝善而禁非，必信而已矣。"意思是：我听说在尧舜的年代，不注重爵赏而百姓淳朴善良，不需要刑罚而能使民循规蹈矩，关键在于管理民众的人能够率先垂范，赢得民众的信任。此后贵爵厚赏民不劝，深刑重罚奸不止，主要在于上层不能正己，不能取得民众信任。厚赏重刑之所以不能劝善禁非，必定是靠信任才能达到目的。

《资治通鉴》说:"国保于民,民保于信。非信无以使民,非民无以守国。是故古之王者不欺四海,霸者不欺四邻,善为国者不欺其民,善为家者不欺其亲。不善者反之:欺其邻国,欺其百姓,甚者欺其兄弟,欺其父子,上不信下,下不信上,上下离心,以至于败。"

《韩非子》记叙:"晋文公攻原,裹十日粮,遂与大夫期十日。至原十日而原不下,击金而退,罢兵而去。士有从原中出者,曰:'原三日即下矣。'群臣左右谏曰:'夫原之食竭力尽矣,君姑待之。'公曰:'吾与士期十日,不去,是亡吾信也。得原失信,吾不为也。'遂罢兵而去。原人闻曰:'有君如彼其信也,可无归乎?'乃降公。卫人闻曰:'有君如彼其信也,可无从乎?'乃降公。孔子闻而记之曰:'攻原得卫者,信也。'"

晋文公攻打原国时,携带了十天的粮食,和大家约定在十天内收兵。到达战地十天,却没有攻下原国,文公下令鸣金收兵。有个从原国都城中出来的人说:"原国三天内就可攻下了。"群臣近侍进谏说:"原国城内已经粮食枯竭,力量耗尽了,君主暂且等一等吧。"文公说:"我和武士约期十天,还不离开的话,那就失掉了我的信用。得到原国而失掉信用,我是不干的。"于是收兵离去。原国人听到后说:"君主有像他那样守信用的,怎好不归顺呢?"就向晋文公投降了。卫国人听到后说:"君主有像他那样守信用的,怎么能不跟从他呢?"随后也归顺了晋文公。孔子听到后记下来说:"晋文公攻打原国又得到卫国,靠的是信用啊。"

《战国策》记叙:"文侯与虞人期猎。是日饮酒乐,天雨。文侯将出,左右曰:'今日饮酒乐,天又雨,公将焉之?'文侯曰:'吾与虞人期猎,虽乐,岂可不一会期哉!'乃往,身自罢之。"魏文侯和管理山泽的小官相约打猎。到了约定的日期,喝酒兴趣很高,天又下雨,魏文侯却要出行,身旁的人说:今天酒喝得高兴,天还下雨,您准备到哪里去?"魏文侯说:"我和虞人约定了打猎的日期,虽然高兴,怎能不如期相会呢?"于是冒雨动身前往,亲自告诉他因雨停止打猎的事。

"君臣不信,则百姓诽谤,社稷不宁;处官不信,则少不畏长,贵贱相轻;赏罚不信,则民易犯法,不可使令;交友不信,则离散郁怨,不能相亲;百工不信,则器械苦伪,丹漆染色不贞。夫可与为始,可与为终,可与尊通,可与卑穷者,其唯信乎!"君臣之间如果失去信任,那么民众就会诽谤伤害,造成社会动乱,不得安宁;官员失去信任,就会出现少不敬老,官民相互失去尊重;官府赏罚失去信用,民众就会蔑视法律,有令行不通,有禁止不住;

交结朋友不守信用，就会相互怨恨离散，不能亲密友好；工匠不讲信用，就会以次充好，以假乱真。大凡可以与之起始，可以与之为终，可以与之尊荣，可以与之穷苦，唯独只有诚信才可做到。

孔子、孟子是把诚信作为一种天性、一种仁德、一种原则，作为安身立命之本而定义。诚者成己则仁，成物则智。至诚，才能完全发挥自己的本性，发扬别人的本性，发扬事物的本性，帮助天地按照固有的客观规律养育万物，成就人类各种伟大的事业。

战国时期，秦孝公以卫鞅为左庶长，卒定变法之令。"令既具未布，恐民之不信，乃立三丈之木于国都市南门，募民有能徙置北门者予十金。民怪之，莫敢徙。复曰：'能徙者予五十金！'有一人徙之，辄予五十金。以明不欺，乃下令。令行期年，秦民之国都言新令之不便者以千数。于是太子犯法。卫鞅曰：'法之不行，自上犯之。太子，君嗣也，不可施刑。刑其傅公子虔，黥其师公孙贾。'明日，秦人皆趋令。行之十年，秦国道不拾遗，山无盗贼，民勇于公战，怯于私斗，乡邑大治。""徙木立信"，是秦孝公以徙木的方式建立政府的信用。秦孝公懂得治国必须取得国民的信任，说到就要做到，言必行，行必果。相关改革的法令已经制定成文但是尚未公布，担心民众不信，就立了一根三丈之木在都市南门，告示民众有能将此木迁移放到北门的人，给予奖励十金。看到告示的民众感到疑惑，没人敢动。于是再次告示说，有人能将此木迁至北门，奖励五十金。果然有一人把此木迁至了北门，即予兑现奖励五十金。同时，向国民公布了改革法令。新法实施一整年，国都不满新法的仍有数以千人。恰逢此时，太子犯了新法。卫鞅说，新法之所以不能彻底贯彻，根源在上层有人知法犯法。于是太子犯法，责其老师，避免"法之不行，自上犯之"。正因为如此，才能使得秦国变法十年，世风大变，出现了"道不拾遗，山无盗贼，民勇于公战，怯于私斗，乡邑大治"的可喜局面。秦国变法成功，说明了法制的力量、信用的力量。

诚信是治国理政的根本，政府的权威必须建立在诚信的基础之上。坚守诚信的政府，民众就会和政府同心同德，政令畅通，政绩卓越。权力机关一旦缺失诚信，民心就会涣散，各行其是，"上有政策，下有对策"，政令不通，法纪不从，有令不行，有禁不止，社会将会一片混乱。

《资治通鉴》讲了一个齐威王监督管理地方官员诚信治邦的故事，今天读来，仍然不乏其教育意义。"齐威王召即墨大夫，语之曰：'自子之居即墨也，毁言日至。然吾使人视即墨，田野辟，人民给，官无事，东方以宁。是子不事吾左右以求助也！'封之万家。召阿大夫，语之曰：'自子守阿，誉言日至。吾使人视阿，田野不辟，人民贫馁。昔日赵攻鄄，子不救；卫取薛陵，子不知。是子厚币事吾左右以求誉也！'是日，烹阿大夫及左右尝誉者。于是群臣悚惧，莫敢饰诈，务尽其情，齐国大治，强于天下。"齐威王不仅懂得国家政权机关需要诚信，而且注重教育、监督所属地方政权机构和地方官员讲诚信，坚守诚信。即墨大夫诚实做人，老实办事，却不断遭受毁谤，齐威王派人调查核实后，"封之万家"。阿大夫欺上瞒下，以厚币贿赂官府高层官员，获得许多美誉，骗取虚名，齐威王派人调查核实后，"烹阿大夫及左右尝誉者"，使诚实守信者得重赏，沽名钓誉者受重刑，一赏一罚，体现了对诚信的尊重，致使朝廷官员"莫敢饰诈"，结果是"齐国大治，强于天下"。

心贵在诚，言贵在信。诚信，对于个人而言，是一种思想品德，是一种力量自信，是一种意气勇敢，是一种责任担当。

光明磊落，纯洁质朴，对自己真实，对他人诚实，这是人们在幼童时代固有的品质特色，没有任何功利色彩。只是后来随着年龄的增长受到世风的影响，尔虞我诈让人多了一些虚伪，钩心斗角教人多了一些狡诈，世态炎凉使人多了一些冷漠。

诚信就是要做老实人。"子曰：'人而无信，不知其可也。大车无輗，小车无軏，其何以行之哉？'"孔子说："一个人如果不讲信用，不知道他怎么可以立身处世。就像大车没有輗，小车没有軏，依靠什么行走呢？"

有人说："做老实人吃亏。"的确，在世风不正的环境下，老实人有时是会吃点亏，但最终还是不吃亏。其实，诚实是福，欺诈是祸。一个人在日常生活中、工作上敢于吃亏，不怕吃亏，就可以让身边的人认识到你的高风亮节，认识到你的胸襟大度，认识到与你好共事、好合作，可以赢得他人的信任，赢得他人的支持和帮助。人活在社会中，有人信任你，就是一种温暖和幸福，就是一种人脉资源，就是一种潜在的攻坚克难的力量。不怕吃亏，终究不会让你吃亏；吃点小亏可以得到大便宜。相反，总想占便宜的人，处处与人计较，事事与人争夺，这种人别人不愿与你共事，不愿与你交往，让人时刻提防你，事业上没有朋友支持，生活中没有朋友帮助，凡事只有靠自己单打独斗，出点事情别人还会坐在黄鹤楼上看翻船，所以怕吃亏的人，最终总是要吃大亏。那些想在经济上占便宜的贪污受贿分子，一旦查出来，不仅要把所有贪占的东西全部吐出来，职权也丢失了，正当的工资收入也没有了，而且政治上身败名裂，结果是一时占了便宜，终究吃了大亏。

诚信就是要说老实话，要讲真话，讲心里话，不讲违背事实的假话，不讲违背心愿的骗人谎话，不讲实践不了的空话。说到就要做到，承诺就要兑现。

子夏说："与朋友交，言而有信"。与朋友交往，说出来的话就要做到讲究信用。

"夫轻诺必寡信。"轻易做出许诺，一定少有信用。

"信言不美，美言不信。"真实可信的话，并不一定华美；华美动听的话，并不一定可信。

《资治通鉴》记载了一个"指鹿为马"的历史故事：秦朝时期"中丞相赵高欲专秦权，恐群臣不听，乃先设验，持鹿献于二世曰：'马也。'二世笑曰：'丞相误邪，谓鹿为马！'问左右，左右或默，或言马以阿顺赵高，或言鹿者。高因阴中诸言鹿者以法。后群臣皆畏高，莫敢言其过。"赵高为了擅专秦国大权，"指鹿为马"用以验证大臣对其是否忠心，对于敢讲真话的人狠下杀手，致使秦国朝廷官员全都畏惧赵高，不敢言其过错。在那个帝王昏庸、奸臣当道的朝代，讲真话就需要有非凡的勇气、胆略和智慧。在我们现实生活中，最常见的勇气就是坚守诚实和正直，敢于表达自己内心真实的想法，而不虚伪奉承。讲真话往往会得罪一些人。真诚并不意味着非要指出别人的问题，但至少应该做到不附和、恭维别人的错误。外部环境不允许你直面批评，你可以妥协保持沉默，但不可以助纣为虐。

《韩非子》讲了一个诚信教子的故事："曾子之妻之市，其子随之而泣。其母曰：'女还，顾反为女杀彘。'适市来，曾子欲捕彘杀之。妻止之曰：'特与婴儿戏耳。'曾子曰：'婴儿非与戏也。婴儿非有知也，待父母而学者也，听父母之教。今子欺之，是教子欺也。母欺子，子而不信其母，非以成教也。'遂烹彘也。"曾子的妻子到集市上去，孩子哭着要跟她走。孩子的妈妈说："你回家去，等我回来后杀猪给你吃。"妻子从集市回来，曾子就要去捉猪来杀。妻子阻止他说："我只不过是同小孩说着玩的，你还当真了。"曾子说："不可以随便用假话逗小孩，小孩子还不懂得很多道理，他们只会从父母的言谈举止学习、模仿怎么做人，聆听父母的教诲。今天如果你欺骗了他，就是教他骗人。妈妈欺骗了孩子，孩子就不会相信他妈妈的话了，这实在不是教育孩子的好方法啊！"于是就把猪杀了煮给孩子吃。

诚信就是要办老实事。勤勤恳恳，兢兢业业，是做老实事；不怕吃苦，不怕吃亏，是做老实事；敢于正视过失，勇于担责，是做老实事；是成绩就肯定，是错误不掩饰，是做老实事。贪赃枉法、假公济私、剽窃专利、以假乱真、以次充好、短斤少两、中伤诽谤、挑拨离间、文过饰非、推诿责任，都不是老实事。

《列子·黄帝第二》中讲述了这样一件事："海上之人有好沤鸟者，每旦之海上，从沤鸟游。沤鸟之至者百住而不止。其父曰：'吾闻沤鸟皆从汝游，汝取来，吾玩之。'明日之海上，沤鸟舞而不下也。"海边有个喜欢海鸥的人，每天早晨他都要到海边去和海鸥一起玩耍。海鸥围在他身旁数以百计，有的玩了一会儿就飞走，又有不少相继飞来，来往不止。他父亲了解此事后，有一次就对他讲，我听说海鸥都喜欢与你玩耍，你捕捉几只回来让我也玩玩吧。第二天清晨，他再到海边去，海鸥只在天空中盘旋飞舞，再也不落下来了。这个典故深刻地向人们揭示，诚于中必形于外；如果心怀鬼胎，无论怎样掩饰，也会形变于外，被人察觉。人和动物一样，谁都不愿与居心不正之人交往，只有以诚相待，相亲相爱，才能和睦相处，共享欢乐。

诚信就是要求做到内不欺己，外不欺人，上不欺天。《吕氏春秋》讲了这样一个故事："范氏之亡也，百姓有得〔其〕钟者，欲负而走，则钟大不可负。以椎毁之，钟况然有音，恐人闻之而夺己也，遽掩其耳。"后人把这个典故称之为"掩耳盗铃"，比喻自己欺骗自己。"掩耳盗铃"是自欺，不懂装懂是自欺，打肿脸充胖子是自欺。以假话骗人、以强力压人、以假货蒙人、以恶语伤人、以阴谋害人，是欺人。违背良心、违背道德、违背天理，是欺天。

简而言之，诚信是个人安身立命的根本，是企业生产经营的原则，是维护社会正义的道德。个人没有诚信，难以安身立命；企业没有诚信，难以发展生存；社会没有诚信，就会充满邪恶；政府没有诚信，则会权威丧失。在现代市场经济条件下，诚信就是无形资产，就是生产力，就是财富。诚是信之本，信是利之源。诚信是金。

与人为善，上善若水

为善的最高境界是上善若水。

"人皆赴高，己独赴下"，水有不争高下的大度胸怀和谦卑礼让的高风亮节。水能适应四季变更、寒暑更替，管它冬冷夏热春秋凉，照样是一路欢歌，不停流淌；又能适应高低势变，不论是在高高的山巅，还是在低低的山谷，都能无怨无悔、心情坦荡地面对世界，冲向大海。水性告诉人们，不论世态炎凉、人间冷暖，还是宠辱得失、世事沧桑，都要平和相对，静心相待。遇上严寒，要想到再冷也有尽头；遇上温暖，要懂得幸福须珍惜，感恩不可忘。权势地位、财富多寡都不能决定生命的意义。位高权重要有敬畏，平民百姓照样也能为社会担当。人生几十年，也就一瞬间。不分贵贱贫富，只要有了善心，多做善事，无愧于良心道德，都能活出人的尊严，都能闪现人生价值的光芒。

水的表象为柔弱，内在蓄势则刚，去众人之恶而不畏，赴百仞之谷而不惧，具有无所畏惧的勇敢精神和攻坚克难的强大力量。"天下莫柔弱于水，而攻坚强者莫之能胜。"人们可以从水性中领悟：柔能克刚，弱能胜强。任何时候强弱都是相对的、可变的，强大也有其虚弱的一面，滴水可以穿石；弱小也有发展的动力和希望。

水者，"万折也必东"。千回百转不偏向，历经磨难不改航。矢志不渝，信仰不改。水性启示我们，做人要有志向，要有信仰。不论从事什么事业，只有向着一个目标，努力努力再努力，奋斗奋斗再奋斗，才有可能到达胜利的终点。努力才能前进，奋斗才能超越。

孟子说："大舜有大焉：善与人同，舍己从人，乐取于人以为善；自耕稼、陶、渔以至为帝，无非取于人者。取诸人以为善，是与人为善者也。故君子莫大乎与人为善。"舜比凡人更伟大，他愿意跟别人一道行仁，舍弃自己不对的，接受人家正确的，乐意吸取别人的好处来行善，从他种庄稼、做瓦器、做渔夫，一直到做天子，没有一处优点不是从别人那里吸取过来的。所以君子最高的德行就是跟别人一同行善。

人之初，性本善。人从一出生，本质上都是善良的，都是向善、崇善。善是真诚、礼貌做人，仁爱、体贴待人，帮助、支持为人。善是自己生存，也让别的生命生存；自己丰衣足食，也想到别人不要缺吃少穿；自己欢乐，也想到别人不要被愁苦困扰。《人民日报》2016年9月27日报道，广东卫视曾在四川成都街头拍到一个迷路健忘的老人的生活情景：快餐店也好，路边摊也好，吃完不付钱就走的老人，面对的都是大度的微笑；顺路也好，不顺路也好，提着菜篮的老人，都会被耐心指引。有人搀扶徘徊的老人进店，端上热腾腾的食物；大排档的两个女孩请无助的老人坐下，送上一大圈买来的面包；一位母亲先跑去接了放学的孩子，然后让孩子牵着老人的手一起走；几个青年临时改变行程，把老人妥妥帖帖送回家。这些市民的善行，使人看到这个社会为善的力量正在街头巷尾悄然成长。这一视频播出，网友纷纷转发点赞，仅在微博就高达7500多万次点击。"这个世界，还是好人多"，"已被暖哭，愿每个人都被温柔相待"，"看完相信人性本善"。感动、共鸣、暖哭，源自普通人内心都在闪耀着"善"。

为善是一个人处事行为的一种由衷选择，是一个人良心积淀的自然表露，是一个人道德修养的自觉彰显。

三国时期蜀汉的建立者刘备，东汉远支皇族，幼贫，与母贩鞋织席为业。东汉末期起兵，用诸葛亮联孙抗曹的主张，于建安十三年联合孙权，大败曹操于赤壁，后又占领荆州，夺取益州和汉中，称帝。他在病重辞世之前嘱咐太子刘禅说："勿以恶小而为之，勿以善小而不为！惟贤惟德，可以服人。"不要以为细小的作恶行为就可以为之，不要以为细小的善行就可以不为，世上唯有贤能和道德，才能让人信服。

《周易》记叙："小人以小善为无益而弗为也，以小恶为无伤而弗去也，故恶积而不可掩，罪大而不可解。"无德的人认为细小善行无大益而不为之，认为细小作恶行为无大伤而不舍弃。

"善不可失，恶不可长"。为善的本性是不可失掉的，作恶的行为是不可助长的。

"是以小善虽无大益，而不可不为；细恶虽无近祸，而不可不去也。"细小的善行虽然没有大的益处，但也不可以不为之；细小的作恶行为虽然不会招致眼前的灾祸，但也不可以不纠正。

"君子不谓小善不足为也而舍之，小善积而为大善；不谓小不善为无伤也而为之，小不善积而为大不善。"君子不认为细小的善行不足以为之，因而放弃不为，小的善行积累就会成为大善；不认为细小的恶行伤害小因而为之，小小的恶行积累也会成为大的恶行。

人们之所以强调不可忽略"小善""小恶"，是因为"小恶"虽然无近祸，眼前看不到重大的伤害，"小善"没有大益处，解决不了大问题。但是"小善""小恶"都是一种思想道德的反映，思想道德则是事关重大。认为小恶无近祸，思想道德的防线一旦突破，千里之堤就会溃于蚁穴，其发展的后果就是道德沦丧。不可忽视"小善""小恶"，同时还因为"小善""小恶"可以渐积为"大善""大恶"。小善积而为大善，小恶积而为大恶。不积小善就没有大善，不积细恶就没有大恶。再则，善有善报，恶有恶报。"为善者，天报之以福；为非者，天报之以殃。"为善的人，天道会回馈给你幸福；作恶的人，天道会报应给你灾祸。

"善人者人亦善之。"以善心善行赠予他人的人，别人也会以善心善行对待你。

"苟虑害人，人亦必虑害之；苟虑危人，人亦必虑危之。"如果你想要伤害别人，别人也会想着要伤害你；如果想要为难别人，别人也想着要为难你。

"君子为善，不能使福必来；不为非，而不能使祸无至。福之至也，非其所求，故不伐其功；祸之来也，非其所生，故不悔其行。内修极而横祸至者，皆天也，非人也。故中心常恬漠，（不）累（积）其德；狗吠而不惊，自信其情。故知道者不惑，知命者不忧。"

君子为善，不能使福必然来临；君子不做坏事，也不一定能使祸不降临。福的到来，不是靠自己追求的，所以得到幸福也不夸耀自己的功劳；祸的降临，不是自己招惹的，所以遭受不幸也不后悔自己的行为。内在的心性修养遵循一定的准则，如横祸降临，那就是天意了，不是人为的。所以应时常内心静默恬淡，不要因外物牵累对德的修养；做到狗吠而不惊，对自己纯真的性情充分相信。所以懂得道的人不迷惑，知晓命运的人不忧虑。

"谚曰：'从善如登，从恶如崩。'"民谚说：从善如同登山，必须持之以恒，才有可能登上顶峰。从恶如同雪崩，坏事只要有了开头，就很容易迅速发展。

为善要有怜悯之心。

"孟子曰：'人皆有不忍人之心。先王有不忍人之心，斯有不忍人之政矣。以不忍人之心，行不忍人之政，治天下可运之掌上。……无恻隐之心，非人也；无羞恶之心，非人也；无辞让之心，非人也；无是非之心，非人也。'"孟子说，人们都有一颗怜悯别人的同情心。古代帝王由于有这种怜悯别人的心，才施行了怜悯百姓的仁政，治理天下就像把一件东西放在手掌上转动那么容易。任何一个人，要是没有同情人的心，那他简直不算个人；没有羞耻的心，简直不算个人；没有礼让的心，简直不算个人；没有是非的心，简直不算个人。

不论物质如何丰富，社会如何发展进步，生活中的苦难与不幸都会永远存在，都会随时到来。对于一些遭遇不幸和苦难的人群，就像登山遇上悬崖绝壁，急切希望身旁有棵小树青藤能够救助一样，渴望世上能有好心人帮助他们一把。身在危难之中渴望他人的救助，这既是一个人求生本能的表现，也是对人间自有真情在的坚信。同情和帮助弱者，这是中国人向善的怜悯之心的美德，也是与人为善的体现。"老吾老，以及人之老；幼吾幼，以及人之幼，天下可运于掌。"像孝敬自己的长辈那样孝敬他人的长辈，像关爱自己的子女那样关爱他人的子女，那么，办好天下的事情就像把一个小物件放在手掌上转动那么容易。尊老爱幼是帮助弱者，救助不幸遭受天灾人祸的人们是帮助弱者，帮扶因病致残的困难群体是帮助弱者，扶助贫困地区的贫困民众脱贫，也是帮助弱者。因为中国人性本善的良心告诉我们，一个人只有在自己幸福快乐的同时，也让他人能够享受幸福快乐，才能心安地享受幸福生活的滋味。

"天池之滨，大江之濆，曰有怪物焉，盖非常鳞凡介之品汇匹俦也。其得水，变化风雨，上下于天不难也。其不及水，盖寻常尺寸之间耳，无高山大陵旷途绝险为之关隔也，然其穷涸，不能自致乎水，为獱獭之笑者，盖十八九矣。如有力者，哀其穷而运转之，盖一举手一投足之劳也。"大海的水边，大江的滩旁，听说有个怪物，不是一般披鳞带甲之类。它到了水里，变化风雨，上天下地都不困难。但是只要离开了水，哪怕就只有尺寸之地，其间没有高山大丘、远途险峻的阻隔，然而也只能在那里干涸着，毫无办法把自己挪到水里，为此受到大小水獭的讥笑；已经不知有多少回了，如果能遇到一个有力的人，怜悯它的不幸处境而帮助挪动一下，也不过是举手抬脚之劳啊。

人与动物一样，哪怕有再大本事，都会有其自身的短板，都会有遇到困难、危急的情形，都会有需要别人帮助之时之事。这种危难之中的帮助，哪怕只是举手抬脚之劳，却可以使他人的危难迎刃而解，化险为夷，转危为安。我们生活的这个社会，人人都需要与人为善。自己遇到难处，需要别人与人为善的帮助；别人遇到困难时，也需要自己与人为善，送些爱心和温暖。

1976年7月28日，河北唐山遭受7.8级强大地震。整个城市瞬间被夷为一片废墟，24万鲜活的生命葬身瓦砾，16万人遭受重伤。面对突如其来的严重灾害，全国的力量都被迅速动员起来，守望相助，救死扶伤，一方有难，八方支援。14万解放军指战员，5万名干部、工程技术人员、医务人员，从各个地区不分昼夜、争分夺秒地急驰唐山，奔赴抗震救灾第一线。10万多名伤员迅速转送到11个省市，紧急救护。数十万吨救灾物资从全国各地陆续驰援运抵唐山。10多万建筑工人奔赴唐山参加灾后重建。

大灾显出大爱，大灾显出大善。大灾显出全国人民的怜悯之心。这次唐山大地震，正是全国人民给予唐山大爱大善的力量，帮助唐山人民创造了凤凰涅槃浴火重生的世界神话：震后第7天，第一部自行车组装完成；第10天，第一车煤产出；第14天，发电厂并网发电；第20天，造出了第一台机车；第28天，炼出了第一炉钢。震后两年，唐山各项经济指标基本达到震前水平。2015年国内生产总值超过6000亿元，财政收入575亿元，分别比震前的1975年增长了72.8倍和141.4倍。中心城市面积达308平方公里，比震前增长4.6倍，市区人口由震前的70万增加到251万。

英雄的唐山人民创造的神话般的奇迹，完全印证了恩格斯的论断："没有哪一次巨大的历史灾难，不是以历史的进步为补偿的。"

为善要有宽容之心。

"君子坦荡荡，小人长戚戚。"君子心胸开阔宽广，小人常常忧心忡忡。

宽容是一种修养，一种境界，一种美德。人活着，要有一种胸怀，没有必要事事认真、处处计较，为鸡毛蒜皮的小事斗气。宽容了别人，等于善待了自己，使自己生活变得轻松愉快。

大度的思想内涵，就是做人做事都能求同存异，善于团结各种力量，同舟共济，能容忍他人的过错，哪怕是对自己曾经有过过失的人，也能不计前嫌，一如既往。大度还应表现为能够虚心接受批评，不计较别人批评的态度和方法，不文过饰非、推诿责任。

一个人能在非原则问题上，以事业为重，得饶人处且饶人，宽容一切人和事，就会少一些人与人之间因为恩恩怨怨造成的堵心与烦恼，就会感到无比的轻松自由，好像身上没有羁绊，道路没有障碍一样，有一种天高任鸟飞、海阔任鱼游的欢快。

宽容，就是要有一种宰相胸襟、大将风范。几个人坐在一起看电视，你想看甲台，他想看乙台，还有人想看丙台。你能放弃自己的愿望，迁就别人的想法，不去和别人争吵，就是一种宽容和大度。要学会尊重他人，平等待人，不要有高人一等的做派。要胸怀坦荡，虚怀若谷，对自己的过失要能闻过则喜、闻过则改。要以仁爱之心容人之过，自己不完美，也不能要求别人很完美。

宽容是原谅可容之言，饶恕可容之事，包涵可容之人。语言有褒、贬、净、谗之别。听到别人对你赞美颂扬的话，要压住心中的喜气，不要得意忘形、忘乎所以；听到别人借题发挥，对你打压的话，要守住心中的底气，要相信自己，相信自有公论；听到别人对你真心帮助、诚恳批评的话，心中要有乐气，要当苦口良药，不仅当时要能听得进去，而且还要改得快；听到别人对你无中生有攻击的话，也要压住心中的怒气，不要怒发冲冠、以牙还牙。

《古文观止》有篇《邹忌讽齐王纳谏》，是讲齐国丞相邹忌有一次对齐威王说，我其实知道自己不如徐公美，但是，由于我的妻私我，我的妾畏我，我的客人有求于我，所以他们都说我比徐公美。现在齐国地域千里，有一百二十城池，宫女排列左右，无不私王，朝廷大臣无不畏王，举国民众无不有求于王，他们都说齐王好，难道大王就真的没有问题吗？齐威王在邹忌的劝导下，重赏进谏之士，并且闻过则改。政风一变，齐国很快就兴盛起来。邹忌能在一片奉承赞美声中，保持清醒头脑，客观认识自我，并从赞美声中分辨出深层次的三种原因：私于我，畏于我、有求于我，实属难能可贵。齐威王能以宽容的心态听得进邹忌的净言相劝，丢失的是自身的错误言行，得到的却是国家兴旺昌盛，还有显示自己宽容大度的君王风范。

宽容于人，宽容于事，关键是要懂得"心和则气和，气和则形和，形和则声和，声和则天地之和应矣"。心境平和就会心气和顺，心气和顺就会表情和蔼，表情和蔼说话的声调就会和气，说话的声调和气就会得到五湖四海之人的应和。

几千年来，中国人做人做事都非常注重一个"和"字。立身为人，注重"心平气和"；家庭关系，注重"家和万事兴"；人际交往，注重"和为贵"；开门做生意，注重"和气生财"；办实业、干事业，注重"同舟共济"；从政当权，注重"政通人和"；对外关系，注重"协和万方"。时时刻刻，方方面面，都是强调和顺最好。

我们讲宽容，也并不是要否定自己或对方的既有价值，而是要寻求一种与人和谐共事的共生、共存、共荣之道，把目光和精力放在大家一起所做的事上，而不是放在计较做事人的差异上。宽容是在求同存异的基础上与人同舟共济，敬人之长，补己之短；学人之优，补己之拙；用人之有，补己之无，以求优势互补，共同发展。

为善要有感恩之心。

《诗经》说："投我以桃，报之以李。"别人将桃子投赠于我，我就用李子向他回敬。自古以来，中国人就懂得投桃报李，受人恩惠就要感恩报恩。

"乘人之车者载人之患，衣人之衣者怀人之忧，食人之食者死人之事，吾岂可以乡利倍义乎？"韩信认为，搭乘别人马车的人，要驾载别人的灾患；穿着别人赠送衣服的人要胸怀别人的忧愁；端着别人饭碗吃别人饭的人，要死心塌地为别人做事，我怎么可以为了名利而背信弃义呢？

韩信重义气懂报恩，不仅表现在顾念同刘邦相处时的情谊，不忍与刘邦离别，而且表现在重金回报漂母这种细微的小事上。"初，淮阴人韩信，家贫，无行，不得推择为吏，又不能治生商贾，常从人寄食饮，人多厌之。信钓于城下，有漂母见信饥，饭信。信喜，谓漂母曰：'吾必有以重报母。'"多年之后，韩信从戎南北征战，出生入死，但始终未忘却漂母赐饭的恩德。一次作战路经楚地，特意"召漂母，赐千金"。

漂母赐饭于贫困之时的韩信，多年后，韩信以千金报恩于漂母，显示出韩信懂得知恩报恩的伟大人格和崇高品德。

"唐雎谓信陵君曰：'臣闻之曰：'事有不可知者，有不可不知者；有不可忘者，有不可不忘者。'信陵君曰：'何谓也？'对曰：'人之憎我也，不可不知也；吾憎人也，不可得而知也。人之有德于我也，不可忘也；吾有德于人也，不可不忘也。'"唐雎对信陵君说："我听人说，事情有不能知道的，有不能不知道的；有不能忘记的，有不能不忘记的。"信陵君说："这话怎么说呢？"唐雎说："别人憎恨我，不可不知道；我憎恨别人，是不可能知道的。别人对我有恩德，不应忘记；我对别人有恩惠，不可以不忘记啊。"

明朝嘉靖年间，杨继盛考中了进士，被授任南京吏部主事，后又在嘉靖二十九年一年内四次升官，为了感恩报效国家，他在接任新职后一个月，就起草了一封奏疏弹劾当朝吏部尚书、谨身殿大学士、少傅兼太子太师严嵩。奏疏刚到世宗皇帝之手不久，杨继盛就遭到严嵩诬陷入狱，临刑前他留下了四句诗："浩气还太虚，丹心照千古。生平未报恩，留作忠魂补。"杨继盛含冤被杀之前，唯一感到遗憾的大事是尚有国之大恩未报，发誓死后的忠魂也要将其补上。

懂得感恩，是人所不可磨灭的良知，是深藏于内心的道德，是善良人的品牌，是思想成熟的标志。

《诗经》说："父兮生我，母兮鞠我。拊我畜我，长我育我。顾我复我，出入腹我。欲报之德，昊天罔极！"父亲啊，生养我；母亲啊，养育我。父母爱我，护持我，喂养我，教育我，照顾我，关怀我，出入抱着我。我要报答父母的恩德，父母的恩德好比苍天一样无边无际。

父母给了我们生命，哺育我们成长，我们要感恩父母。从幼儿园到大学，都是老师领着我们前行，教我们做人，教我们知识。遇到生活和学习中的难题，有同学伸出温暖的小手，热情鼓励，诚恳相助，我们要感恩老师，感恩同学。走向社会，参加工作，处处有领导关怀、同事的关爱，还有亲朋好友多方面的关照，我们要感恩社会、感恩祖国。

我们的父辈，还有父辈的父辈，都是一辈子吃了两辈子苦，才换来了我们今天享受的幸福。新中国的诞生，是几代人前赴后继地浴血奋战赢来的。太平之时，我们应当感恩那些为国家捐躯，为民族独立、让人民能够挺起胸膛站立起来的先烈们。我们的国家是在一穷二白的基础上开始建设自己的家园。经过几十年的努力，从使用"洋钉""洋火""洋油"的积贫积弱时代，到"两弹一星"横空出世、"嫦娥"奔月，"蛟龙"入海，全球第一贸易大国，最大外汇储备国。今天的民族强盛，人民安康，是各族人民用智慧和汗水拼命创造出来的。太平盛世之际，我们应当感恩那些为中华民族复兴而奉献奋斗、让人民能够富起来的英雄们。这民族的今天何来太平盛世？民众的当下何来幸福安宁？不过是有人担当，有人为我们负重前行。

明朝洪应明说："我有功于人不可念，而过则不可不念；人有恩于我不可忘，而怨则不可不忘。"意思是说：当我对他人有恩惠时不应总是挂在心中，当我做了对不住他人的事则应当时时反省；当别人对我有恩惠不可不牢记心中，而别人对我有过失则不可不忘掉。

2016 年 7 月 29 日《光明日报》报道，唐山大地震中，15 岁的田金芳失去了双亲，一位不知名的解放军战士将她从废墟中扒出。从此在废墟中被解放军战士救出获得新生的田金芳，一边 40 年不断地寻找那位解放军战士，一边以拥军的方式回报那些解放军官兵。40 年间，她拥军花费 200 余万元，足迹遍布全国各地的营房哨所。组织拥军艺术团慰问演出，为加班训练的战士做饭加餐，照顾受伤战士的起居，把孤儿战士接到自己家中过年。唐山大地震后，懂得感恩报恩的不仅仅只有田金芳。在之后的汶川大地震中，唐山人民迅速组织了医疗救护队、心理咨询服务队、志愿者、抢险队奔赴汶川，成为汶川抗震救灾的强大助力。唐山人民用自己的努力成为汶川灾区最可爱的人，成为汶川灾区人民的爱心名片。大爱无疆。唐山人在唐山地震中感受到全国人民的大爱，又以感恩的情怀将大爱回报同胞，回报自己的祖国。中华民族的仁爱、善良、守望相助的传统美德，正是在这种大爱、报恩、再大爱、再报恩的不断循环中绵延不断，光大弘扬。

为善要有忍让之心。

古人云："小不忍则乱大谋。"小事情不能忍让，就会破坏全局。

"泰山崩于前而色不变，麋鹿兴于左而目不瞬。""一忍可以支百勇，一静可以制百动。"泰山崩塌在身前却能脸色不变，麋鹿在左面跳出，却能眼珠不动。一忍可以支持百勇，一静可以支持百动。

"古之所谓豪杰之士，必有过人之节，人情有所不能忍者。匹夫见辱，拔剑而起，挺身而斗，此不足为勇也。天下有大勇者，猝然临之而不惊，无故加之而不怒。此其所挟持者甚大，而其志甚远也。""观夫高祖之所以胜，项籍之所以败者，在能忍与不能忍之间而已矣。项籍唯不能忍，是以百战百胜，而轻用其锋；高祖忍之，养其全锋而待其敝，此子房教之也。"苏轼在总结"楚汉相争"的历史经验时认为，项羽、刘邦的胜负，仅在于能忍和不能忍而已。刘邦在其当初总体实力不如项羽的情况下，始终能够践行谋士张良提出的韬略，当忍则忍，避敌锋芒，韬光养晦，逐步实现彼消此长、敌弱我强的战略转变，导致最后项羽自刎乌江、刘邦成为新王朝的国君。"楚汉相争"前后历时五年之久，大小战斗不断，留给后人的历史经验是诸多方面的。然而，苏轼提出的忍与不忍，无疑是其中重要的一点。

人生需要忍让。忍让是一种定力，一种豁达，一种修养，一种以退为进的谋略，一种行稳致远的智慧。忍让就是能屈能伸、能有能无、能进能退。如果因为一句话、一件事放不下，就不可能有更多更大的担当。人能不计较小事，不把琐碎的问题挂在心上，便能减轻自己心灵上的负荷；能不在乎他人闲话，就能避免许多不必要的纷争。有些人不能忍受一时之气，原本小小的矛盾争端也会演变为刀棍相向，导致伤亡。人们常说，忍一时风平浪静，退一步海阔天空。气是无名火，忍是消灾星。在与人争斗时，向前一步，欺人是祸；后退一步，饶人是福。没有忍让，谈何定力、谈何人格、谈何豁达？

忍让不是懦弱，忍让是爱与善的力量。

元末明初小说家罗贯中在《三国志通俗演义》中记叙：三国时期，关羽被东吴所害。为了给关羽报仇，刘备令张飞自阆中领兵出征讨伐东吴。张飞领命后即令军士赶制白旗白袍，准备挂孝伐吴。此时，帐下范强、张达两员将领入帐诉说，短期内赶制那么多白旗白袍一时无措，须得宽限时日方可。张飞听后大怒，叱武士将范、张两人捆缚树上，各鞭背四十，并手指两人吼道：若违了吾令，即杀汝二人以示众军。范强、张达受此责罚，心中愤恨不已。他们深知张飞性暴若火，于是商议决定，与其他杀我，不如我杀他。当日张飞在帐中神思昏乱，动止异常，便与部下饮酒，不觉大醉，卧于帐中。范、张两人得知这一消息，各藏短刀，夜至初更，密入帐中，诈言欲禀机密大事，直至床前，将飞杀之，藏其首级而出，引数十人投奔东吴去了。

张飞之死，就是死于报仇心切，面临大事性情暴躁不能忍。

人生如同海上的波浪，时有高潮，时有低潮，起起落落是常态。一帆风顺，没有波折，没有风浪，没有阻力是非常态。一生不如意事十之八九，谁也躲避不了。自古以来大德大贤成就的背后，无不来自忍辱负重的坚持。司马迁宫刑之后著《史记》；韩信忍住胯下之辱，才能在后来被封为"齐王""楚王"，都是很有说服力的例证。

忍让当然不是无止境无限度。忍让的底线是不能触碰做人的原则，不能侵犯为人的自尊。

为善的最高境界是上善若水。

老子说："上善若水。水善利万物而不争，处众人之所恶，故几于道。"水既敢于"处众人之所恶"，又"善利万物而不争"，这是何等的情怀，怎样的坦荡？水之善，不仅是善，而且是上善，是崇高伟大的善！

水之善，在于它能滋润万物，美化自然，造福人类。水用自己的生命浇灌林木，才使绿树成荫；浇灌花草，才有国色天香；浇灌田园，人们才能品尝五谷杂粮的甘甜；养育禽畜，人们才能享受珍禽美味。自然界离不开水，人类社会同样也离不开水。没有水，就没有山川的自然美景；没有水，就没有人类的生存。

孔子观于东流之水。子贡问于孔子曰："君子之所以见大水必观焉者，是何？"孔子曰："夫水，（大）遍与诸生而无为也，似德。其流也埤下，裾拘必循其理，似义。其洸洸乎不淈尽，似道。若有决行之，其应佚若声响，其赴百仞之谷不惧，似勇。主量必平，似法。盈不求概，似正。淖约微达，似察。以出以入，以就鲜洁，似善化。其万折也必东，似志。是故君子见大水必观焉。"

孔子观看向东奔流的河水，子贡就问孔子："君子见到大水都要观看，这是为什么呢？"孔子说："这个水呀，普遍地将自身奉献于自然界的所有生命而自己无所索取，这似乎是它的品德。它总是流向卑下的地方，虽然桀骜不驯难以束缚但总有一定的规律，这似乎是它的义。威武壮观永不竭尽，这似乎是它的道。如果突然打开缺口让它通行，马上回应奔流而去而且发出很大的声响，奔赴百丈深谷也不畏惧，这似乎是它的勇。注入量器中必然很平，这似乎是它的法则。满盈了而不必请求用东西来刮平，这似乎是它的公正。柔和得连最微小处也能到达，这似乎是它的明察。一出一入，就会使任何物体变得光鲜清洁，这似乎是它的善于变化。虽然经过千万次曲折但必向东流，这似乎是它的志向。所以君子见到大水必然要来观看。"

如同孔子一样，管仲也有一段关于水的精彩论述：

"水者，地之血气，如筋脉之通流者也。

"夫水淖弱以清，而好洒人之恶，仁也。视之黑而白，精也。量之不可使概，至满而止，正也。唯无不流，至平而止，义也。人皆赴高，己独赴下，卑也。卑也者，道之，王者之器也，而水以为都居。

"是以水者，万物之准也，诸生之淡也，违非得失之质也。是以无不满，无不居也。集于天地而藏于万物，产于金石，集于诸生。故曰水神。集于草木，根得其度，华得其数，实得其量。鸟兽得之，形体肥大，羽毛丰茂，文理明著。万物莫不尽其几，反其常者，水之内度适也。"

水，像是地的血气，犹如人的筋脉，在大地流淌。水柔弱而且清白，善于洗涤人的秽恶，这是它的仁。视之黑的物体而能使之为白，这是它的精准。计量水不必使用刮平斗斛的器具，满了就自动停止，这是它的正。不拘什么地方都可以流去，直到平衡而止，这是它的义。人皆攀高，水独就下，这是它的谦卑。谦卑是"道"的所在，是帝王的气度，而水就是以"卑"作为聚积的地方。水是万物的"根据"，一切生命的"中心"，是非得失的基础。所以，水是没有不可以被它充满的东西，没有不可让它停留的地方。它可以聚集于天地，藏之于万物的内部，生于金石中间，集合在一切生命的身上。所以说，水比于神。集合在草木上，其根就能长到相当的深度，花朵就能开出相当的数目，果实就能收得相当的数量。鸟兽得到水，形体能肥大，羽毛就丰满，毛色花纹鲜明而显著。万物没有不充分显示其生机并回到它的常态，这是因为它们内部所含藏的水都有适当分量的缘故。

"人皆赴高，己独赴下"，水有不争高下的大度胸怀和谦卑礼让的高风亮节。水能适应四季变更，寒暑更替，管它冬冷夏热春秋凉，照样是一路欢歌，不停流淌。又能适应高低势变，不论是在高高的山巅，还是在低低的山谷，都能无怨无悔，心情坦荡地面对世界，冲向大海。水性告诉人们，不论世态炎凉，人间冷暖，还是宠辱得失，人世沧桑，都要冷眼相对，静心相待。只要能善利万物，处高处低都不争。物质利益只不过是身外之物，高低权位也只不过是过眼云烟。淡然面对，自在就好。遇上严寒，要想到再冷也有尽头；遇上温暖，要懂得幸福须珍惜，感恩不可忘。权势地位、财富多寡都不能决定生命的意义。位高权重要有敬畏，平民百姓照样也能为社会担当。人生几十年，也就一瞬间。不分贵贱贫富，只要有了善心，多做善事，无愧于良心道德，都能活出人的尊严，都能闪现人生价值的光亮。

"善利万物而不争。"善则不争，争则不善；礼让不争则为善之举也。自然界和人类社会都是公正公平的，凡事没有必要去争。该你的，不争也会是你的；不该你的，争也争不到。争名于朝，争利于市，是自私的表现；不争是利他的行为，是一种大度，一种胸怀，一种品德。争是患得患失，急功近利；不争是志存高远，胸襟宽广。不争，舍弃的是名利，收获的是社会赠予的高于名利、重于名利、大于名利的道德赞赏。人们学习水之"不争"，就是要有像水一样具有谦让、豁达的品质，不要斤斤计较、因小失大，得饶人处且饶人，只要秉持"善利万物而不争"的美德，何愁不能达到"以其不争，故天下莫能与之争"的崇高境界。

水的表象为柔弱，内在实则蓄势刚强。去众人之恶而不畏，赴百仞之谷而不惧，具有无所畏惧的勇敢精神和攻坚克难的强大力量。"天下莫柔弱于水，而攻坚强者莫之能胜。""柔情似水"，这是人们看到它轻柔的一面；水也还有另一面，也会咆哮怒吼，也会排山倒海。洪水一旦泛滥，分分秒秒就可以吞掉整幢高楼、整座桥梁，摧毁整个城镇和村庄。人们可以从水性中领悟：柔能克刚，弱能胜强。任何时候强弱都是相对的、可变的。强大也有其虚弱的一面，滴水可以穿石，弱小也有发展的动力和希望。我们中华民族虽然现在还处于发展阶段，但只要坚守正义，以人为本，众志成城，自强不息，我们的未来就势不可挡。

水有爱憎的情怀，也有原则的立场。"淖弱以清，而好洒人之恶。"水能哺育万物而不向万物索取，无私恩泽自然界和人世间；又能冲击"人之恶"，涤荡一切污泥尘埃，给世界一片清新明亮，周济天下而不悔。水性是在告诉人们，做人就要敢爱敢恨。如果人人都有一颗爱心，世界才会一片光明。同时，对于社会上的不正之风、不端习俗，要敢于说不，不要随波逐流；对于身边的丑恶行为、罪恶行径，要敢于抗争，不要低头沉默；对于国际交往中的争端，关乎国家核心利益，要坚守正义，该出手时就出手，坚决维护国家的主权、尊严和形象。

水可载舟，亦可覆舟。顺水之性，则载舟送你前行；逆水之性，则让你舟翻人亡。人民是托舟之水，人心的力量可以决定一个国家政权的兴衰存亡。

"集于草木，根得其度，华得其数，实得其量"，顺水之性，则万物生长。围湖造田，滥捕鱼虾，破坏植被，乱砍滥伐，违背自然规律的逆水之性是水性所不能容忍的。轻则搞点泥石流，山体塌方滑坡；重则大面积毁掉建筑、良田，造成大量人员伤亡。水性使我们懂得，搞开发，一定要学会按照自然规律办事。重大项目，重大规划，一定要想想是不是符合水之性、符合自然规律，否则就一定会受到客观规律的惩罚。人与天斗，天定胜人。水性就是天道，就是客观规律。违背客观规律的代价非常惨重。

水者，"万折也必东"。千回百转不偏向，历经磨难不改航。矢志不渝，信仰不改。水性启示我们，做人要有志向，要有信仰。要向着信仰的方向，坚持不懈地奋斗。不论从事什么事业，只有向着一个目标，努力努力再努力，奋斗奋斗再奋斗，才有可能到达胜利的终点。逆水行舟不进则退。停歇就会退步；努力才能前进，奋斗才能超越。不断搏击，不断进取，成功就有希望。信仰是决定一个人政治生命的大是大非，必须头脑清醒。细小事情有点失误，可以回过头来纠正，但是，大事犯错就是人生抹不掉的耻辱，就像人被打断了脊梁骨，一辈子都站立不稳，挺不起胸膛。

水者，"万物之准也"，"主量必平"，"至平而止"。水平，是说水在缸里或在一个四周封闭的池塘中，能够明静如镜，没有上下之分、高低之别，公平公正。"一碗水端平"，是要求人们在办事的时候，要有水之平正，没有歧视，没有偏袒，一视同仁，不要靠金钱、关系搞幕后交易，就能获得公平公正的结果。"一碗水端平"既是一种呼唤，一种期待，更是对社会不正之风的一种鞭挞。在现实的生活中，总能听到一些传闻，有些可办该办的事，不去求人说话，托人说情，按照规矩来就是办不好。小孩入学、就业找工作，纸上的规定并不少，有权有钱的还是可以"特殊""例外"。职务调整，职称评定，不论实际业绩，不看工作态度，花钱也能买职称、买官位。凡此种种，一点一滴，都严重影响了政府一碗水端平公正为民的执政形象。

水平还有另外一层含义，就是很好。工作能力很强，办事效率高，可以讲这个人有水平。一个商品质量好，公信力强，可以说这个商品的设计、生产有水平。一次讲话、处理一个矛盾、办理一件事情，都有一个水平高低的问题。人们学习水之水平的品德，就当以水平为尺度，公平公正做好本职工作，把肩上担当的事业、手中操办的事情做好，做到极致，以实际工作成果赢得"真有水平"的赞誉。

水像一部无言的教科书，给人以智慧、情感和力量。像是一首音律优美的歌，让人欢愉和坦荡，使人生的道路走得轻松、欢畅。水，净化了人们的肌肤，滋润了人们的五官，美化了人们的心灵。善有善报。水给予了人们"上善"，人也当予水以敬畏，像保护眼睛一样，精心保护水的纯洁、善良，兴水之利，除水之害，不要浪费水、污染水，让水永远清纯欢畅地走过身旁，流向远方，造福子孙，造福万代。